国家科学思想库

科学文化系列

科学与人生

中国科学院院士传记

# 邵象华传

吴石忠　姜　曦
江君照　张柏汀／编著

科学出版社

北　京

**图书在版编目（CIP）数据**

邵象华传 / 吴石忠等编著. —北京：科学出版社，2019.10
（科学与人生：中国科学院院士传记）
ISBN 978-7-03-062198-6

Ⅰ. ①邵… Ⅱ. ①吴… Ⅲ. ①邵象华（1913—2012）-传记
Ⅳ. ①K826.16

中国版本图书馆 CIP 数据核字（2019）第 189879 号

丛书策划：胡升华 侯俊琳
责任编辑：张 莉 张 楠 / 责任校对：韩 杨
责任印制：赵 博 / 封面设计：有道文化
联系电话：010-64035853
E-mail：houjunlin@mail.sciencep.com

科学出版社出版
北京东黄城根北街 16 号
邮政编码：100717
http://www.sciencep.com

天津市新科印刷有限公司印刷

科学出版社发行 各地新华书店经销

*

2019 年 10 月第 一 版 开本：720×1000 1/16
2025 年 4 月第三次印刷 印张：20 插页：6
字数：306 000

**定价：98.00 元**

（如有印装质量问题，我社负责调换）

邵象华（1913～2012）

邵象华，浙江杭州人。冶金学家，冶金工程专家，中国近代钢铁冶金工程的开拓者和奠基人之一。1955 年当选为中国科学院首批学部委员（后改称院士），1995 年当选为中国工程院院士。1932 年毕业于浙江大学化学工程系，获化学工程学士学位；1934 年入伦敦大学帝国理工学院主修冶金，1936 年获冶金工程一级荣誉学士学位，1937 年获冶金学硕士学位。20 世纪 40 年代初，设计和主持建造中国第一座新型碱性平炉；40 年代末，作为鞍山钢铁公司总工程师、炼钢厂技术副厂长、技术处处长和中央试验室主任，主持大型平炉的修复和投产工作，主持和参与建立中国大型现代钢铁联合企业的技术管理体制，组织研制中国独创的平炉镁铝砖炉顶，创立控制沸腾钢偏析的新技术等。1958 年后，历任冶金工业部钢铁研究总院炼钢研究室主任、冶金物理化学研究室主任、院副总工程师、技术顾问等职。相继主持、指导和参与了真空熔炼的应用基础理论研究；用普通电弧炉生产出超低碳不锈钢；开发包钢平炉渣提取铌和锰的工艺，生产出铌锰铁合金；创立包钢铁水中雾化提取铌、锰的新工艺；开发平炉熔池用氧；用氧气转炉冶炼中、低碳锰铁和铬铁合金及转炉复合吹煤氧新工艺等。他以敏捷的思维和前瞻性战略眼光，积极倡导和支持在我国开展氧气转炉炼钢、连铸、薄板坯连铸连轧、熔融还原技术等重大新技术、新工艺的研究开发。作为中国冶金界的科学技术顾问和咨询专家，在国家及行业科学技术发展规划的制订和重大科学技术问题的决策中也做出了重要贡献。20 世纪 50 年代起，曾先后任国家科学技术委员会钢铁组组员、冶金学科组副组长，中国金属学会常务理事等。1998 年获中国工程院中国工程科学技术奖，2006 年获中国金属学会冶金科技终身成就奖。

全家合影（摄于 1914 年）
左起：邵家驹、邵象伊、吴道芳、邵象华、邵詠裳

1937 年获英国伦敦大学帝国
理工学院冶金学硕士毕业照

1934 年 8 月第二届中英庚款留学生合影
（前排右四为邵象华）

1942 年 9 月邵象华、王晓云结婚纪念

1943 年与四川綦江电化冶炼厂
同人合影（右二为邵象华，
右三为王晓云和女儿邵贝羚）

1948 年年初参加技术人员丹东学习班
（前排右二为邵象华，右三为王晓云）

1954 年在鞍钢主持工作会议（站立者为邵象华）

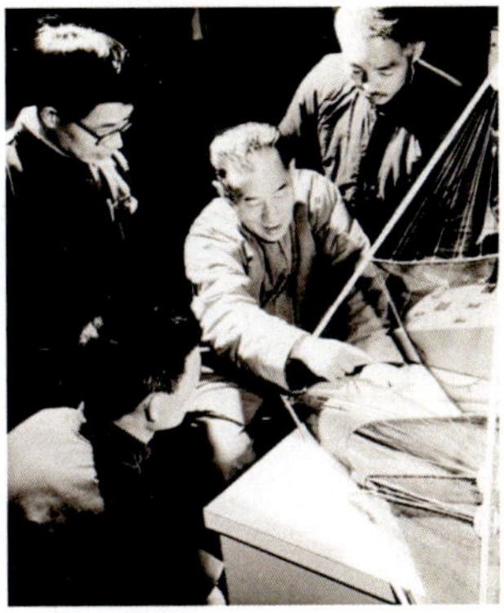

1979 年在亲手制作的
四元相图模型前与同事讨论

1985 年参观考察武汉钢铁公司

1986 年在第三届冶金过程动力学学术讨论会上发言

2010 年在书房查找资料

1956 年到民主德国访问考察

1978 年参观法国钢铁研究所下属工厂（左四为邵象华）

1979 年访美时与美国同行交流

1980 年日本大同特殊钢厂欢迎中国金属学会代表团（前排左三为邵象华）

1986 年 10 月在韩国相马教授和赵容善教授陪同下参观韩国浦项制铁

1986 年 10 月在第二届钢铁技术与新材料国际会议上做大会发言

1999 年 10 月与殷瑞钰陪同日本
不破祐教授游颐和园

2002 年钢铁研究总院 50 周年大庆，
邵象华与袁宝华、柯俊合影

2003 年干勇、殷瑞钰贺邵象华九十寿辰

2005 年资深院士联谊活动会，
左起：邵象华、颜鸣皋、师昌绪

2007 年 9 月 6 日在人民大会堂
参加魏寿昆百年华诞庆典

2011 年在春节院士团拜会上
与师昌绪交谈

1954 年当选为鞍山市第一届全国人民代表大会代表

在日本铁钢协会汤川纪念会演讲会场

1997 年中国工程院化工、冶金与材料工程学部院士合影

1998 年获“中国工程科学技术奖”

2003 年九十寿辰纪念

1956 年邵象华夫妇与儿女

1972 年邵象华与王晓云出游

2009 年 2 月众亲友共庆邵象华 96 岁生日

2009 年邵象华九十六寿辰与王晓云在一起

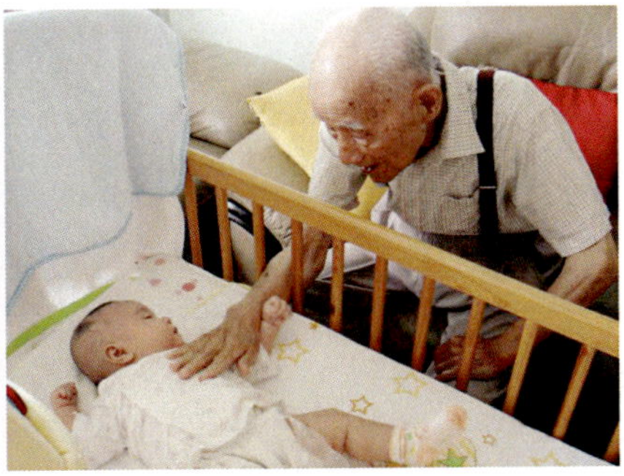

2010 年 8 月重外孙满月

钢铁巨匠 一代宗師

恭賀 邵象華先生九十六華誕

徐匡迪 二〇〇九年九月七日

冶金泰斗 德艺双馨
一代大家 为人师表

恭贺邵先生九十六岁寿辰

于勇 二〇〇九年七月

庆贺邵象华院士九十六华诞

一代宗師 奠基鋼鉄

晚 殷瑞鈺 二〇〇八年十月

祝贺邵象華院士九十六華誕

殫精竭慮奠基鋼鉄事业，高風亮節堪称一代宗師。

师昌绪 二〇〇八年十二月十二日

桃李芬芳
硕果天下
文集荟萃
共庆健康

祝邵老九十六岁华诞

翁宇庆 二〇〇八年十月六日

邵象華院士·老师
百岁華誕
學生·同事
师昌绪敬贺
二〇一二年二月二十一日

**贺 信**

尊敬的邵象华院士：

在您百岁寿辰之际，我向您致以崇高的敬意和诚挚的问候！

您为我国钢铁冶金工业的发展做出了突出的贡献，在钢铁冶金工程的科研领域中硕果磊磊，成绩辉煌，不愧是我国近代钢铁冶金工程的奠基人和开拓者。我和您相识 60 年之久，结下了深厚的友谊，您为人正直忠厚，工作勤奋踏实，作风谦虚谨慎，态度平易近人。您的高尚品质是我们科技工作者永远的学习榜样！

衷心地祝愿您健康长寿，家庭幸福！

魏寿昆

时年 105 岁

2012 年 2 月 18 日。

中国科学院院士用笺
CHINESE ACADEMY OF SCIENCES

晓云老师：2月21日刚参加了象华老师百岁诞辰庆祝会，昨晚殷瑞钰院士打电话传来邵老师不幸离开人间的坏消息，甚为悲痛。我和邵老师相识60余载，深知他学识渊博和为人正直诚肯，他是我国钢铁事业的一代宗师，为我国从贫穷走向富强做出了开拓性的突出贡献，成为后一代人学习的榜样。

希望您和全家节哀。

92岁的学生
师昌绪上
2012.3.22

邵象华获得的部分题词

# 总　序

中国科学院学部科普和出版工作委员会决定组织出版《科学与人生：中国科学院院士传记》丛书，这是一件很有意义的文化工程。首批入传的22位院士都是由各学部常委会认真遴选推荐的。他们中有学科领域的奠基者和开拓者，有做出过重大科学成就的著名科学家，也有毕生在专门学科领域默默耕耘的一流学者。每一部传记，既是中国科学家探索科学真理、勇攀科学高峰的真实情景再现，又是他们追求科学强国、科教兴国的一部生动的爱国主义教材。丛书注重思想性、科学性与可读性相统一，以翔实、准确的史料为依据，多侧面、多角度、客观真实地再现院士的科学人生。相信广大读者一定能够从这套丛书中汲取宝贵的精神营养，获得有益的感悟、借鉴和启迪。

中国科学院学部成立于1955年，经过50多年的发展，共选举院士千余人，荟萃了几代科学精英。他们中有中国近代科学的奠基人，新中国的主要学科领域的开拓者，也有今天我国科技领域的领军人物，他们在中国的各个历史时期为科学技术的发展做出了历史性的贡献。"五四"新文化运动以来，一批中国知识精英走上了科学救国的道路，他们在政治动荡、战乱连绵的艰难岁月里，在中国播下了科学的火种，推动中国科技开始了建制化发展的历程。新中国成立后，大批优秀科学家毅然选择留在大陆，一批海外学子纷纷回到祖国，在中国共产党的领导下，开创了中国科学技术发展的新篇章。广大院士团结我国科技工作者，发扬爱国奉献、顽强拼搏、团结合作、开拓创新的精神，勇攀世界科技高峰，创造了举世瞩目的科技成就，为增强我国综合国力、提升自主创新能力做出了重要贡献，为国家赢得了荣誉。他们的奋斗历程，是中国科学技术发展的历史缩影；他们的科学人生，是中华民族追求现代化的集中写照。

当今世界，科学技术已成为支撑、引领经济社会发展的主要动力和人类文明进步的主要基石。广大院士不仅是科学技术发展的开拓者，同时也是先进文化的传播者，在承担科技研究工作重任的同时，还承担着向全社会传播科学知识、科学方法、科学思想、科学精神的社会责任。希望这套丛书的出版能够使我国公众走近科学、了解科学、支持科学，为全民族科学素养的提高和良好社会风尚的形成做出应有的贡献。

科学技术本质是创新，科技事业需要后继有人。广大院士作为优秀的科技工作者，建设并领导了一个个优秀的科技创新团队；作为教育工作者，诲人不倦，桃李满天下。他们甘当人梯、提携后学的精神已成为我国科技界的光荣传统。希望这套丛书能够为广大青年提供有益的人生教材，帮助他们吸取院士们追求真理、严谨治学的科学精神与方法，领悟爱国奉献、造福人民的科技价值观和人生观，激励更多的有志青年献身科学。

记述院士投身我国科学技术事业的历程和做出的贡献，不仅可为研究我国近现代科学发展史提供生动翔实的新史料，而且对发掘几代献身科学的中国知识分子的精神文化财富具有重要意义。希望《科学与人生：中国科学院院士传记》丛书能够成为广大读者喜爱的高品位文化读物，并以此为我国先进文化的发展做出一份特有的贡献。

是为序。

路甬祥

2010年3月

# 序　一

邵象华先生是中国近代钢铁冶金的一代宗师，是我们十分崇敬的前辈。他学术造诣深厚，是我国冶金过程物理化学的开拓者之一，其研究的领域不仅涉及冶金熔体中炉渣组分和金属元素的活度计算等理论问题，并将其实际应用于真空条件下熔炼特种金属材料和包头钢铁公司平炉渣中铌、锰的提取，以及在铁合金生产中用吹氧法冶炼中、低碳锰铁等，并在工业生产中一一得到成功的应用。

邵先生还是中国钢铁冶金界杰出的工程设计领军人物，抗日战争后期他在四川綦江克服种种困难，主持、设计了我国第一座新型炼钢平炉，并于 1944 年投产，利用四川当地小高炉的土铁炼出了合格的钢水并轧制成材。1948 年他在鞍山钢铁公司任总工程师兼任炼钢厂生产技术副厂长等职，参与组织、领导鞍钢生产恢复工作，由于这些突出贡献，他于 1949 年 8 月被授予“二等功臣”称号。在鞍山钢铁公司复产的过程中他主持制定各生产工序的操作规程和产品检验标准。因此，他也被钢铁工业界公认为大型钢铁联合企业技术管理的主要奠基人之一。他所翻译的苏联版《钢冶金学》（Металлургия Стали）和美国版《碱性平炉炼钢》（*Basic Open-hearth Steelmaking*），是 20 世纪 50 年代我国高等学校钢铁冶金专业的主要教学参考书。

我初识邵先生是在 1956 年夏秋之交，当时国家提出“向科学进军”

的口号，我在读的北京钢铁学院邀请了一批中国科学院学部委员（后改称院士）到学校给师生做报告，其中就有邵先生。他中等身材，儒雅谦和，面带微笑，侃侃而谈。那次报告他讲了两个问题：首先是冶金热力学，他强调冶金和材料研究的基础都是热力学，热力学是解决各种反应或相变的可能性和终极目标的问题，所以它是冶金过程和热处理工艺的理论基础；其次他又谈了真空冶金问题，这在当时是很新的概念，因为20世纪50年代中期蒸汽喷射泵刚刚问世，它使大规模的真空技术应用成为可能。尽管当时钢包真空脱气及炉外精炼（如RH、DH等）都尚未出现，但邵先生从钢中气体（H和N）的溶解与析出和减压下钢液中碳氧平衡的移动方面，准确地预言了这一领域即将成为钢液精炼和特殊钢质量提高的重要手段。邵先生做报告时的声音不高，语调平和，但逻辑性强，当时在南楼大阶梯教室听讲的师生有二三百人，安静极了，大家都唯恐漏听了什么话，两个小时转瞬即逝。虽然60多年过去了，但这个报告对我来说至今仍然印象深刻，因为当时我们年级刚从钢厂生产实习回来。由于系统的专业课还没有上，所以我们从现场获得的初步感性认识，就是炼钢是一种又热又累的力气活，只要按操作规程，拿大锹往炉里加造渣材料及铁合金就行。听了邵先生的课后，我们不仅对他的学识倍加钦佩，而且对自己要终生从事的钢铁冶金事业也有了更深入的了解，决心要把冶金物理化学这门基础理论学好。

第二次有机会听到邵先生的报告是1962年中国金属学会在上海召开的第一届冶金物理化学学术会议，那次会议上邵先生主讲选择性氧化和还原反应，这在当时也是冶金物理化学在钢铁生产中应用的一个新领域、新事物。当时我正好在参加与上钢五厂合作承担的“航空发动机用不锈钢管攻关”的国家课题，对于高铬不锈钢冶炼时的脱碳问题十分头疼，而新的氩氧脱碳法（AOD）、真空吹氧脱碳法（VOD）工艺当时还未商业化，于是我就大胆地向他提出在电弧炉中有无选择性脱碳保铬的可能，他稍加思考后回答我说，“碳选择氧化的条件就是温度，要达到1800℃左右。但炉衬耐火材料可能吃不消”。之后，课题组顺着这个思路采用快速、强化供氧，使其在短时间达到高温的办法，炼出了五炉符合航空标准的高铬、低碳不锈钢，保证了在苏联停止供货时，我国主战空军装备歼-6的正常飞行，此成果后来还获得了1977年国家科学大会奖。

我有幸和邵先生还有“三重缘分”。第一重“缘分”是在1997年的两院院士大会期间，时遇6月底，北京天气干热，晚饭后大家都在京丰宾馆的院子里散步，突然我看到邵先生穿着背带西装从花园对面的小径走来，我笑嘻嘻地和他招呼，并开玩笑地用杭州话说，“邵先生真像一位英国绅士”，他哈哈大笑，用杭州话答道：“这套行头在1958年以后就压在箱底，再不穿穿就没有机会了！”于是我们两人便用杭州话边走边聊。当他得知我是1981年国家开放公派访问学者，是第一批去英国的，而且是到伦敦大学帝国理工学院冶金系时，他高兴地说，他在1934年考取庚款公费留学英国时是与丘玉池两人同时进入帝国理工学院冶金系的，并以优异的成绩获得一级荣誉冶金学士学位。他说自己是中国公派到英国学冶金的第一批留英学生。他还回忆起在帝国理工学院的时光，包括那时的教室、实验室、系主任办公室以及海德公园附近的宿舍等。天色渐暗，当我们到了宾馆大楼门口各自回房间时，邵先生就用杭州话说：“有缘！有缘！”

第二重“缘分”是2002年我当选为中国工程院院长后，立即先后登门拜访了各位功勋卓著的老科学家和前辈。当我在钢铁研究总院院长干勇院士的陪同下来到邵先生家时，开门的是其夫人王晓云老师，她把我们带入客厅，邵先生从沙发上起身迎接，握手寒暄后他用杭州话问我“是坐沙发还是靠背椅”，王老师笑着说：“真是年纪越老越是乡音不改了。”邵先生却一本正经地用杭州话说：“我们是同乡，匡迪也是杭州人。”于是，我们二人就用地道的杭州话高兴地攀谈起来，惹得一旁的干勇院长和王老师哈哈大笑。临别时，二老将我们送到门口，邵先生还不断地用杭州话对我说：“有缘！有缘！”

第三重“缘分”来自我们共同的业余爱好，即交响乐。我担任上海市市长时，支持和筹划了上海国际音乐节，邀请柏林爱乐乐团、伦敦交响乐团和中央交响乐团等著名交响乐团体来沪演出，同时我邀请邵先生夫妇来沪，共享音乐盛会，二位老人欣然前来。其不仅连听四场，还作为贵宾出席了音乐节的大型招待会，邵先生为此欣喜不已，大呼饱了耳福。自此，我在北京工作时，凡遇到邵先生，都会问他最近听了些什么好的音乐，这也成了交谈中常有的话题。但到了2005年后，他就用杭州话说：“年纪大了，晚上出来不方便，只能在家听听CD片了。”

此次姜曦博士邀我回顾与先生过往情谊，回忆起2003年年初，钢铁研究总院为邵先生举行九十大寿庆典，先生精神焕发，热情地与各位来宾握手致谢，大家都祝他健康长寿，他风趣地说："我要向魏寿昆先生学习，争取活过 100 岁。"会场响起热烈掌声，感动人的场景至今仍然历历在目。果然，2012 年 2 月中国钢研科技集团有限公司为邵先生举办了祝贺百岁的活动，当时在北京的所有钢铁冶金、金属材料学界的院士和同事以及邵先生培养的博士生悉数出席，大家畅谈了先生卓越的学术成就和高尚的人生品格。但是万万没想到，就在一个月后，这位大家崇敬的著名冶金理论和工程专家、两院资深院士，走完了他的光辉百年人生，与世长辞了。哲人仙逝，功绩永存，我深信他的名字将永远镌刻在中国钢铁工业从小到大、从弱到强的历史丰碑上！也永远铭记在所有中国钢铁人的心里！

徐匡迪

# 序　二

邵象华先生是著名的冶金学家、冶金工程专家、中国科学院首批学部委员（院士）、中国工程院院士、中国冶金界公认的泰斗级人士。

邵先生的科技生涯丰富多彩、涉猎广泛，活跃在学术界和产业界。邵先生曾经担任过大学教授、钢铁联合企业的协理（副经理之一）、总工程师、科研院所的教授级高级工程师、副总工程师、技术顾问等职，还曾受聘为国务院科学规划委员会成员、国家科学技术委员会冶金组成员、国务院学位委员会冶金组的评审委员、国家自然科学奖委员会委员等重要职务，是科技界、产业界公认的权威专家。

姜曦博士约我作序，作为晚辈的我有幸与邵先生同行同专业，都是学冶金的，又都曾较多地从事炼钢专业，因此受先生赐教、熏陶较多。1953年10月我以第一志愿考入当时的北京钢铁学院冶金系，1955年分配到炼钢专业。记得当时十分推崇的参考书是苏联的《钢冶金学》，这本书是邵先生由俄文独立翻译过来的，学生们对他的印象很深刻。同一时期，他还主持翻译了国际上主要的炼钢学专著——美国出版的《碱性平炉炼钢》。邵先生翻译的这两本书引导、培养了我国20世纪50～70年代的一大批学生和钢铁企业科技人员。可以说，钢铁冶金专业特别是炼钢专业的科技人员没有人不知道邵象华先生的，大家都尊称他为邵先生。

我在北京钢铁学院上学时，经常去图书馆看杂志，当时有一本杂志名称叫“鞍钢”，是鞍山钢铁公司主办的，这在当时是很受欢迎的。它主要介绍钢铁冶金技术的进步，特别是大型钢铁联合企业技术革新、技术改造的进展和动向。这本杂志的主编就是邵象华先生，刊载的文章大多针对生产的需要，同时也发表不少理论与实践结合的文章，反映邵先生的治学风格，并影响着冶金领域科技人员和学校师生。

我和邵先生第一次直接接触是在20世纪70年代，邵先生带领冶金工业部钢铁研究院（现名为钢铁研究总院）的专家队伍到唐山钢铁公司进行氧气底吹转炉的工业性试验，其关键技术是油冷底吹喷嘴，邵先生在唐山钢铁公司不仅讲了喷嘴的技术原理、国际进展，同时深入第一炼钢车间，亲自指导试验，有时直至深夜。在邵先生的指导、鼓励和直接参与下，氧气底吹转炉的工业性试验一次就取得了成功。其后，邵先生还同唐山钢铁公司的肖来潮总工程师等一起去法国参加国际会议，会上介绍了中国在氧气底吹转炉方面的进展。

20世纪80年代以后，我和邵先生接触的机会更多了，并经常得到邵先生的指导、支持和鼓励。同时，我也逐渐了解到先生由“神童”到学界泰斗的成长、奋斗过程，以及为振兴中国钢铁工业而努力的历程。先生天资聪颖，用9年时间完成了小学、中学的学业，19岁以全优成绩毕业于浙江大学化工系，并受聘于上海交通大学任助教。随后，考取庚子赔款公费留学生赴英国留学，入伦敦大学帝国理工学院主修冶金。当时有一段流传的佳话，中国留学生邵象华、丘玉池的考试成绩一直名列前茅。1936年邵先生获伦敦大学帝国理工学院一级荣誉冶金学士学位，1937年获冶金学硕士学位，并获“马瑟科学奖金”（Mathey Prize），被授予英国皇家矿学院会员学衔和帝国理工学院奖状。在硕士学业行将结束时，其导师卡本特（H. Carpenter）提出希望他继续留校攻读博士学位，并写了推荐信。正当他准备接受这一美好的提议时，访英的中国资源委员会主任委员翁文灏先生动员他回国参加中央钢铁厂的筹建工作。邵先生觉得这是报效祖国、实现理想的大好时机，于是毅然放弃继续留英深造的机会，接受了翁文灏先生的邀请，转赴西欧诸国考察钢铁厂，继而转赴承建中央钢铁厂的德国克虏伯钢铁公司实习、进修，自此与钢铁冶金工业和冶金学结下了不解之缘。

由于日本大举侵华，湖南大部分地区沦陷，中央钢铁厂建设无法进行，先生转任武汉大学冶金系教授。后又奉命到资源委员会下属四川綦江电化冶炼厂负责创建炼钢厂并任厂长，设计、建造了大后方最大的新型碱性平炉，堪称壮举，显示了先生在工程设计、工程建设、工程运行技术等方面的知识水平和才能，为抗日战争的胜利做出了贡献。1945 年抗日战争胜利后，先生奉资源委员会之命赴东北参加接收鞍钢的工作，任协理兼制钢所所长。1948 年 2 月鞍山解放，不久先生任鞍钢总工程师，并先后兼任炼钢厂生产技术副厂长、技术处处长和中央实验室主任等职，以极大的热情主持了炼钢厂的恢复工作，被授予"二等功臣"称号。20 世纪 50 年代初，先生主持制定了鞍山钢铁公司各个生产工序的技术操作规程和各类产品的质量检验标准等规章制度，被公认为是中国钢铁企业技术管理的奠基人之一。在鞍钢期间，他深入生产实践，根据需要开展技术革新，如平炉采用镁铝砖、减少沸腾钢偏析等。

先生重视培养冶金人才，除了张春铭、刘嘉禾等老一辈冶金专家曾得到先生的培养、支持外，在中华人民共和国成立初期他还曾向基层生产一线的工人讲解生产操作的技术要领，给转业干部讲有关钢铁生产的知识，起到了很好的促进作用。

1958 年，先生奉调到冶金工业部钢铁研究院工作，历任研究室主任、院副总工程师、技术顾问、学位评定委员会主席等职，并进行了真空冶炼物理化学的应用基础研究，为我国发展特殊冶炼提供了若干理论支撑。随后又对包头钢铁公司铁水提铌新工艺进行了研究……他始终活跃在中国冶金学术界和钢铁工业生产技术领域。

改革开放后，邵先生致力于积极促进与国际冶金界的科技交流、合作，参与并组织了中美、中法、中日、中韩等双边和多边钢铁学术交流，并培养了一批科技人才。1992 年，他被授予日本铁钢协会（The Iron and Steel Institute of Japan，ISIJ）名誉会员，这是 ISIJ 最高学术称号，并获汤川纪念讲演奖。

邵象华先生也是中国金属学会重要的创建者之一。他任中国金属学会常务理事及炼钢分会理事长等职30余年，特别是对炼钢领域的理论进展和技术进步做出了重要贡献。

邵象华院士在为祖国钢铁事业奋斗的过程中，始终有着无私奉献的高尚情操和锐意进取、勇于创新、精益求精的科学精神。他谦虚谨慎、治学严谨、认真务实，深入实践，注意理论联系实际，学术结合生产；他认为应用和基础研究开发的根本立足点在于实现工程化和产业化，在于将其转化为现实生产力。这些宝贵的精神财富是我们应该继承和发扬的。

殷瑞钰

# 目录 CONTENTS

## 第三篇 鞍钢新生



## 第四篇 功业昌盛

# 第五篇　耕耘不止



# 第六篇　奉献社会

## 第七篇 名师光环



## 第八篇 温馨之家

# 第一篇

# 邵门家史

摄于 1937 年

# 第一章 家学渊源

## 一、邵雍其人

北宋真宗大中祥符五年（1012 年），邵象华的先世邵雍诞生。他中年时因创立邵派理学而名闻天下，被邵家后人尊为先祖，立为第一代。至邵象伊、邵象华兄弟出生，邵门香火已经历宋、元、明、清四个朝代，历时 900 余年，共 32 代。

邵雍何许人也？宋史记载：邵雍，字尧夫，祖居范阳（今河北涿州），其父曾迁徙客居衡漳，后定住共城（今河南辉县）。邵雍少年时已显才智过人，常常语惊四座。然而，他践行古代贤人的教导："百言百当，不如择趋而审行也。"（《淮南子·人间训》）意思是说，一百句话一百句都恰当，也不如坚定方向，小心谨慎地实行。他曾多次放言欲求功名，然而只是说说而已，并不热心去求取。

史书上有一段很精彩的记述："雍（邵雍）于书无所不读，始为学，即坚苦刻厉，寒不炉（寒冬腊月不生炉取暖），暑不扇（夏天酷热不用扇子纳凉），夜不就席者（晚上睡觉炕上不铺凉席）数年。"多年孤独恬静的生活让他养成了谦逊自明、甘守寂寞做学问的习惯。他曾隐居苏门山百源之上，人称"百源先生"。

邵雍像

有一日，邵雍恍然大彻大悟，自叹道：“昔人尚友于古，而吾独未及四方。”于是他备足旅途用品，独自游学，行万里路，广览天下美景，拜谒先贤宗庙，访民间鸿儒高人。他渡淮河、涉汉水，足迹遍及战国时代的齐、鲁、宋、郑古国废址和王朝遗墟。回到家乡共城后，他叹曰：“道在是矣！”随即，他闭门谢客，静心学问，专攻《易经》，终于幡然醒悟，抛却功名，潜心研究易学。

某日，有位名叫张之才的北海人，任共城县令，上任不久便听说共城邵雍是当地名儒，便慕名登门拜访。寒暄之后，张县令问道：“先生曾否知道物理性命之学问？”邵雍听后沉思良久，一时无言以答，这才知道自己才疏学浅。于是他如实告知：“雍未曾听说过。今日有幸得先生的指教，十分荣幸！”

自那以后，邵雍随张之才学习“河洛”（即“河图”和“洛书”的合称）神秘文化及宓羲八卦六十四卦图像等古代神秘哲学典籍。邵雍开始对我国古代传统哲学中以阴阳学说为基本的宇宙论着迷得如痴如醉，探赜索隐，妙语惊人。与张之才的结识和相知对他后来创立邵派理论起着重要作用。不久后，他迁居北宋重要的政治文化中心洛阳定居。

随着岁月流逝，邵雍的学问益深，品德益劭，然而他的玩心亦益重。他把做学问看作一种乐趣、一种精神盛宴。怀着这种宁静无欲的心情，他很快发现天地运行变化既与阴阳消长，又与世事变迁和盛衰有联系。由此，他理出规律，静心著成百卷巨著。

当时洛阳城中鸿儒、巨贾遍地，但知道邵雍的人却寥若晨星。邵雍甘守寂寞，从不张扬自己。直到一日，好友富弼、司马光、吕公著等几位当朝名臣、大儒登门拜访，邵雍的名字及他的学问才得以传扬。

邵雍交友十分谨慎，他认为两类朋友可交往：一类是文人墨客且为学问家，如程颢、程颐兄弟，话题离不开经学；一类原本是文人，后来步入政坛，由于政策实行受阻而辞官或被罢黜，抑或是年迈请辞，如司马光、高弼等。与邵雍成挚友的只有程颢、程颐和司马光。

司马光，字君实，生于1019年，比邵雍小七岁，常以兄长称邵雍。洛阳城曾盛传司马光与邵雍的友谊，共赞两人的品德。据载，北宋大中祥符年间，来到洛阳的读书人不去公府（司马光官邸），必去邵宅。司马光从政为相，从史修《资治通鉴》，处世淡泊，忠信待人，因此深得邵雍尊敬和倚重。

邵雍以诚待友，从不揭朋友短处，多说朋友的善行。因此史称，不论贵贱长少，与邵雍相见深觉如沐春风。贤者悦其德，不贤者服其化。心甘情愿地听他教诲，并被他的忠言和仁慈所折服。

中国传统哲学常论北宋“经学四子”，即周敦颐（号濂溪，1017～1073）、张载（号横渠，1020～1077）、程颢（号明道，1032～1085）、程颐（号伊川，1033～1107）。哲学史中没有将邵雍列入“五子”，且与“四子”并列，颇受当代哲学家钱穆先生和冯友兰先生的批评。

北宋神宗熙宁十年（1077年），邵雍年事已高，身患重病，司马光、张载、程颢、程颐四位贤友来到邵府晨夕轮流在床边侍候。邵雍突然病危将终，四贤在外庭商议丧葬之事，他隐约听见，便把儿子邵伯温叫到床前，听取其临终遗言。他用微弱但清晰的声音说道：“诸君欲葬我近城地，当从先茔尔。”先茔就是祖坟。邵雍辞世后，程颢为他刻墓志铭，写道：“纯一不杂，就其所至。”邵雍享年六十五岁。

邵雍仙逝后，宋神宗追谥“康节”以表彰他的经学成就。因此，后世皆尊称他为“康节先生”或“邵康节”；同时宋神宗又赐“秘书省著作郎”之官衔。

程颢云：“尧夫，内圣外王之学也。”程颐云：“其心虚明，自能知之。”邵雍早年曾精研河洛文化，但他始终坚守“纯一不杂，其心虚明”的经学本质。

## 二、理学精髓

我国当代哲学家中，冯友兰和钱穆是最推崇邵雍理学或称邵雍派理学的两位哲学大师。

冯友兰在《中国哲学简史》中将邵雍理学称为宇宙论哲学。他说：“在这里还应该提到讲宇宙论的哲学家邵雍。他从《易经》发展出宇宙论，并且用图解来说明它的原理。”同时，他认为邵雍与周敦颐、张载、程颢、程颐四位理学家的思路很不同，独树邵派一帜。

何谓宇宙论哲学？宇宙论哲学亦称“天人合一说”，是指把天地万物和人一道编入一个宏观大宇宙系统，人成了其中的一个小宇宙，而且大宇宙的变化一定会影响小宇宙的变化。例如，《黄帝内经》就是以五行（水火、土、金、木）为框架结构的宇宙系统，五行变化引起对应的肾、心、脾、肺、肝五脏的变化。关于邵雍的宇宙论，哲学家周桂钿认为，它是“元会运世和一分为二结合的宇宙系统论”。邵雍在《观物内篇》中指出：“三十年为一世，十二世为一运，三十运为一会，十二会为一元。”一元共十二万九千六百年，周而复始。这就是宇宙兴衰的周期。

邵雍应用《易·系辞传上》中的一段文字写道：“易生太极，易生两仪；两仪生四象；四象生八卦；八卦生吉凶；吉凶生大业。”

传统理论认为太极生两仪，两仪通常是指阴和阳。邵雍否定这种传统观点，而把两仪定义为动和静。他进一步解释说：“天生于动者也，地生于静者也。一动一静交而天地之道尽之矣。动之始则阳生焉，动之极则阴生焉。一阴一阳交而天之用尽之矣。静之始则柔生焉，静之极则刚生焉，一刚一柔交而地之用尽之矣。”（《皇极经世·观物内篇》）

为了清晰阐明“易”的变化过程，邵雍画出如下演变横图。

| | | | | | | | | |
|---|---|---|---|---|---|---|---|---|
| 太柔 | 太刚 | 少柔 | 少刚 | 少阴 | 少阳 | 太阴 | 太阳 | 八卦 |
| | | 柔 | 刚 | 阴 | 阳 | | | 四象 |
| | | 静 | | 动 | | | | 两仪 |

冯友兰特别指出，邵雍的这幅横图可以演化出全部六十四卦；如果将这幅六十四卦横图切分为两半，每半幅弯成半圆形，再把两个半圆合为一

幅图，就构成了邵雍的另一幅圆图，名为“六十四卦圆图方位图”。将这幅方位图再经适当的演化，哲学家可以用它来解释许多自然现象的产生、变化和消逝。

冯友兰举例说，邵雍的“六十四卦圆图方位图”中的“阴”可以认为是对“阳”的否定。如果“阳”是指宇宙存在的积极建设性力量，“阴”便是指宇宙中存在的消极破坏性力量。冯友兰认为这个观点具有一般性哲学意义。因为从建设性或破坏性角度来看待阴阳原理，该圆图显示的演化规律便可以被用来解释宇宙中万物的生生灭灭的自然演化过程。

邵雍认为天和地是四象相交而形成的。他说：“太阳为日，太阴为月，少阳为星，少阴为辰；日月星辰交而天之体尽之矣……太柔为水，太刚为火；少柔为土，少刚为石，水火土石交而地之体尽之矣。”（《皇极经世·观物内篇》）因此，冯友兰评论说：从这幅圆图中人们可以找到万物演化的一般性规律，同时它也提供了寻找宇宙奥秘的思路。它表明一切事物都含有对事物的否定。这是哲学中的一个普遍性规律。

钱穆先生在《朱子学提纲》中以讲故事的形式称赞了邵雍的理学。程颢、程颐兄弟与邵雍（康节）同居洛阳，双方过从甚密。康节长于数学，“二程”欠于数学。程颢说：康节欲将数学传授于程颐，程颐没有工夫去求教。程颐听到兄长的话后说：我与康节同住在同里巷三十余年，世间之事无所不问，只有涉及数学这件事从不提及。康节善于数学，伊川（程颐）长于逻辑，两人之间避谈自己的长处，不揭对方的短处。君子之交淡于水，各人发挥自己的长处做各人的学问。

钱穆说，邵雍与程颐之间的答问趣味无穷，听后仿佛走进佛门倾听禅语。钱穆还讲了另一个有趣的故事。有一日天空中响起隆隆雷声，邵雍转身问同桌的伊川说：“子知雷起处乎？”（您知道雷声是从哪里起的吗？）伊川笑道：“某知之，尧夫（邵雍）不知也！”（我知道雷声的起处，您是不知道的啊！）邵雍听罢愕然，于是问伊川说这话的原因。伊川微微一笑答道：“既知之，安用数推也？以其不知，故待推而后知。”（您既然知道雷声起于何处，又何必用数学去推算？因为您不知道，因此只能等待推算才能得知。）邵雍追问道：“子以为何处？”伊川笑道：“起于起处。”（雷声在该起的地方发出。）两位北宋理学家之间这段“关于雷声起于何处”的对话洋溢着哲理，充满大儒的智慧。邵雍推崇“形而下”，主张“以数推理”；伊川推崇“形而上”，主张“以心推理”。经学家杨龟山读过《皇极经世》后叹道：“《皇极》之书，皆孔子所未言者，然其论古今治乱成败之变，若合符节，恨未得其门而入。”杨龟山深叹生不逢时的抱恨遗憾！邵雍的“形而下”哲学思想与北宋周（敦颐）、张（载）、“二程”（程颢和程颐）四巨擘的“形而上”相逆而行，因此被打入非主流、非正宗的学派，他被北宋思想界所冷落是不足为奇的学界现象。

## 三、家风家规

邵雍一生著述颇丰，世传代表作有《皇极经世·观物内篇》《皇极经世·观物外篇》《伊川击壤集》《先天图》等哲学著作，流传于世的还有文学著作《诫子孙》《插花吟》《安乐吟》等。

邵雍是一个快乐的人，他曾经把自己的住所称为“安乐窝”，自诩“安乐先生”。程颢称他是一位“风流文豪”。下面的《插花吟》和《安乐吟》都成文于他的知天命之时，颇有“不出户庭，直际天地”之感。

**插　花　吟**

头上花枝照酒卮①，酒卮中有好花枝②。
身经两世③太平日，眼见四朝④全盛时。
况复筋骸⑤粗康健，那堪时节正芳菲。
酒涵⑥花影红光溜，争忍⑦花前不醉归。

（摘自《千家诗新注》）

注：①酒卮：酒器。②：花枝：花影。③两世：邵雍的宇宙论将三十年记为一世，此时已六十余岁，故称两世。④四朝：邵雍一生经历北宋真宗、仁宗、英宗、神宗四朝。⑤筋骸：身体、体格。⑥酒涵：酒器。⑦争忍：怎忍心。

古代文人墨客大多爱花、惜花、吟花，以花寄情，以花抒志，以花怜生。生活于北宋盛世六十余年的邵雍，至神宗熙宁年间，盛世已不再，如同“酒涵花影红光溜”，叹息北宋王朝已无昔日太平。

**安乐吟**

安乐先生，不显姓氏。垂三十年，居洛之涘。
风月情怀，江湖性气。色斯其举，翔而后至。
无贱无贫，无富无贵。无将无迎，无拘无忌。
窘未尝忧，饮不至醉。收天下春，归之肝肺。
盆池资吟，瓮牖荐睡。小车赏心，大笔快志。
或戴接篱，或著半臂。或坐林间，或行水际。
乐见善人，乐闻善事。乐道善言，乐行善意。
闻人之恶，若负芒刺。闻人之善，如佩兰蕙。
不佞禅伯，不谀方士。不出户庭，直际天地。
三军莫凌，万锺莫致。为快活人，六十五岁。

（《伊川击壤集》卷十四）

将邵雍与理学四家（周敦颐、张载、程颢、程颐）会归合一，加司马光共称“六先生”，并举齐尊。朱熹特别欣赏邵雍的史学，论古今治乱成败，由邵雍推论大多符合。

钱穆对朱熹此举评论说：将邵雍和司马光列入“六先生”，此在理学传统内，殆亦有路径令宽之意。后世哲学家称朱熹为北宋理学之集大成者，将邵雍、司马光地位升高，其功当之无愧。

## 四、南迁临安

邵雍四十五岁那年夫人生下儿子，取名伯温，字子文。中年得子，全家庆贺。邵伯温二十岁那年，即 1077 年，邵雍辞世。遵照父亲的遗言，邵伯温将邵雍安葬于祖茔，落叶归根，死后归宗。

邵伯温生于宋嘉祐二年（1057 年），正逢北宋盛世渐衰，当年《清明上河图》描绘的繁荣景象已难以看到。哲宗元祐五年（1090 年），三十三岁的邵伯温由他人推举任大名府助教（一种只有七八品的小官，相当于现在大学中的助教）。之后，他被调到潞州长子县任县尉。邵伯温当了几年官员，发现自己不专长于为官，于是辞官返回洛阳，闭门谢客，子承父业，做起自己喜欢的学问。

哲宗绍圣初年（1094年），章惇任宰相，念及青年时代曾受恩师邵雍的多年教诲和栽培，如今官至高位，理应报恩。章惇欲将伯温举荐入朝为官，伯温却百般推辞。此后，伯温出门隐居多年，为的是将这门与高官的关系冷落下来。

北宋徽宗赵佶即位，年号为“建中靖国元年”（1101年）。史载宋徽宗是位多才多艺而治国无能的皇帝。他重用被称为“六贼”的蔡京、童贯、王黼、梁师成、李彦、朱勔，其中蔡京最投徽宗豪华、声色所好，并且结党营私，陷害忠良之臣，无恶不作，因此百姓怨声载道。

某一天，都城开封的天空出现日食天象，朝廷内外一片恐慌，百姓举家外出避难。徽宗下旨称若有人能够解读此天象，朝廷必有奖赏。几天过去，竟无一人敢揭榜应答。

邵伯温观察日食天象，用父亲邵雍经学中的横图即“六十四卦圆图方位图”推算此日食天象的来龙去脉。他上书说明日食天象是一种自然现象，不必惊慌失措，论点有理有据，文字朴实入理，深受朝廷赞赏，使当朝避免了一场逃难潮的发生。

然而，邵伯温此举却遭受到蔡京、童贯等奸佞小人的忌恨，多次上门扰乱。他无奈决定离开洛阳，暂避一时。他痛心地想：日食天象无害，蔡京、童贯却是大害。他悄悄来到位于华山的华州西岳庙任监事。

有一天，他偶然听同事说，童贯被任命为宣抚使，不久将来耀州视察。他担心再次招祸上身，难逃佞臣陷害，于是他决定赶紧出走他州以躲避这场人祸。直到北宋王朝大厦倾覆，他才回到家乡洛阳。

金灭辽后，继续南下夺取宋朝城池，掠夺百姓财产，迫使钦宗来到金营求降。靖康二年（1127年），金国废徽、钦二帝为庶人，北宋灭亡，史称“靖康之耻”。岳飞写《满江红》一词抒发当时对国破家亡的悲愤，以及奔赴战场杀敌雪耻的英雄气概：“……靖康耻，犹未雪；臣子恨，何时灭……”后来童贯被处死，蔡京被流放，人心大快，家园重建。

宋徽宗第九子康王赵构于1127年5月在南京（今河南商丘）继位，改年号为建炎，史称宋高宗。10月南迁浙江临安（今杭州），定都于此，史称南宋。

跟随赵构南下临安的浩浩荡荡的队伍中有邵伯温一家人。这一年，他已是古稀老者。他在临安购买土地，建屋安身。临安从此成了邵雍家族的第二故乡。河南洛阳古风古韵的熏陶，再经西子湖青山绿水、柳荷南音的默化，使邵雍后世子孙人才辈出，香火绵延千年。

邵伯温晚年居家潜行研读父亲邵雍的遗著，偶得新的体会即写成文章。据《宋史本传》记载，邵伯温留存于后世的著作有《易学辨惑》《皇极经世序》《观物内外篇解》等理学精粹文章，也有《河南集》《邵氏闻见录》等散文集，共存百余卷，均为稀贵典藏。

《观物内外篇解》为邵伯温的代表著作，书中陈述了新儒家关于“性心命天”的关系。邵伯温说：“万物无所不禀，则谓之曰命；万物无所不本，则谓之曰性；万物无所不主，则谓之曰天；万物无所不生，则谓之曰心。”他又说：“穷理尽性以至于命，尽心尽性以知天，存心养性以事天。”

“知天”“事天”中的“天”，在邵雍理学中是指万物生长规律，一种主导万物发育、生长、死亡的力量。因此说“知天”便是掌握万物生长的客观规律；“事天”便是遵循万物生长的客观规律。“尽心养性”便是人只有修养心性，才能掌握和遵循万物生长的客观规律。

邵伯温继承和发扬邵雍理学，父子双双入宋朝理学史。邵雍曾作《诫子孙》一文，为后世制定家规，以传承家风，期望代代遵守。摘录如下：

> 吉也者，目不观非礼之色，耳不听非礼之声，口不道非礼之言，足不践非礼之地；人非善不交，物非义不取；亲贤如就芝兰，避恶如畏蛇蝎。

邵雍立下的家规是以“礼”为做人的根本、以“义”为做事取舍的标准、以“善”为交友的条件、以“贤”为人品的精髓。邵伯温履行家规起到了承上启下的榜样作用。《孟子·滕文公上》说：“人伦明于上，小民亲于下。”一个家庭中父辈懂得并践行符合礼义的行为准则，后辈们自然互相亲近相爱了。邵伯温推辞章惇的提拔，以及避童贯奸佞祸害而离耀州等事，件件都以家规为行为准则，不敢有点滴偏离。《诗经》曰：“如月之恒，如日之升。如南山之寿，不骞不崩。如松柏之茂，无不尔或承。”这首诗可用来比喻家规的文化意义。优秀的家规可以让文化薪火永存，如南山不老松之寿，松柏常青。

邵象华正是邵家邵雍家规忠实的承袭相传者，颇受同行们的敬重和爱戴。

# 第二章 儒林清风

## 一、书生心曲

从邵雍传至邵介寿，已经有三十代近八百五十年的家史。其间，中国历经了宋、元、明、清四个朝代，祖国大地发生了翻天覆地、沧海桑田的变化。最大的变化是强盛的中国衰落了，曾经到中国朝圣取经的外国人变成中国的占领者和统治者。汉唐盛世不再，宋明繁荣难现；元朝的暴政、清朝的专制使拥有古老文明的中国沦为列强的附庸，丧权辱国的不平等条约使中国人受奴役、受欺凌，极难重现昔日的辉煌。

邵介寿能否留住邵雍创立的儒林清风，使家规代代承袭呢？从邵介寿到邵象伊、邵象华兄弟，他们亲眼看到并亲身经历了中国天空从黑暗变晴朗、中国社会从专制变民主、中国百姓从贫穷变富裕。无论中国怎么变化，邵家儒林清风永驻。

邵介寿，字子尹，邵象华的祖父。他生于清同治三年（1864 年），卒于光绪三十二年（1906 年），享年四十三岁，壮年仙逝是邵家的不幸。邵介寿之妻方氏，生于清同治元年（1862 年），年长邵介寿两岁，卒于光绪三十年（1904 年），方氏与介寿均享年四十三岁。

邵介寿与方氏共生四子三女七人，其中第二子和第四子幼年夭折。长子邵家驹十五岁那年其母病逝，父亲为供养六个子女生活和读书，除在杭州仁和学堂教书外，还兼做多份工作。邵家驹是个孝子，为了减轻父亲的压力，他宁愿放弃上学而自愿留在家中自学，边照料弟弟和妹妹的生活，边辅导他们学习。

有一天，邵介寿带回一位年轻端庄的女子，向孩子们介绍说：这是你们的继母，娘家姓严。初为人母的严氏显得有些羞涩和拘谨。邵家驹忙领着弟妹整整齐齐地向严氏行了一个大礼，孩子们说道："母亲安康。"严氏急忙回答说："谢谢！从今天起我们是一家人。"

邵介寿站在旁边满意地微笑着。他心里有种难言的苦涩，他知道自己身体多病，已难以照料子女。严氏是个精明能干、为人善良、温顺明礼的女人，把这个家交给她照管，即便自己日后若有不测之难，他也放得下心来。

严氏知道邵介寿家境贫寒，但他的六个子女个个知书达礼，好学上进。她还听说邵家是名门之后，家风气正，因为时局混乱，才尚无显才的机会。她看出邵介寿体弱多病，但她心甘情愿把这个温暖的家管好。

邵家驹，字昂士，生于清光绪十五年（1889 年），康节公三十一代世孙。光绪年间，清政府在改革派谭嗣同、严复、康有为、梁启超等的呼吁、宣传和推动下，推行教育制度改革，将学制分为三个阶段：第一个阶段为初等教育，设立蒙养院、小学堂和高等小学堂；第二个阶段设定为中等教育，设立中学堂；第三个阶段立为高等教育，设立高等学堂或大学预科及本科。

邵介寿为邵家驹安排读书的思路大体上是：十四岁之前完成启蒙及小学堂设置的课程，这个阶段课程由他亲自开蒙以及安排开蒙后读书的内容，邵家驹以在家自学为主，邵介寿晚上亲自为他讲解并答疑解惑。邵家驹聪明好学、善学，不费多少时日便将蒙学内容烂熟于心，与父亲对答时他从容不迫，背诵如流，常常得到父亲的表扬。邵家驹喜欢读朱熹的书，也喜欢朱熹有关读书的箴言。比如，朱熹说的"循序而渐进，熟读而精思"（《读书之要》）；"读书有三到，谓心到、眼到、口到"（《训学斋规·读书写文字》）；"学，须是如饥之须食，寒之须衣始得"（《上蔡先生语录》）。

他在十四岁之前已完成父亲安排的全部自学课程。之后，就在这一年，他考入杭州仁和学堂，学习现代科学知识。他很幸运地成为清末教育制度改革后招考的第一批中学生。次年，即十五岁那年，清政府重新举办科举考试，试图恢复科举制度。邵家驹遵父命报名参试，轻松而去，淡然而归。重病在身的邵介寿懂得儿子闭口不提乡试之事的原因，他也不再提这件事。数日之后，邵家门前热闹起来，原来邵家驹考中秀才，报喜的亲朋好友纷纷登门道贺。

考中秀才是邵家的一件喜事，重病中的邵介寿虽然脸上露出笑容，心里却很苦楚。他清楚如今的清廷如同自己的身体，早已百病缠身，病入膏肓，科举制度重启治不了清政府的痼疾。果然不出邵介寿所料，清政府下旨宣布自光绪三十一年（1905 年）起废除科举制度，恢复学堂制。

邵家驹回到仁和学堂继续完成中等教育。不久，邵介寿的病情突然加重，于光绪三十二年（1906 年）去世，没有留下遗言。这一年，继母严氏刚满三十二岁，邵家驹十七岁。中年守寡的严氏义无反顾坚强挑起全家的生活重担，精心抚养和教育邵家儿女。

自从邵介寿去世后，邵家驹一直默默思考很久。他觉得自己应当像父亲一样做一个堂堂正正、顶天立地的大丈夫，责无旁贷地挑起持家的重担。然而，继母严氏鼓励并安慰他继续读书，经济的事由她来安排。

从仁和中学毕业后，邵家驹考入浙江高等学堂（相当于现在的大学），需读三年预科和三年本科，共六年时间。邵家驹完成高等学堂预科教育，年龄已近二十岁，仪表堂堂，俨然是位温文尔雅的英俊书生。严氏开始为他张罗婚姻大事。他从继母那里打听到未来的妻子名叫吴道芳，字仲馥，与自己同庚，月份小几个月。吴道芳少女时代受过良好的教育，知书达理、尊长爱幼、性情温顺、为人善良、持家节俭。他欣然答应了这门亲事。不久，邵家驹与吴道芳举行了简朴而隆重的婚礼，严氏已心满意足了，因为她作为继母为邵家办了一件最重要的事，同时又为自己添了一位管家的好帮手。

婚后，吴道芳与婆婆严氏相处融洽，和睦快乐，其勤快俭朴的治家本领让严氏啧啧称赞。吴道芳嫁入邵府，将快乐、温馨、上进带入邵家，与弟弟妹妹们亲如同胞兄弟姐妹，仿佛他们多了一位疼爱他们的大姐。在严氏和吴道芳照管下，一家人过着清贫但幸福、安乐的日子。

邵家驹夫妇生育了三个儿子，长子邵象伊生于 1909 年，二子出生后尚未取名便夭折，三子邵象华生于 1913 年，比邵象伊年幼 4 岁。

全家合影（摄于 1914 年）
左起：邵家驹、邵象伊、吴道芳、邵象华、邵詠裳

大学毕业后，邵家驹与吴道芳商量决定子承父业，入兰室桃林，当一名中学国文教员。这是一种颇受社会尊敬又足以供养生活的体面职业。他受聘位于衢州的浙江省第八中学校（简称八中），当一名国文教员。

位于浙江省西部衢州的八中历史悠久，清光绪二十八年（1902 年）由衢州知府奉命兴办。知府将原来的求益书院改建为中学堂，当时的校名为“衢郡中学堂”。按清政府设立的教育制度，衢郡中学堂设立国文、英文、算数、体操、音乐共五门课程，学制四年。翌年学堂迁入位于城东南的府山正谊书院旧址。府山位于衢州府柯城内海拔最高的地方，苍松翠柏，红瓦灰墙，由地面拾级而上须爬百余台阶，府山礼堂设立在府山顶上。1904 年学制改为五年，1910 年宣布停办。

民国元年（1912 年），国民政府将宣统三年（1911 年）成立的“浙江省立第八中学堂”更名为“浙江省第八中学校”，由“堂”变“校”虽一字之改，但显示出，封建帝制将由民主共和政体所替代，教育制度亦将从科举转变成现代学校制。科学技术、外语将进入教学内容。

民国初期，设在衢州的八中是浙西地区享有盛誉的知名中学。衢州府所辖的衢县、龙游、开化、江山、常山五县及毗邻的闽、赣、皖三省所管并与衢州相邻的县内学子纷纷就读于八中，杭、婺、甬等地的知识分子愿意来衢州任教，甚至受聘任教或担任教导主任和校长。邵家驹也是从杭州来八中应聘任教的。

根据该校校史资料，邵家驹在八中任教是在1920～1923年，即邵象华的年龄为7～10岁时。1923年8月，浙江省第八师范与八中合并，校名沿用“浙江省立第八中学校”，设中学、师范、小学三部。1931年8月后，浙江省第八师范与八中恢复各自独立办学和原校名。

北宋灭亡，南宋临安建都，邵伯温等一批新儒家跟随南来，其中大量孔子世家后代护送曲阜孔家祖庙内藏珍稀文物来到衢郡，大兴土木几年，建成孔氏南宋家庙。从此，衢州的孔庙成为宋明以后官方及儒学学者每年祭孔的道场，香火不绝。

邵家驹生活的时代正是民族危机重重、各国列强觊觎我国宝藏、浪高水急、乌云压城的年代，民主爱国的知识人士，深深忧虑国家兴亡和民族安危。邵家驹和吴道芳的爱子邵象伊和邵象华兄弟在之后发生的民族危机中经风浪、历锻炼，终成为“邵氏双英”，名载科技史册。

## 二、邵氏双英

曹魏时，刘邵在《人物志》一书中说：“聪明秀出谓之英，胆力过人谓之雄，此其大体之别名也。”钱穆先生在《略述刘邵〈人物志〉》中写道：“英”，乃指其人之聪明；“雄”，乃指其人的胆力。因此，必求其人聪明、胆力相兼，方可谓英雄。

邵家驹和吴道芳夫妇养育的邵氏兄弟按钱穆先生的标准，无愧于“邵氏双英”的美称。

兄长邵象伊1929年20岁时毕业于知名的浙江医学专门学校，这所学校创办于1911年，次年设立药科，成为当时全国第一家兼授医和药教学内容、培养医药两类人才的医学专科学校。浙江医学专门学校于1947年升格为浙江省立医学院，1952年与浙江大学医学院合并，定名为“浙江医学院”。

邵象伊大学毕业后赴日本东京帝国大学学习，主修临床医学，毕业回国后在南京、杭州等地的国立医学院下属医院任临床医生，积累了丰富的临床经验。邵象伊思想敏锐务实，性格温和少语，他将自己的精力和知识倾注于临床治疗。难以计数的身患疑难杂症的患者，在他的精心医护下大多康复或病情稳定，重拾生活信心。因此，他的精湛医术和恻隐之心深受当地患者赞扬。

《荀子·大略》中曰：“君子之学如蜕，幡然迁之。”意思是说，君子的学习必须像蝉蜕掉外壳，迅速改变人生目标。通过对各地医院多年来发展目标的观察，邵象伊敏锐地发现偌大的中国医学界从著名医学专家、临床医生到各级管理层，较为普遍地存在着“重治疗，轻防疫”的思想。他认为倘若一个国家严重轻视卫生学问题，那么一旦暴发地区性瘟疫，而且这种瘟疫无药可医、难以阻断传播的话，到那时从政府到医院一定会陷入严重恐慌之中而一时不知所措。这种社会性恐慌非但对控制疾病传播无益，反而会增加死亡率。为此，邵象伊开始把精力投入公共卫生和防疫学的研究。他认为，中国亟须建立从地方到国家的传染病防治救助机构，更亟须培养大量从事各级各类公共卫生和防疫的专业医生及专业卫生的管理人员。

邵象伊开始广泛地收集美国、日本、英国、法国、德国等国家的著名医学院设立的公共卫生专业教科书及其相关研究成果，认真地比较上述国家医学院公共卫生专业设置的课程、学习年限、学费，最后他选择了德国柏林大学公共卫生专业，作为留学考察的目标。正当邵象伊为留德经费尚未着落而焦急万分时，他收到弟弟邵象华发自上海的信，信中告诉哥哥他能够拿出部分留英经费帮助哥哥实现留德的理想。邵象伊看信时激动得热泪盈眶，真是同胞兄弟骨肉情！

1937年邵象伊、邵象华兄弟于德国柏林

邵象伊的女儿邵秀民回忆说：“父亲邵象伊是一个沉默寡言、不善与别人交流的人。他平时很少谈自己的经历。但是，有一件事情父亲把它记在心里，这件事就是叔叔用部分留英经费资助父亲去德国留学的事。父亲和叔叔的兄弟情谊是很深的。”

邵象伊于 1937 年来到德国，先后在爱尔兰根医学院和柏林大学医学院研读学位，两年后即 1939 年获得柏林大学医学博士学位。回国后，他曾先后担任江苏医学院和山西医学院院长之职，全力开设公共卫生专业，培养公共卫生专业医生和管理人员，并进行区域性的流行病调查，指导和参与制定防疫卫生制度等。他被医学界誉为“中国公共卫生事业的开创者”之一。

与哥哥邵象伊的经历相比，邵象华的求学之路要顺利得多。

邵象华七岁（1920 年）时被父亲邵家驹带到他任教的衢州，进入浙江省第八师范附属小学初小部读书，邵家驹在这所学校的师范部任国文教师；九岁（1922 年）随父亲返回杭州，被安排在杭州木业小学高小部继续完成全部小学课程；十一岁（1924 年）考入杭州宗文中学初中部；十三岁（1926 年）初中毕业，在父亲的支持下，他独辟蹊径地考入了浙江省立甲种工业学校，而不是走普通高中这条求学道路完成中等教育。

1926 年留影（前排右一邵象华、左一邵象伊、后排右一邵家驹）

浙江省立甲种工业学校是当年浙江省知名的工科学校，学制为五年，其中包括预科二年。邵象华六岁读书，十五岁预科（相当于高中）毕业，他只用了九年时间就完成了同龄人需用十三年时间才能完成的中等教育，因此，邵象华被老师和同学称为“天才少年”。然而，他并不喜欢这类称誉。邵象华心里清楚，邵家的孩子有其得天独厚的教育环境和读书氛围，他们的父辈是读书人或教师，小时候在自己家比别人家的孩子受到家庭启蒙教育要早得多，读的书也多。因此，邵象华的言行中显露着一种温文尔雅、谦虚热情的书卷气。

他从浙江省立甲种工业学校毕业那年，正逢国立浙江大学正式建校。国立浙江大学的前身经历浙江大学堂、浙江高等学堂、浙江高等学校等校名的三次更换。民国九年（1920 年）时，国民政府教育部决定将浙江省立甲种工业学校、浙江农业专科学校分别改组为工学院和农学院，组成国立第三中山大学，民国十七年（1928 年）正式定名为国立浙江大学。这一年正好是邵象华从浙江省立甲种工业学校毕业，顺理成章考入国立浙江大学，成为国立浙江大学建校后的第一届学生。

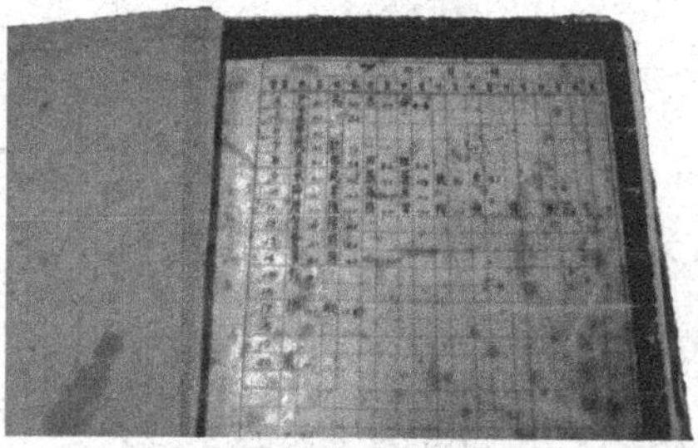

1928 年国立浙江大学新生花名册
姓氏部首页

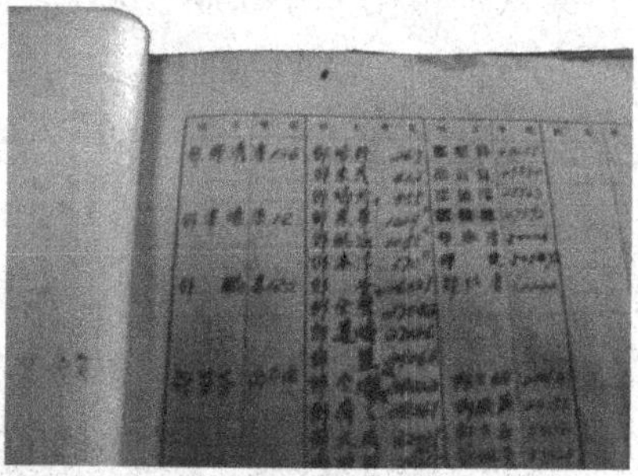

1928 年国立浙江大学新生花名册
邵象华所在页

国立浙江大学设置文、理、工、农、师范、法、医共七个学院，其中工学院是邵象华的母校浙江省立甲种工科学校经充实后并入的。邵象华偏爱化学工程专业，也喜爱母校的老师和教学氛围，因此他选择国立浙江大学工学院化学工程专业完成高等教育。

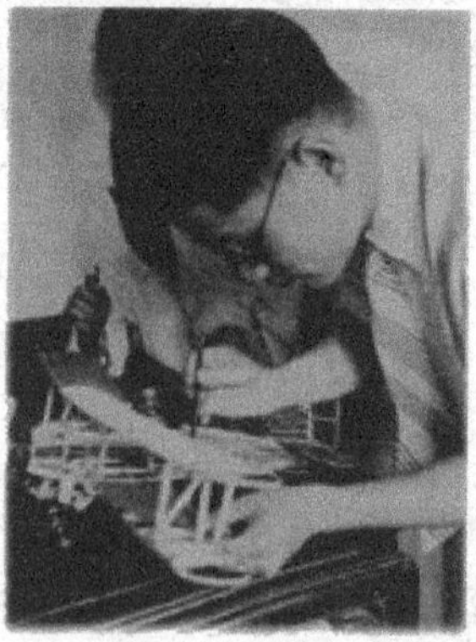

1928 年邵象华与大学同学一起制作航模

1931 年的邵家驹

邵象华于1932年毕业，获学士学位。十九岁的邵象华英姿勃勃、充满激情，准备将来做一番强国富民的事业。

1932年国立浙江大学毕业生名册封面

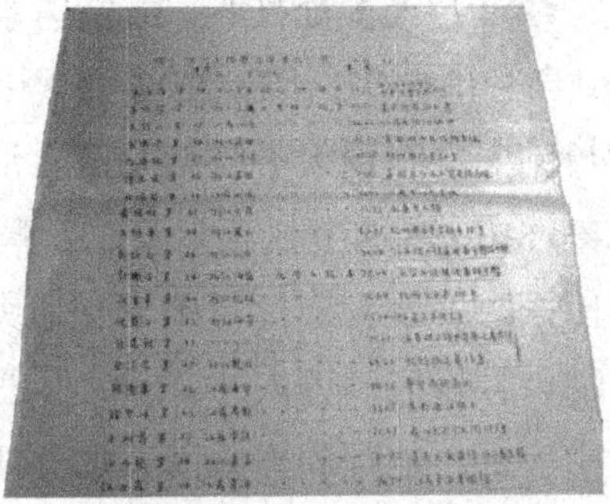

1932年国立浙江大学毕业生名册
邵象华所在页

苏东坡曾告诫后学曰：“古之立大事者，不惟有超世之才，亦必有坚忍不拔之志。”陆九渊曰：“人惟患无志，有志无有不成者。”先贤的教诲和启示是，凡做大事的人须有三种品行，即有志、有才、有韧，缺少一种则难以有所成就。

## 三、留学英国

邵象伊、邵象华兄弟年少志高，心怀宏愿，决心在这人生的天地间做一番事业，为国家兴盛发达建功立业。

然而，邵象华深知，为了让他与哥哥都能完成高等教育，父母亲已经流过多少汗水，脸上也增添了多少条皱纹。他虽然渴望留学，而当前要做的事是找一份薪金丰厚的工作。他很幸运，毕业时国立浙江大学工学院推荐他去上海一家造纸厂当技术员。尽管他并不喜欢这份工作，但还是前去履职。邵象华领到人生第一份薪水后，立即将大部分寄给杭州的父母，请两位至亲用其改善生活，保持健康。

数月之后的某一天，“幸运之神”又一次降临在他身上。早晨他去造纸厂上班，到厂门口时传达室的一位师傅叫住他，顺手递给他一封信。他拆开一看，竟然是一份发自国立交通大学的聘书，上面写着聘任他担任国立交通大学理学院化学系助教。他感到受宠若惊和懵然。他问自己：“刚来上海没有多久，谁知道我邵象华？又怎么打听到我在上海造纸厂呢？”他一定要找到这位推荐自己的热心人，当面向他表示感谢。

经过几天多处打听，邵象华才搞清楚这件事的来龙去脉。事情的原委是：当初邵象华在国立浙江大学化学工程专业读书时，有一位主讲教授是学校从国立交通大学聘请来国立浙江大学兼职的。这位教授对邵象华印象深刻，很欣赏这个仪表堂堂、文质彬彬、谈吐不俗、抱负远大的学生。1929年国民政府教育部批复国立交通大学增设理学院，亟须增补多名教员，校方动员教授们举荐人才，择优引进。这位教授顺势举荐邵象华来国立交通大学应试，他顺利完成面试，并成功应聘。

邵象华晚年时说他永远不会忘记这位教授的举才之恩，尽管他在国立交通大学任教时间不长，但这对他后来的留学之路顺利进行有着不可磨灭的作用。然而，他也很自责由于自己年事已高，竟然一时想不起这位恩师的姓名了。

在国立交通大学任教的两年时间里，邵象华研读了无机化学、有机化学、分析化学和物理化学四门化学专业必修课程，边听、边学和边辅导学生，由此打下扎实全面的化学专业知识基础。

1934 年，二十一岁的邵象华已经在构筑自己的人生梦想，他盼望着像哥哥邵象伊那样去国外留学深造。他在等待公费出国留学的机会。“幸运之神”再一次降临。民国时期中国学生公费出国留学大体上有三条道路可供选择：一是留英庚子赔款（简称庚款），就是利用英国退回中国的庚款资助中国留学生；二是留美庚款，美国退回部分庚款用于资助中国留美学生，由清华大学负责组织招考和录取；三是各省自筹经费、自主招生、自设专业、自选留学的国家，学生学成回国必须回到出资省工作。

邵象华从报上得知第二届中英庚款公费留学开始招考的消息，他马上前去报考。他为自己列出三条报考的理由：第一条，这次中英庚款招生专业中设了两个冶金类名额，这个专业是他非常喜欢的；第二条，冶金专业设置在英国伦敦大学帝国理工学院，这座世界闻名的高等学府是他向往多年的知识殿堂；第三条，第二届留英学生庚款资助经费比第一届充裕，留学生活有保障。

第二届留英考试于 1934 年夏天在上海举行，全国报名人数总计 200 多人，其中只有大约不到 1/10 即 20 名学生有幸被录取；冶金专业只招

2 名，即录取总名额的 1/10。

留英学生考试那天，天气潮湿闷热。挤满 200 多人的考场里不时散发出的汗味中还夹杂着阵阵霉味，让人掩鼻。考场一片寂静，只听见钢笔“唰唰”书写的声音。考试很顺利，没有什么难题让邵象华心乱。他走出考场后，急忙回到宿舍冲了个澡。

暑假很快来临，邵象华在上海买了父母喜欢的礼品，乘火车回到杭州邵家祖屋。这一年，邵家驹、吴道芳已年近半百，身体还算硬朗健康。他向父母亲汇报了留英考试的情况，他们相信邵象华一定会如愿的，因此听着儿子的讲述，心中不时洋溢着自豪和荣耀——邵氏家门的荣耀和自豪。

邵象华对父母说，倘若他有幸被录取，他会拿出部分经费帮助哥哥实现留学德国的梦想，并说他已写信告诉邵象伊。邵家驹夫妇啧啧称赞。

邵象华邀约几位好友游览浙江的几处山水寺庙，游兴正浓时几乎忘了回家。一天，他在游船上看报纸，忽然看到了报上登载的第二届中英庚款留英人员录取名单，他找到了自己的名字，如愿以偿地获得了留学英国的机会。他即刻停止游览，赶回国立交通大学住所。他写了两封报喜的信，一封寄给父母，另一封寄给大哥告诉他留学经费已有着落，不必担心。

1934 年与好友出游时留影

同期录取的留英学生有：陈永龄、董镇林、夏坚白、王之卓、周宗莲、张有龄、董大埙、柯元恒、林致平、陈宗惠、吴在东、何琴莲、丁啸、钟道铭、周鸿经、唐培经、俞大絪、林超、袁寿椿、朱应铣、李国鼎、钱临照、杨人楩、伍启元，以及邵象华、丘玉池，共 26 人，比原招生计划多录取 6 人。

1934 年 8 月，上海英国领事馆为被录取的 26 名庚款公派留英学生举行了一场官方招待会。英国领事馆安排英方工作人员指导留英学生按照自己的特长和兴趣来选专业与学校，邵象华和丘玉池坚定地选择了伦敦大学帝国理工学院冶金专业。

1934 年 8 月第二届中英庚款留学生合影（前排右四为邵象华）

在招待会上，邵象华和丘玉池第一次相识。丘玉池是广东潮安人，1907 年出生，年长邵象华 6 岁，南京金陵大学化工系毕业并获得理工学士学位，1933 年获燕京大学硕士学位，他是带着国内知名大学硕士学位到英国再攻冶金学士学位的。丘玉池学习冶金的愿望让人感动和敬佩。

英国伦敦大学帝国理工学院是国际著名的工科大学，邵象华、丘玉池慕名已久并渴望到那里学习，如今他们的愿望实现了。因此，在英期间，英国发达的制造业、交通与运输业、邮电通信业以及教育、文化等都给他和丘玉池留下了难以忘却的印象。他们认为工业救国梦想的实现，其前提是需要建立发达的钢铁冶金工业体系，倘若一个国家钢铁工业落后，那么它用什么材料来制造机器、枪炮、铁路和车辆呢？他们决心珍惜这次留英机会，学到更多的专业知识和技能。

1935 年于伦敦大学帝国理工学院

时光如流水，转眼间到了 1936 年夏天，邵象华、丘玉池分别以冶金专业第一名和第二名的优异成绩完成了英国伦敦大学帝国理工学院两年的大学学业，两人都获得了冶金工程一级荣誉学士学位。这两位衣着简朴、为人谦逊的来自中国的青年学子，平日里不显山露水，竟然一鸣惊人地夺取了这期毕业班的冠亚军，相识或不相识的同届同学纷纷前来握手道贺，让他们自豪和动容。

1936 年获冶金工程一级荣誉学士学位

丘玉池告别伦敦，旋即乘机赴德国亚琛工业大学冶金系攻读博士学位。就在这一年的早些日子，比他年长6岁的魏寿昆刚结束在亚琛工业大学的学业，起程回国继续在北洋大学任教。尽管在亚琛工业大学丘玉池、魏寿昆二人擦肩而过，留下遗憾，但后来他们成了中国钢铁冶金领域的好朋友、好伙伴、好同事。

1934～1937年在英留学期间出游

邵象华留在伦敦继续完成他的硕士课程及论文。他的导师是英国著名冶金学家卡本特爵士，其硕士论文题目是“钢表面渗氮硬化机理的研究”。卡本特爵士告诉他，这个研究课题初看起来似乎很容易，希望他不要轻视和大意。卡本特神秘地说：“邵，这个研究题目中藏有玄机，请你注意。”邵象华丝毫不敢懈怠，仔细阅读文献，严谨设计实验，认真观察记录实验过程，反复核对实验结果，整个实验过程中没有遇到让他头痛的困难，更没有所谓的“玄机”出现。他这才明白，卡本特爵士用了“故弄玄虚”之计使自己不敢轻视这个课题。1937年7月，邵象华顺利通过硕士论文答辩，被授予冶金工程硕士学位，同时获得“马瑟科学奖金”；接着又被授予英国皇家矿学院会员（A. R. S. M）学衔和帝国理工学院奖状。

1937年获英国伦敦大学帝国理工学院冶金学硕士毕业照

庚款资助公费留英三年期限已满，邵象华开始收拾行李、购买书籍、收集资料、订购机票，择日起程回国。留英期间，他与杭州的父母常有鸿雁传书。从父亲的书信和英国报纸上，他看到了国内抗战形势的日益恶化，他担心一旦战争爆发，上海、杭州倘若沦陷，年老体弱的父母将无处安身。他忧心如焚，坐立不安，思考多日后决定回国。

有一天，他在报纸上看到一则消息："7月7日中国卢沟桥事变发生，日军发动战争。"这则消息令他日夜不安，使他坚定了回国的决心。正当他为恋家恋国苦恼不已之时，卡本特爵士与他进行了一次诚恳而感人的谈话。卡本特爵士说他非常欣赏邵象华的才能，鼓励他留在伦敦大学继续完成博士学位论文，他说："我可以向你保证，如果你愿意继续攻读博士学位，我立即去信向中英庚款董事会说明原因，请董事会延长你在英国的留学时间，以便完成博士论文课题的研究。"邵象华对于卡本特的热情鼓励很感激、很感动，但他没有马上答应。卡本特离开后，他立刻写信回家听取父母的意见。不久，邵象华得到通知，庚款董事会已批准他延长留英时间并增加留学经费。过了几日，他收到父亲的回信，信中鼓励和支持他继续完成博士学位研究。正当邵象华安下心来准备攻读博士学位时，他身边又发生了一件重要的事：从国内来了一位他尊敬和仰慕的名人。这位名人与他的一次触动灵魂的谈话，改变了邵象华后来的人生道路。这人就是国内资源委员会派来的大名鼎鼎的翁文灏（1889～1971）先生。

第二篇

# 祖国召唤

摄于 1946 年

# 第三章 烽火九州

## 一、资源委员会

1937年夏天，英国老国王逝世，新国王乔治五世登基继位。按英国王室的官方礼仪，英国政府须举行隆重盛大的新国王加冕登基典礼，盛邀各国政府派特使或国家元首、政府总理亲自参加新国王登基典礼。中国政府派出的代表团中有一位带着特殊使命的成员，他就是翁文灏先生。

翁文灏何许人也？此人就是民国时期中国科教界一位叱咤风云的元老级人物。翁文灏，字咏霓，浙江鄞县（今鄞州区）人。中国著名地质学家，对我国矿产勘探、地学结构与地震、地质学教育等多领域都有杰出的贡献。他首创多个“中国第一”：第一位地质学博士，第一位编制中国矿产志者，绘制第一幅全国地质图，主导勘探发现中国第一个油田——玉门油田，以及主导开发中国第一个生产石油的油田基地的人。

1935年国防设计委员会改组为资源委员会，隶属于军事委员会，其重点工作是规划、设计、建设国家重工业体系。翁文灏、李四光、杨钟健、竺可桢被称为“中国地学界四杰”。在邵象华的心中，翁文灏是一位他敬仰的科学家。这一时期，翁文灏与钱昌照受国民政府委派担任资源委员会实际负责人。

资源委员会的前身是1932年10月成立的国防设计委员会。“九一八”事变后，日本帝国主义觊觎中国领土，不断挑起事端，咄咄逼人，令人忍无可忍。一批曾经对蒋介石有一定影响力的国民党元老、社会名流、行业领袖、实业界主管，决定站出来帮助国民政府渡过这次民族危机，期望胜利后建立一个人民向往的民主、共和、富强、团结的国家。他们组成国防设计委员会调查组，经调查后发现，与国防工业建设关系紧密的重工业，如钢铁工业、机械工业、造船工业、电气工业等在国内几乎没有根底，大部分国防工业装备和战略物资（如石油）主要依赖从欧美、苏联、日本等发达国家和地区进口。与此相反的是，中国出口的货物中绝大部分是与国防工业相关的矿产资源，如钨砂、稀土、铝矾土等。国防设计委员会认为，在短时期内依靠民间的力量很难改变国家长期以来形成的落后状况，需要动员国家的力量及一切可以动员起来的社会力量，包括可以马上开发的矿产资源，建立符合国防需要的重工业基地。

资源委员会的方针是：尽量利用外国资本和技术；从国内选拔人才出国深造或短期进修；动员海外留学生回国效力。

资源委员会被授权选用的合适人才，大体上分为如下几类：①高层管理人员须是国内各业界的知名专家，例如，负责筹建湘潭中央钢铁厂的严恩棫（1886～？）毕业于东京帝国大学矿冶工程系，是南京国民政府中央研究院工程研究所的研究员，任资源委员会钢铁组组长；②专门委员会委员须是国内本行业中威望较高的学者，例如，王宠佑（1878～1958）任资源委员会钢铁专门委员，叶渚沛（1902～1971）任化学专门委员，等等；③委员会本部科长以上及下属各厂矿负责人须是国内知名大学毕业或有留学背景的大学生或研究生。

美国和英国由于日本政府的施压都表示不打算借款援助中国。在这种窘迫处境下只有德国主动向中国示好，表示愿意提供贷款。德国人早已对中国丰富且尚未规模性开发的矿产资源及多种农副产品垂涎三尺，因此他们主动提议以“易货偿债”的偿付方式还清贷款，中德双方贸易谈判顺利达成协议。按照这份贷款协议，德国政府将向中国政府提供1亿马克现金贷款；同时，中国政府将用钨砂、粗锑、桐油、生丝、猪鬃等初级产品抵付偿还。

这次中德贷款协议谈判，翁文灏、钱昌照作为资源委员会代表参加，事成后资源委员会分得贷款总额的1/10，即1000万马克，规定将这笔钱用来购买机械和原材料、人员薪资的发放，以及资源委员会的日常开销。

资源委员会与外商签约的首批合作项目有：与德国合作的湘潭中央钢铁厂、钨铁厂，四川铜矿、炼煤厂和氨气厂；与英国、美国合作的电工器械厂；与美国、瑞士合作的机器厂；等等。

邵象华在翁文灏的动员下回到祖国，他终于找到了施展才能的舞台。然而，一个杰出人才的成熟如同优质钢冶炼一样，须在炉火中千锤百炼方能造就。清朝张问陶说："人从虎豹丛中健，天在峰峦缺处明。"人在"虎豹豺狼"成群的地方会锻炼得更加坚毅，在峰峦间透出的光分外耀眼。

## 二、报国志坚

翁文灏到英国有一项特殊任务是动员邵象华回国参加湘潭中央钢铁厂的建设。此前他已经从中英庚款董事会了解到卡本特爵士为邵象华申请博士研究经费并得到批准，翁文灏知道必须有一个足够充分且难以拒绝的理由才能打动邵象华，使他毅然决定回国服务，而且一辈子觉得自豪和荣耀。

翁文灏亲自约见邵象华，地点选择在他下榻酒店的咖啡厅，宁静的英式小屋适宜他们两人促膝交谈。翁文灏一开始向邵象华粗略地介绍了资源委员会的概况及政府发展钢铁工业的初步设想，之后他才详细谈及湘潭中央钢铁厂筹建的情况。

翁文灏说：1936年年末，资源委员会派严恩棫带领专家组来到德国克虏伯钢铁公司与德方商议湘潭中央钢铁厂的设计方案，1937年年初回国汇报。资源委员会当即组织中方钢铁专家论证后表示总体方案可以接受，细节问题还需详谈，专家组一致同意批准该建设方案。1937年5月，严恩棫等再一次到德国洽谈该方案中具体细节的技术要求及中方提出的建厂时间表。

在他仰慕已久的前辈面前，邵象华静静地听着，没有说话。翁文灏从邵象华脸上表情细微的变化觉察到，对面坐着的这位才俊听懂了他说的这番苦口婆心的话，心想邵象华开始被他打动了。于是，翁文灏微笑着继续说：“你继续在英国攻读博士学位当然也很好，我们会尊重你的选择的。”他稍稍停顿一下，接着说：“如果听我的建议，不如早日回国和我们一起办钢铁厂更为实际，更见成效。为什么呢？因为办钢铁厂是国家急需的。你可不可以暂时不要再读那个博士学位，马上参加中央钢铁厂筹备处工作，如果你答应我们的这个要求，作为一个技术骨干人员，你离开英国后，我们立刻派你去德国，在那里有一支我们先前派过去的参观实习队伍，我相信你会喜欢这一工作的。”

翁文灏的一番肺腑之言，句句打动了邵象华，原本藏在他心里的工业救国愿望，今日被这位德高望重的前辈激发出来了。他一时间觉得热血沸腾。在与翁文灏谈话的过程中，邵象华思忖着，自己远渡重洋，离乡背井来到英国留学，就是为了发展中国的钢铁工业。当今国家正在危难时期，需要我回国效力，我有什么理由拒绝呢？

邵象华郑重地说：“翁先生，感谢您刚才说的一番忠言，句句都打动了我，让我如梦初醒，受益终生。我愿意放弃读博士学位，追随您报效国家，并听从您的分派。”

翁文灏紧紧握住邵象华的手，久久不放。翁文灏安排他参观欧洲的几家工厂，而后去德国与那里的同事们汇合实习。邵象华急忙写信给中英庚款董事会说明主动放弃攻读博士学位而选择回国的理由。他又写信给父母说明下一步的安排及改变志愿的缘由。他从报纸上看到，“七七事变”爆发，中国人民的全面抗日战争已开始，他非常担心父母的安危。

离开英国之前，邵象华向恩师卡本特爵士辞别，卡本特连声叹道：“可惜！可惜！”而后赞道：“好青年！好公民！”

在随后的日子里，邵象华按照翁文灏的安排考察了英国、法国、比利时、卢森堡等西欧国家著名的钢铁公司，他们与资源委员会签订了合作协议。邵象华尽可能多地收集有关钢铁冶金的各种资料。

1938 年 1 月，邵象华在英国度过旅英的最后一个圣诞节和新年盛典后，乘坐火车来到德国克虏伯钢铁公司，与来德国的中央钢铁厂技术总负责人严恩棫汇合。严恩棫在德期间联系了中央钢铁厂派往德国学习的 9 人，又邀请了在德留学生和中国专家 10 余人。

1938年1月德国克虏伯钢铁公司进修实习队合影（前排左四为邵象华）

严恩棫，1886年生，字治之，上海人。1906年从上海赴日本留学，就读于东京帝国大学矿冶系，1912年毕业获学士学位。回国后任汉冶萍公司汉阳铁厂炼铁工程师，参加汉阳铁厂的修复、扩建和投产工作，之后负责当时我国最新、最大的大冶炼钢厂1号、2号高炉开炉的技术工作，他是我国钢铁冶金领域的先驱者之一。翁文灏请他任湘潭中央钢铁厂的技术总负责人，无论是从学历、资历还是技术、经验等方面来讲，他都是当之无愧的不二人选。

邵象华在德国与严恩棫、王之玺、毛鹤年三人组成的谈判代表组汇合。之后，从国内派来培训的靳树梁、杨树棠、李松堂、张匡夏、谭振雄、吴之凤、史通、王原泰、刘刚9人来到克虏伯钢铁公司，组成一个冶金专业学科齐全、实力雄厚、人才济济的赴德实习考察团体，人员最多的时候达到15人。按照严恩棫的实习岗位安排，他们的分工为：靳树梁学习炼铁，任领队；王之玺学习炼钢和企业管理；邵象华、刘刚、杨树棠、谭振雄学习炼钢；李松堂、史通学习轧钢；毛鹤年、许声潮、刘纯倓学习电机；齐慰、孙祥鹏学习炼焦；郁国城学习耐火材料；吴之凤学习设备维修；等等。时年已51岁的严恩棫在与德方商谈中央钢铁厂技术设计的空闲时间也到各分厂参观学习，同时了解下属的要求。

1938年德国克虏伯钢铁公司实习队部分成员合影（中为邵象华）

1937年8月13日，日本将30艘军舰开到吴淞口一带集结，突然向上海发动攻击。中国军队奋起反击，淞沪“八一三”抗战开始。由于国民党政府领导无能，尽管中国将士们奋勇战斗，不顾生死，但终因寡不敌众，于11月12日上海失守。之后，浙江危急，江西紧张，湖南难保……设在湖南湘潭、由资源委员会投资建造的中央钢铁厂、中央机器厂和中央电工器材厂三家重要工厂，当时大部分厂房已经竣工，部分进口机器正在或准备安装。

然而，前方不断传来日军进攻势头猛烈、国民党军队节节败退的消息，又传来不久后日军将进攻湖南的传言。资源委员会收到其上级军事委员会的命令，决定停建中央钢铁厂等三家工厂，并将拆卸的主体设备装箱运往云、贵、川西南地区保存。

严恩棫、靳树梁、王之玺、刘刚四位经验丰富的冶金专家，奉命急速回国参加抗战。1938年4月，四人返抵武汉后遂被资源委员会派往参加由兵工署和资源委员会联合成立的钢铁厂迁建委员会的工作中，严恩棫任委员，负责拆迁的技术工作；靳树梁、王之玺、刘刚三人被分派到拆迁委员会，参加汉阳铁厂、大冶铁厂、六河沟铁厂等厂的拆迁，他们后来参加了四川大渡口钢厂、云南钢铁厂的建厂工作。

湘潭中央钢铁厂停建，邵象华等人回国后的工作由资源委员会另行安排。之后，邵象华接到通知，被分派到昆明中央机器厂，这家工厂是不久前由湘潭搬来的，主要生产冶金机械等大型设备，当时仍在建厂中。因此，资源委员会告诉邵象华暂时不要回国，安排他从德国转到瑞士参观实习。瑞士有两家机械厂与昆明中央机器厂有合作协议。他在这两家工厂参观得很仔细，全面收集需要的技术资料。1938 年 8 月，邵象华回国后直接飞抵昆明，下飞机后直接由昆明中央机器厂派车接到工厂报到。在这里，他负责建一个理化检验室，同时协助这家工厂新建一个耐火材料厂。

## 三、武汉大学教授

邵象华在昆明中央机器厂工作只有短暂的 9 个月时间，就被武汉大学校长“挖”走，被武汉大学聘任为矿冶系教授。

四川乐山时期的武汉大学是邵象华人生中最值得记忆和怀念的一个阶段。抗战时期的武汉大学白色恐怖蔓延，学潮此起彼伏。然而，邵象华却在武汉大学收获了一份真挚的爱情。武汉大学正式建校是在 1928 年 8 月，校名定为“国立武汉大学”（简称武汉大学），与当时的国立北京大学、国立清华大学、国立中央大学、国立浙江大学并称为“国字号”的五大知名大学。建校初期，教育部部长蔡元培任命刘树杞为武汉大学代理校长，李四光、王星拱、张难先、石瑛、叶雅各、麦焕章 6 人为新校舍建筑筹备委员会委员，李四光为委员长。校址选在武昌东湖珞珈山。有四言诗赞道：

江城多山，珞珈独秀；山上有篁（竹），武汉大学。
珞珈山下，樱花灿烂；东湖之滨，桂子飘香。

武汉大学设立学院和学系两级。组建之初，设社会科学院、理工学院、文学院三学院，并设预科，分文理两组。同年 6 月，社会科学院改名为法学院，1936 年农学院成立。至此，武汉大学已建成文、法、理、工、农五学院的多学科综合性大学。

1937 年 11 月上海沦陷后，位于长江中游的武汉三镇危在旦夕。1938 年 2 月 21 日，武汉大学召开第 322 次校务会议决定迁校，并将一至三年级学生暂迁至四川乐山，暑假期间再迁至贵阳，四年级学生仍留在珞珈山结束学业。校方将此迁校方案报请教育部批复。不久教育部批准此方案。武汉大学成立迁校委员会，会上一致推选杨瑞六、邵逸周、方壮猷、刘迺城、曾瑊益、郭霖、叶雅各为委员，杨瑞六任委员长。同时决定在宜昌、重庆两地设立迁校办事处，先将部分重要的图书、精密仪器运往四川。会后，杨瑞六和邵逸周起程前往成都，再从成都转往嘉定（今乐山）。

在当地政府和知名人士的协助下，杨瑞六和邵逸周勘定乐山城内的文庙、龙神庙、三清宫、李公祠、火神庙，以及乐山县财委会、三育中学、进德女校部分余房；此外，观斗山、露济寺等处房屋为临时校舍。教授们自租民舍安家。

迁校委员会成员齐集嘉定后开会决定以文庙为总办公处以及文学院、法学院两院的教室；三育中学、李公祠分别为理学院、工学院两学院教室及实验室；三清宫为印刷所，其余租下的庙、祠、寺等作为学生宿舍或饭厅。校名定为“国立武汉大学嘉定分校”，邵逸周教授题写的校牌，悬挂在文庙总部大门前。从此，嘉定（乐山）分校成为当时社会上各种意识形态角力的场地。与此同时，在日寇的不停轰炸及传染病蔓延下，一些年轻学子离开人世，埋葬在异乡。

1938 年 8 月，武汉大学收到国民政府教育部训令，要求武汉大学农艺系并入同迁至乐山的中央大学，武汉大学增设矿冶系，由工学院院长邵逸周兼任系主任，后来周则岳继任矿冶系主任。武汉大学嘉定（乐山）分校有教授 104 人、讲师 13 人、助教 4 人。新建的矿冶系教授人才缺乏，一时间难住了邵逸周和周则岳，但最着急的人却是王星拱校长。矿冶系建立之初，王星拱就给当时任国民政府经济部部长的翁文灏写了一封信，请求将留英冶金硕士、炼钢专家邵象华调到武汉大学任教并负责筹建矿冶室。武汉大学档案室至今保存着王星拱校长的手迹：“请允许邵象华来校工作。”翁文灏由于湘潭中央钢铁厂停建而把邵象华安排在昆明中央机器厂，本当是一种权宜之计，心里原本存在亏欠的感觉，如今王星拱提出调任邵象华的要求，正合翁文灏的心意。于是，他让下属分别通知王星拱和邵象华本人调动的决定。

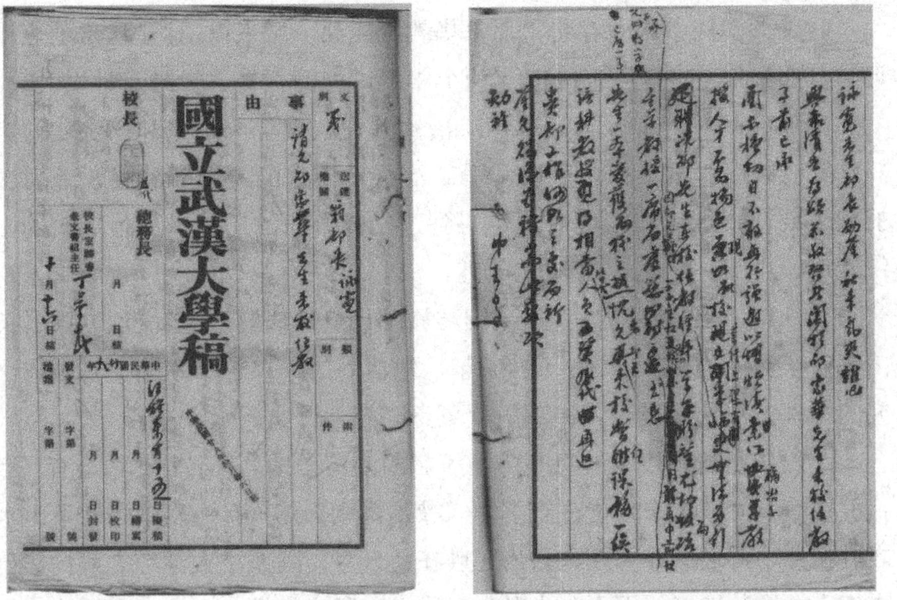
國立武漢大學稿

1940 年国立武汉大学校长王星拱再书翁文灏请允邵象华继续留校任教

1939 年 8 月，邵象华辞别昆明中央机器厂，独自由昆明至成都，再由陆路登上乐山，开始了他的教授生涯。桃李育人之路对于他来说并不陌生，之前在国立交通大学短暂的助教工作是他教书育人职业生涯的一次启蒙和练习。

1939 年就职武汉大学

武汉大学档案馆保存着“邵象华教授授课一览表”，这份珍贵的表格记录着邵象华1939年和1940年两个年度讲课的课目、学时及学生人数。

授课的同时，邵象华还承担矿冶实验室、理化分析室和燃烧实验室3个实验室的建设工作。武汉大学矿冶系实验室的筹建和建设，他付出的精力要比授课更多，同时他也得到了比较全面的历练，为他后来的干练老成、办事扎实稳重打下了基础。

这一年，邵象华的处女作《钢渗氮硬化机理研究》（英文版）被《英国钢铁学会论文集》收录；1940年，他撰写的第二篇学术论文《金属研究的物理方法》发表在《中英庚款董事会纪念论文》上。

四川乐山自古以来一直是中国著名的游览圣地。著名旅行家、有“当代徐霞客”之誉的朱偰先生在名著《漂泊西南天地间》中写道：天下山水之胜在蜀，蜀之胜在嘉州，嘉州之胜在凌云寺，固系文人浮夸之辞；然自古诗人，过其地者，无不叹为胜绝寰中，而留恋不置。在这本名著中，朱偰说：“岷江流域风景最佳者，厥推嘉州。”嘉州（乐山）位于三江交汇处：大渡河从西北流过来至乐山与大、小金川江交汇；乐山的西南，青衣江自雅安急流而下至乐山再与大渡河、岷江交汇于乐山，形成三江汇合的雄浑气势。乐山距峨眉山只有百里，自古闻名。

李白初过乐山，青衣江的美景引发了他的无限遐想，写下《峨眉山月歌》云：“峨眉山月半轮秋，影入平羌江水流。夜发清溪向三峡，思君不见下渝州。”平羌即青衣江；清溪，即清溪驿，地名；渝州，唐朝时重庆隶属于渝州。

邵象华是一个豪放的才俊，喜欢山水古迹。因此初进乐山时，他曾寻找书画诗词中的乐山美景，但他看到的是劫后余生残破的房屋和断壁残垣的古迹。后来同事们告诉他，1939年8月19日中午，日本侵略者出动36架飞机，对乐山地区进行狂轰滥炸，乐山城区一片火海，半个城区毁于一旦。武汉大学的龙神庙第二宿舍全部被炸毁，教职工和学生受伤者有20余人，死亡人员中有5名学生、2名工友和7名教员。叶圣陶等30多位教授的财产损失大半，毁坏的书籍、衣服难以计数。

据《武汉大学校史》记载，日本侵略者对武汉大学犯下的罪行除上例外还有三次：1938年8月11日，日本侵略者轰炸宜昌，炸毁武汉大学西迁途中停泊在宜昌码头的船只，140余箱图书资料和仪器全部被毁坏；

1939 年 2 月 4 日，日本侵略者轰炸万县，炸毁西迁途中存放在万县某处的 50 余箱仪器；1940 年 3 月 4 日，武汉大学西迁时存放在汉口特二区英商怡和栈房 4 万余册图书和价值 40 余万元的仪器惨遭日本海军士兵洗劫一空。

邵象华来到武汉大学乐山校区的所闻所见使他很受触动，“国弱挨打啊！”他想道。此时，1500 余名师生分散在乐山城内外的 7 个地方居住、上课和生活。作家齐邦媛在回忆录《巨流河》中回忆抗战时期乐山期间武汉大学学生的生活时写道：“散布在小城（指乐山城）的六座男生宿舍，一半是香火不盛的庙宇，一半是简陋搭盖的通铺。它们的名字倒很启人想象，如龙神祠、叮当街、露济寺、斑竹湾……自修室都不够用，但是旁边都有茶馆，泡一盏茶可以坐上半天……”“乐山白塔街的女生宿舍被称为‘白宫’，是一幢木造的四层楼建筑，原是教会为训练内地传教士而建的，所以勉强可以容纳百人住宿，自成院落，相当安全。”她描述的是武汉大学文科生苦中寻乐、亦庄亦谐的生活。

一年之中不管盛夏或寒冬，还是飘雪或落雨，师生们大多头戴斗笠，脚穿胶鞋，行色匆匆地奔走在教室之间的小路上。荫庇的小路上常有野兽出没，时有传来野兽伤人的事情。有一次，余绍光等 4 位学生从乐山城回城外的龙神祠时已是暮色浓重，他们赶到龙神祠时大门已关。年轻好强的余绍光敲门未开便决定翻过墙头，从里面打开大门让其他 3 人进祠。不幸的事还是发生了。余绍光从墙头失足跌落，伤情严重。类似这种不幸的事时有发生，校方想尽办法，但在那战争乱局中，师生能有什么好办法呢？

教授们的生活同样艰难辛酸。著名作家钱歌川在《巴山随笔》一书中描述过乐山武汉大学教授们的生活实景。他写道：“住茅棚，躲飞机，孩子饿死，教书匠的儿女失学。出无车，食无鱼，夜无明灯相伴读书。月薪收入不够买一斗米，非举债无以为生。茅棚夜漏，家被贼窃，难熬岁月。”

《武汉大学校史》记载：武汉大学自 1938 年 4 月迁校乐山到 1940 年年底为止，不到三年的时间，学生因病死亡的人数多达近六十人。甚至，1940 年 9 月 9 日至 10 月底的 50 天时间内，就有五位学生相继去世；仅 1943 年暑假短短一个月中又有七位女生暴病身亡。据不完全统计，自 1938 年 4 月至 1943 年 8 月的五年内，一个只有 1700 多人的学校不可思议、猝不及防地竟然有 100 多名学生死亡。这个骇人听闻的恐怖死亡率，使学校在乐山建立的公墓不得不再三扩大。因此，学生们把武汉大学在乐山设的公墓戏称为“第八宿舍”（学生宿舍共有七舍）。其中，黄方刚、吴其昌、萧君降等十余位学有专长的教授也被贫困和缺医少药的战乱环境无情地夺去了生命。

这是一段令武汉大学师生不堪回首的痛楚年月，然而这段历史又必须牢记而不可以忘却。宋代欧阳修在《班班林间鸠寄内》诗中云：“孤忠一许国，家事岂复恤。”这句诗是说，我的全部心思都放在报效国家上，哪能顾得上思虑家事呢！邵象华等爱国知识分子心怀壮志，国仇必报，倭寇必灭；心怀天下，安顾乡土。

## 四、历史系新生

1936 年夏，武汉大学历史系招了一位女新生，名叫王晓云，江苏宜兴人，典雅聪慧，能歌善舞。一次偶然的机会，邵象华与王晓云相识、相恋，在乐山演出了一场“英雄救美人”的故事。

王晓云，1916 年 4 月 26 日生，江苏宜兴张渚镇人。太湖之滨的宜兴是我国著名的陶器之乡，尤其以鼎蜀镇和张渚镇生产的陶器最为著名。张渚镇是太湖通往京杭运河的要冲之地，行商坐贾，熙来攘往，将一个小小的张渚镇搞得热闹兴旺。

1929 年王晓云小学毕业

王晓云的父亲是一位忙碌的生意人，中年丧妻后誓不再续弦。王晓云有五个哥哥和一个大姐。她虽然从小就失去母亲，但外公、舅舅及大姐和哥哥们的呵护、抚爱、关怀，使她的童年和少年时代的成长过程充满阳光，享受着快乐和温暖。同时，她也成长为一位个性独立、思想开放、敢于追求理想的新女性。

1929 年，13 岁的王晓云小学毕业，已出落成亭亭玉立、多才多艺的文艺少女。她向往宜兴外边世界的多姿多彩。因此，她想去南京、上海等大城市读中学。她的想法遭到父亲和外公的反对，但她并不气馁，这是她预料中的结果。她转而向兄长们求助，请求他们说服父亲。结果如往常一样，退让一步的总是疼爱她的父亲，但只同意她报考苏州中学。

王晓云不负众望，以优异成绩考取了省立苏州中学，这是江苏省的一所著名中学。此后，王晓云将与这个充满爱的、温暖的家庭辞别，学会独立生活；在这个正义与邪恶、爱与恨、友与敌、富裕与贫困混杂的社会里，她要自己学会分辨和思考。

1930 年王晓云就读于苏州中学

王晓云在省立苏州中学学习六年，学习成绩年年都名列全年级第一，成为张渚镇传颂的佳话，甚至名扬江苏省。父亲、大姐和兄长们惊奇地看到，这个娇生惯养的富家千金小姐，经过六年的住校锻炼，理想更高，志向更远，自立能力更强，而且磨掉了她身上的娇骄二气。

1936 年夏，王晓云高中毕业，她没有填报江苏省内的知名大学，如东吴大学（苏州校区）、中央大学，也没有报考上海的复旦大学、同济大学等，出乎全家人意料的是，王晓云报考了国立武汉大学历史系，并顺利地被录取。王晓云选择著名的“九省通衢”的武汉，而放弃国民政府首都南京和中国金融中心、十里洋场的上海，自有她的打算。

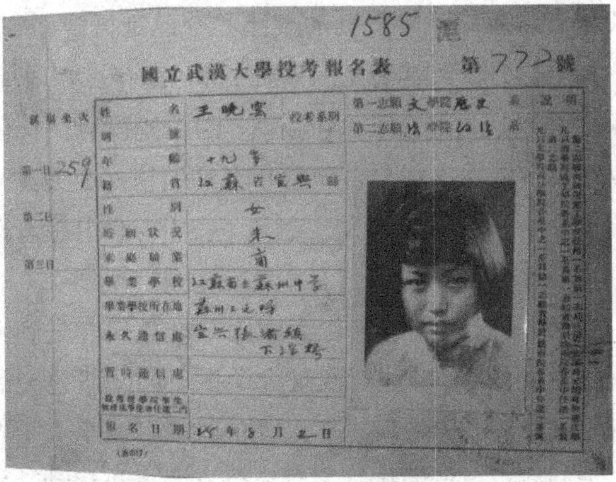
1585
國立武漢大學投考報名表 第772號

| | |
|---|---|
| 姓名 | 王曉雲 |
| 年齡 | 十九歲 |
| 籍貫 | 江蘇省宜興縣 |
| 性別 | 女 |
| 婚姻狀況 | 未 |
| 家庭職業 | 商 |
| 畢業學校 | 江蘇省立蘇州中學 |
| 畢業學校所在地 | 蘇州三元坊 |
| 永久通信處 | 宜興張渚鎮 |
| 暫時通信處 | |
| 報名日期 | 年 8 月 2 日 |

第一志願 文學院歷史系
第二志願

1936 年王晓云投考国立武汉大学报名表

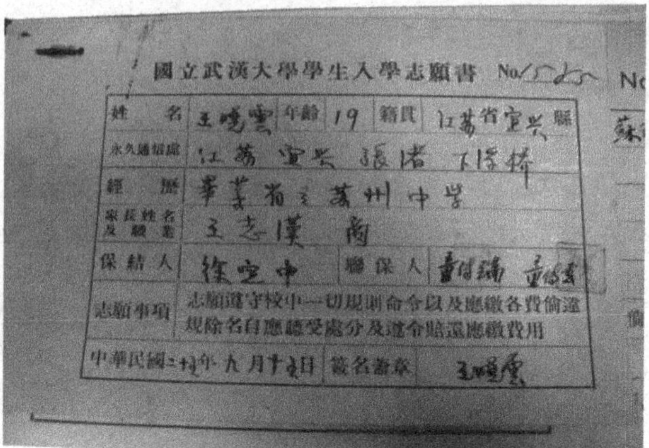
國立武漢大學學生入學志願書 No.

| | | | | | |
|---|---|---|---|---|---|
| 姓名 | 王曉雲 | 年齡 | 19 | 籍貫 | 江苏省宜兴縣 |
| 永久通信處 | 江苏宜兴张渚 | | | | |
| 經歷 | 毕业省立苏州中学 | | | | |
| 家長姓名及職業 | 王志漢 商 | | | | |
| 保結人 | 徐宝中 | 聯保人 | | | |
| 志願事項 | 志願遵守校中一切規則命令以及應繳各費倘違規除名自應聽受處分及遵令賠還應繳費用 | | | | |
| 中華民國二十五年九月十日 | | 簽名蓋章 | 王曉雲 | | |

1936年王晓云填报的国立武汉大学学生入学志愿表

1937年7月7日，卢沟桥事变爆发，全国各地迅速掀起抗日救亡运动的高潮。当时武汉大学内各种鱼龙混杂的社团组织纷纷成立。初到武汉大学，王晓云眼花缭乱，她忙于学习，无暇顾及学校社团间的政治辩论。

抗战之初，珞珈山武汉大学的社团组织按政见及活动内容大体可分为以下几类：进步组织，即地下党组织领导的社团，宣传抗日救国，主张国共两党团结，反对分裂；中间爱国群众组织，其中的领导和骨干一般是有一定声望的爱国青年，主张抗战高于一切；少数反动组织，其骨干分子是国民党或三民主义青年团，或是军统、中统成员；还有一类中间组织，它们只定期开展学术讲座，不带有鲜明的政治倾向或政治目的。

珞珈山武汉大学原来宁静优雅的校园如今已难再现，抗战时期它更像一个纷杂的小社会。王晓云这个充满着理想和爱国激情、来自宜兴的小女生，第一次感受到异乡生活的孤独和寂寞，因为她没有值得信赖的闺密或同窗。她的学习成绩依然很优异，同学和老师们依然喜爱她。王晓云默默地观察着校园这个小社会里将会发生怎样的变化，心中想着自己怎样选择未来的道路。

1937年12月31日，周恩来作为中国共产党代表来到武汉，负责主持八路军武汉办事处的工作。他应武汉大学抗日问题研究会的邀请第二次莅临学校演讲，题目是“现阶段青年运动的性质和任务”。周恩来讲了同学们关心的三个问题：今日的抗战形势、今日的青年运动性质、今日的青年运动任务。他用大量抗战中涌现的英雄故事教育青年学生，鼓励青年学生到军队里去、到战地服务去、到乡村中去、到被敌人占领了的地方去。他挥臂大声号召说："青年朋友们，努力去争取抗战的最后的胜利，努力去争取独立的自由的幸福的新中国的来临！"

周恩来曾三次应邀在武汉大学演讲，这次是第二次，第一次是1937年，演讲主题是"抗日救国十大纲领"；第三次是1938年，演讲主题是毛泽东的名著《抗日游击战争的战略问题》。他的三次演讲鼓舞着武汉大学地下党组织和进步社团组织，之后由于进步青年纷纷参加，这些进步组织的成员明显增加。

王晓云经过多次细心的观察和思量，决定参加抗战问题研究会（简称抗研）。这是一个在学校中有很好声誉，而且活动形式多样且活泼的进步团体。抗研成立于1937年秋天，是由当时武汉大学进步学生潘乃斌（后改名潘琪，中华人民共和国成立后曾任交通部副部长），钱祝华（后改名钱闻，中华人民共和国成立后曾任江苏教育报刊社总编辑），以及北平沦陷后流落到武汉大学读书的共产党员秘密发起的。抗研成立后于1937年年底，便邀请周恩来第二次来学校演讲。此后，抗研声誉大振，成为武汉大学知名的社团组织之一。

王晓云天生丽质，能歌善舞，喜爱表演。一天，她听说武汉大学成立了一个名叫汤池训练班的组织正在招生，它是宣传抗日的，她兴致盎然地跑去报名，负责招收新成员的几个学生被她的漂亮、口才和带有浓重"吴音"的口音深深吸引，王晓云给他们留下了深刻的印象。她当即被汤池训练班招为新学员，参加培训。从此以后，王晓云平静的读书生活被汹涌的抗日爱国活动所冲击，她个人的命运也无形地已与国家、民族、家庭的共同命运紧密地联结在一起。

汤池训练班采用民众喜闻乐见的歌舞、小品、快板之类适合街头演出的形式，宣传抗日救国，以唤起民众的爱国热情，鼓舞民众以各种力所能及的方式，支援前方抗战将士。

武汉三镇的广场或宽阔的街头，只要锣鼓一响、琴弦一拉、歌喉一展、舞姿一摆，民众便自行围成一圈，热烈鼓掌，大声叫好。训练班经常演出《放下你的鞭子》等话剧小品，以及当时流行的抗日歌曲和腰鼓表演等。

1938 年王晓云（前排左二）参加中共地下党组织的抗日宣传话剧演出

1938 年 4 月，国立武汉大学西迁乐山，二年级学生王晓云随学校入川。汤池训练班中的活动使她有机会接触到学生中的地下党员或进步学生。1938 年 10 月底的一个星期日，抗研乐山成员在李公祠理学院的一间教室里开了一次恢复活动的重要会议，会议选举出干事会及总务、宣传两大组负责人。领导成员是：总干事顾谦祥；干事朱祖仁（党员）、向勋、翟锦文（后改名黎军）、沈立昌、杨亚男；总务、宣传两大组的总负责人不详。宣传组下设壁报组，由叶琼负责；歌咏组由张是我负责；话剧组由王晓云、周钥负责。乐山抗研成立之初只有 30 余人，到 1939 年夏天其成员人数已扩大到 80 余人。

抗研活动通常有三项固定的内容。一是组织讨论会，主题定为“声讨卖国贼，警惕投降派”“团结起来，枪口要对外”“前方在流血，后方怎么办”等民众关注的国家存亡问题。二是布置和组织“壁报战”。通常将讨论会上的发言用壁报的形式公示于民众，引起民众的热议和争辩。壁报用铁的事实揭露三青团、CC 分子以抗日为名，暗做投降的行径及其卖国言论。抗研壁报配有后来成为著名漫画家方成（原名孙顺潮）的漫画及其撰写的犀利幽默的配文，壁报前面总是站着大量人，大家边看边议，情绪激愤。三是组织歌咏和话剧演出。抗研的歌咏队定名为“珞珈歌咏队”。歌咏队经常教唱《国际歌》《义勇军进行曲》《松花江上》《打回老家去》等抗战救亡歌曲，民众一边放声歌唱，一边泪流满面，甚至泣不成声。

抗研的话剧组十分活跃，常常自编自演抗战剧目。他们演得场次最多的是一部自己创编的三幕话剧《自由魂》，编剧是外文系学生陈庆纹（后改名李伯悌），地下党员；主演是叶琼、王梦兰、朱祖仁、王晓云、桂罴祥等学生。《自由魂》讲的是抗战前线的英雄与日寇浴血奋战的故事，情节动人，演员语言铿锵，演出投入。一部《自由魂》令观众抛洒热泪、情绪激昂，久久不愿离场。《自由魂》的演出轰动了乐山地区，连演六场，观众依然热情不减。最后抗研话剧组只得布告乡亲说明原因，并诚挚地敬请他们到五通桥观看。五通桥离乐山市区有 40 华里①。当地政府派车运送剧组的行头及担任剧务的学生，演员们则步行从山间小路抵达。这次共演出六场，竟然场场爆满，叫好声、口号声响彻整个乡镇。演出计划完成，离别时乡民与学生难舍难分。

话剧组还与江苏省立女子蚕业学校合演了曹禺先生的名著《雷雨》，王晓云在其中扮演重要角色。

抗研在乐山市内、五通桥等地演出话剧共募得善款 2900 余元，校方将此款交给有关单位。除抗研外，乐山武汉大学知名的社团还有岷江读书社、马克思主义小组、武汉大学学生运动核心组织等。

## 五、两情相悦

邵象华与王晓云相识很晚。王晓云是 1936 年夏天考进珞珈山武汉大学的，邵象华是 1939 年调到乐山武汉大学的；王晓云是历史系学生，邵象华是矿冶系教授；王晓云与邵象华通常很少有机缘结识。然而，乱世时局打破了大学中原来设置的活动范式，使得这对有情人得以相识、相知、相爱并终成眷属，并风雨同舟，共度一生。

---

① 指市里，计量里程的单位。

邵象华从昆明中央机器厂只身来到偏远陌生的乐山武汉大学，教授们每天奔走在教室和宿舍之间，彼此之间很少往来，邵象华常去看学生们的各种演出。有一次，抗研演出《自由魂》，他被王晓云秀丽、典雅的气质深深吸引。此后，他开始特别关注抗研的活动，尤其是王晓云的点滴。他承认，这位宜兴少女已经走进了他的心，使他难以忘怀。

几天来，教师中流传着一则让邵象华揪心的消息："武汉大学可能要出大事了！"他立刻想到王晓云及她的抗研成员的安危。常言道：见微知著，又说：谋事在人，成事在天。邵象华敏锐地预感到武汉大学似乎要发生一桩大事，而且与王晓云有关联。他精心准备，做了万无一失的安排。

1940 年 7 月 6 日，乐山武汉大学校园里发生白色恐怖事件：国民党御用的反动组织奉命大批逮捕学生，抓捕的对象是抗研成员，王晓云也被列在这份名单上。邵象华事前已将王晓云安置在一个安全地方，而后将她秘密送往重庆。

王晓云与邵象华并排坐在通往重庆的长途汽车中。从前由乐山前往重庆要取道成都再转往重庆，全程约 610 千米。自川中公路建成后，可由乐山直达重庆，路程缩短了 1/3。脱险后的王晓云从惊恐中慢慢平静下来，一路上沉默少言。她感谢邵教授从危险中将她救出，但不知道他将自己带到什么地方暂避风险。她这是第一次与一位陌生青年老师一起远行。

邵象华是将王晓云送到重庆北碚的哥哥邵象伊家中避难。不久前，邵象伊随江苏医学院从镇江西迁到重庆北碚后，旋即写信告诉弟弟他在重庆北碚的详细地址。邵象伊住的是一栋二层独楼，第一层为中华医学会办公用房，白天有人在此办公，晚上偶尔有人居住；第二层住着邵象伊一家。抗战时期的北碚常常是战时国民政府下属机构内迁的目的地。例如，重庆国民政府兵工署下属矿冶所设在北碚，后来魏寿昆先生也曾在矿冶所工作直到抗战胜利。

王晓云随邵象华暂避北碚避乱，从恐慌中平静下来后，她已无法自我辩解，承认自己已爱上了邵先生——一位终生难遇的英才，同时她喜欢上了邵象伊一家人。

邵象华安排好王晓云之后，独自回到乐山。他听到很多令他感动的事情，例如，校工老姚挺身而出保护学生，老姚是管理女生宿舍的老校工，为人正直、善良，深得楼内女生们的尊敬，老姚勇敢的行为使学生杨亚男免遭逮捕；教授丁燮和、戴名巽把地下党员翁盛光等5人隐藏在自己家中；“七六”大逮捕发生后，机械系郭霖教授发起并组织全校教授联名向国民党当局质问学生爱国何罪、抗日何罪，要求立即释放无辜的被捕学生，并最终取得胜利。

不久，校园白色恐怖渐渐平息，学生们纷纷回校。邵象华到北碚接王晓云回校继续完成学业。诗云：

离别虽时短，蓦地相见，
心事眼波难安定；
愿得心上人，永结连理，
皓首没齿同船行。

1940年王晓云就读于武汉大学生活照

1941年年初，资源委员会决定在川黔边界的綦江兴建一家钢铁厂，命邵象华早日赴任。他当即安排好武汉大学矿冶系的工作，向校长王星拱辞职，又向工学院邵逸周院长告别，在校整装待命。他将调动的事情告诉王晓云，等待她的回答。起初，她感到有些出人意料；片刻后，她平静而坚定地说，愿与邵先生相随相伴，永守一世。她希望他们的婚姻能够得到双方长辈的祝福，邵象华点头赞同。

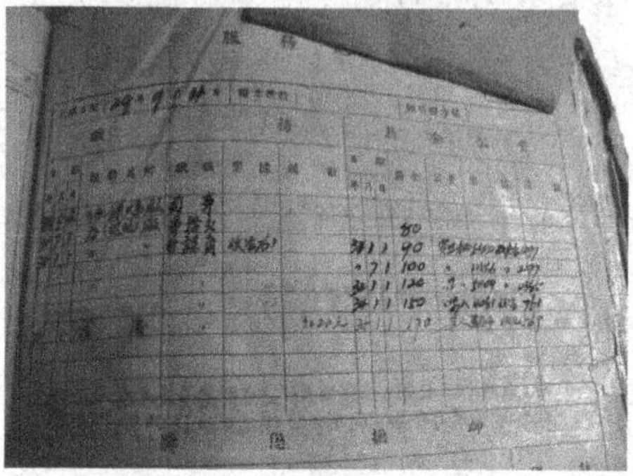

1940～1945 年电化冶炼厂职员工资表

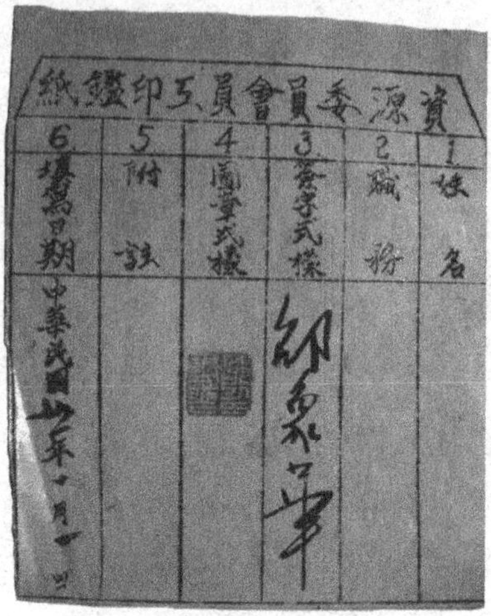


1942 年邵象华的资源委员会员工印鉴纸

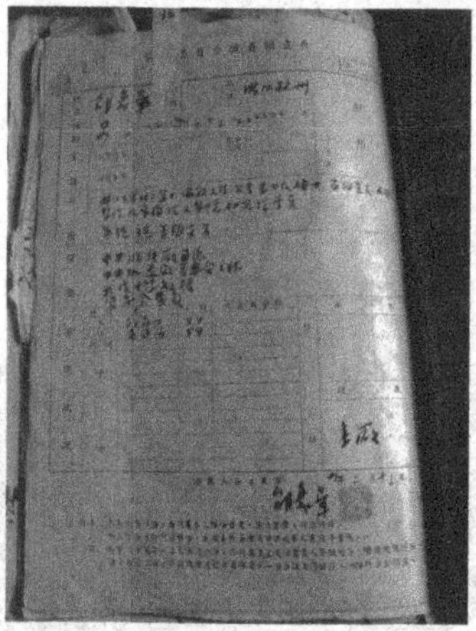

1942 年资源委员会职员调查表

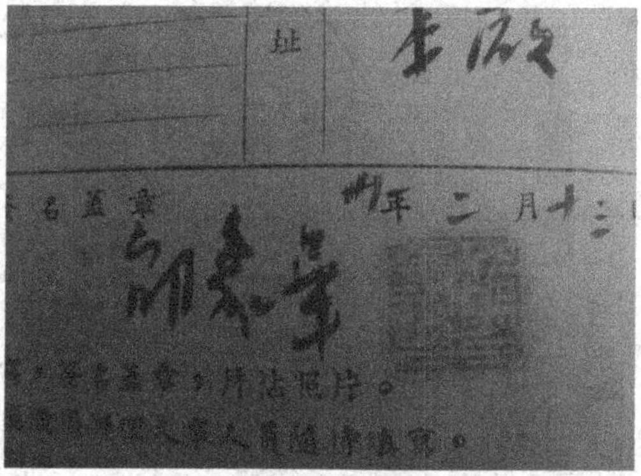

1942 年资源委员会职员调查表邵象华签名

乐山与綦江同为巴蜀之域，北碚与綦江分别位于重庆的北与南。岷江与重庆北碚相连，綦江让綦江县与重庆相接。邵象华赴綦江上任后，王晓云全神贯注于学业方面，将思念放在心里、留在梦里。时有鸿雁传书，互诉衷情。

1942 年初夏，邵象华收到发自上海的家信，母亲在信中写道：

华儿：来信均收到，知你身体健康并已与王女士订婚，不胜欣慰之至，祝你们相敬相爱，感情永固，体如金刚。久盼照片，不知已寄出否为念！所云结婚拟待她毕业后举办甚为合理。为期是否在明年暑假中，彼时若能世界和平，路途无阻，则可来沪举行婚礼，那我之喜乐倍增矣。王女士几月几日生日，她的名字叫晓云。忆我有小名亦叫小云，我幼时我长者皆呼我为小云，惜那个“小”字，我现在不大记得清楚。我之结婚系于三十三年前十二月二十二日，在杭州四外祖父家举办，后于次年二月二十二日回至邵府。王女士订婚邵氏亦为二月二十二日，虽有新旧历之别，总有“二二二”之同，既有此两不约而同的巧事。我希望王女士来归我家后能与我同心合力，同我自己女儿一样亲近。再同你之爱护我无别，固能如此，则可加你老弱母亲晚年的幸福，而唤起我多年沉闷不自如的精神，我深望念。既一时不能同你见面，总望你多多来信为盼。

此询，近好。

四月二十三日　馥字

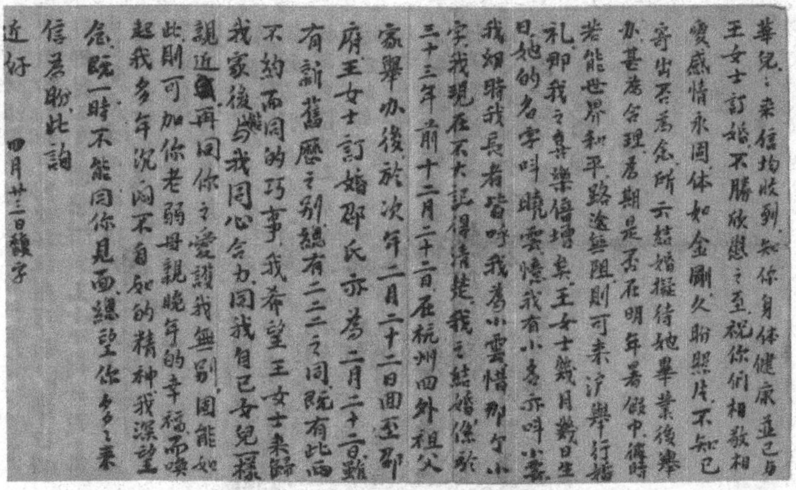
華兒：來信均收到，知你身体健康並已與王女士訂婚，不勝欣慰之至，祝你們相敬相愛，感情永固，体如金剛，久盼照片，不知已寄出否，為念。所云結婚擬待她畢業後舉辦，甚為合理，為期是否在明年暑假中，彼時若能世界和平，路途無阻，則可來沪舉行婚禮，那我之喜樂倍增矣。王女士幾月幾日生日，她的名字叫曉雲，憶我有小名亦叫小雲，我幼時我長者皆呼我為小雲，惜那个小字我現在不大記得清楚，我之結婚係於三十三年前十二月二十二日在杭州四外祖父家舉办，後於次年二月二十二日回至邵府，王女士訂婚邵氏亦為二月二十二日，雖有新舊歷之別，總有二二二之同，既有此兩不約而同的巧事，我希望王女士來歸我家後與我同心合力，同我自己女兒樣親近，再同你之愛護我無別，固能如此，則可加你老弱母親晚年的幸福，而喚起我多年沉悶不自如的精神，我深望念，既一時不能同你見面，總望你多多來信為盼，此詢
近好
四月廿三日馥字

1942 年母亲吴道芳写给邵象华的亲笔信

这封充满父母亲切祝福的信，让邵象华和王晓云为之动容。邵象华心里清楚，这一年父母均已年逾半百，体弱多病，动荡时局的上海，物资匮乏，缺医少药。他想起父母艰难的情景，泪水含在眼中。王晓云也在同一时间收到了王家亲人的祝福。

1942 年夏天，王晓云大学毕业，获武汉大学历史学学士学位。9 月 2 日，王晓云带着幸福的梦想来到重庆，邵象华将她安排住在一家宾馆，

他的好友刁伦然、周慕兰、靳树梁、毛鹤年、戴礼智、丘玉池等相聚在一起，于 9 月 2 日晚上举行了简单而隆重的结婚仪式并合影留念。邵象华是幸福的，乐山的青山绿水孕育着纯洁的爱情，他收获了一颗芳心、一份甜蜜永恒的深情。

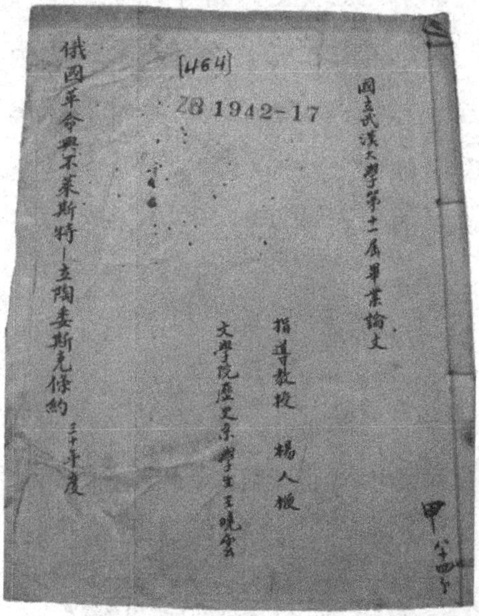
[464]
Z8 1942-17
國立武漢大學第十一屆畢業論文
指導教授 楊人楩
文學院歷史系學生王曉雲
俄國革命與不萊斯特—立陶妻斯克條約
三十年度

1942 年王晓云毕业论文封面

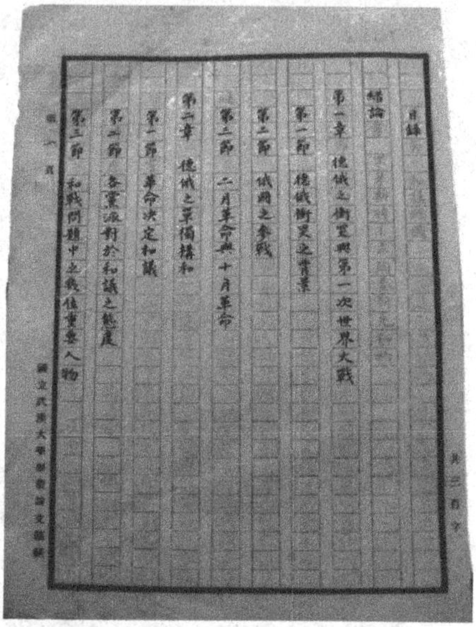
目錄
緒論
第一章 德俄之衝突與第一次世界大戰
第一節 德俄衝突之背景
第二節 俄國之參戰
第三節 二月革命與十月革命
第二章 德俄之單獨構和
第一節 革命決定和議
第二節 各黨派對於和議之態度
第三節 和戰問題中之幾位重要人物
第一頁
國立武漢大學畢業論文稿紙

王晓云毕业论文内页

1942 年王晓云毕业照

1942 年 9 月邵象华、王晓云结婚纪念

## 六、綦江建厂

川南习水、綦江一带，南端横亘着大娄山脉，崇山峻岭，千山万壑，溪流湍急，地荒人稀，古代文献中常称其为“未辟之领域”。

杜甫曾用“山带乌蛮阔，江连白帝深”两句诗来描述川南这片“未辟之领域”的荒蛮情况。到了 1943 年，旅行家朱偰在《漂泊西南天地间》一书中写道：“沿綦江而上，穷蒲河之源，而至贵州边境，觉綦江风景，更胜嘉陵，其山水明媚有似江南，惜自古文人不至，遂致湮没无闻，山川显晦，亦有幸有不幸也。”

上述内容是古代和近代文人墨客留下的有关綦江美景千姿百态的描绘。然而，在那“用血肉筑起长城”的抗日烽火中，科学家看中的是与这片贵州桐梓山水相连的四川綦江地区的山高林密、水路交通便利，这在战争中有很好的隐蔽性和保密性。

1943 年年初，邵象华偕王晓云来到四川綦江电化冶炼厂，担任正在筹建的第四分厂（炼钢厂）厂长职务。电化冶炼厂总经理是叶渚沛，他同时担任资源委员会化学专门委员及重庆炼铜厂厂长、总经理等多种职务，无暇顾及电化冶炼厂炼钢分厂（今重庆钢铁公司第四炼钢厂）的筹建工作。这是邵象华回国后首次独立承担建厂任务。邵象华曾坦言，綦江电化冶炼厂建炼钢分厂是他工业救国梦想开始实现的地方，也是他人生中迈出的重要一步。

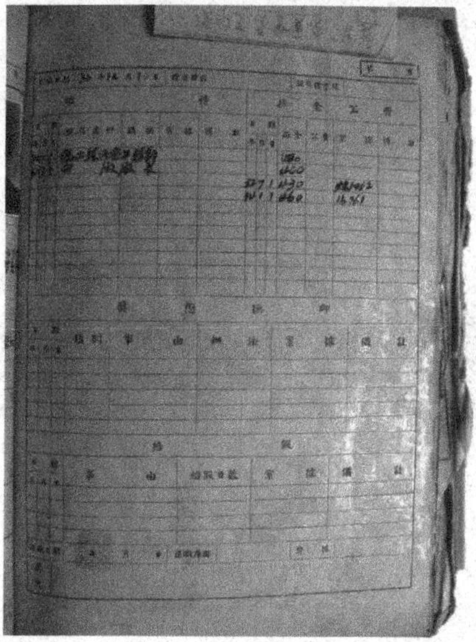

1943年邵象华任綦江电化冶炼厂炼钢分厂厂长工资单

邵象华带领一个调查组深入茂密的丛林，足迹遍及綦江方圆数百华里去寻找调查铁矿、焦煤及电力、运输等炼钢厂必需资源的储藏量和运输条件；之后，他们再到重庆、成都考察炼钢及各种机械设备的制造能力。

回厂后，邵象华分析了当时国内外的炼钢方法以及四川省乃至全国铁矿资源中杂质（主要是磷）含量的状况，提出搞平炉炼钢的建议。他认为綦江地区的动力供应能力是选择炼钢方法的主要条件。綦江水力资源丰富而煤炭资源储量不足，电力的短缺难以满足电炉炼钢；若采用碱性平炉炼钢，无论战时还是和平时期，綦江提供的电力都可以满足炼钢厂正常生产的需要。

1943年5月10日，邵象华和王晓云的爱情结晶女儿邵贝羚出生。綦江县医疗卫生条件不好，他请曾当过护士的德国邻居来家里接生。

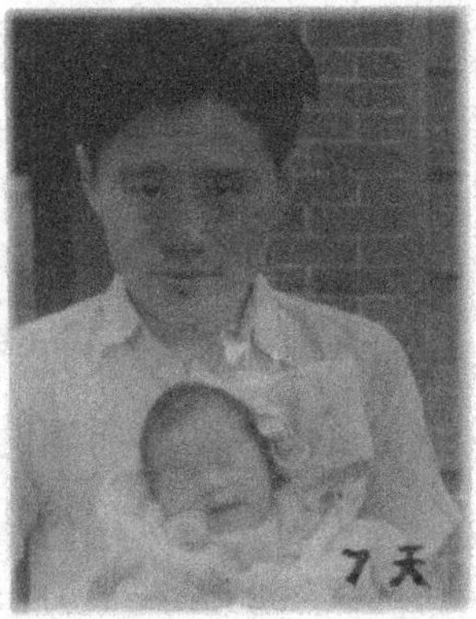


与出生7天的女儿合影

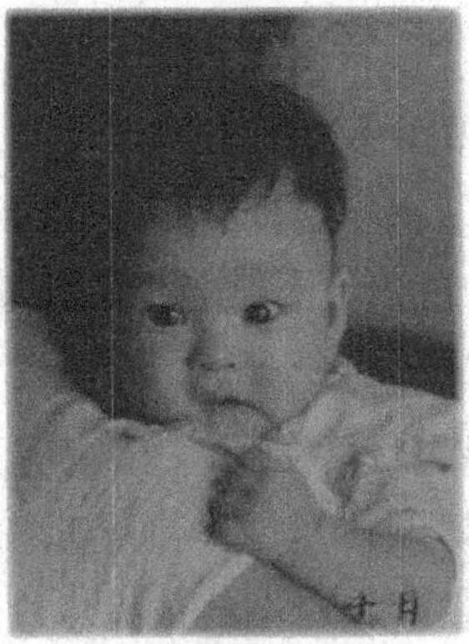

女儿邵贝羚4个月

1944年，綦江电化冶炼厂来了两位才俊，一位叫张春铭，江苏省南京市人，曾在交通大学唐山工学院（贵州）攻读矿冶专业，1942年毕业，获学士学位，来到重庆中国兴业股份有限公司（今重庆钢铁公司第三炼钢厂）工作，之后受聘来到綦江电化冶炼厂任助理工程师。另一位是刘嘉禾，1921年出生，山东省青州市人，1943年毕业于交通大学唐山工学院（贵州）矿冶系，毕业后留校任助教。张春铭与刘嘉禾是校友，经张春铭举荐，刘嘉禾毕业后也进入綦江电化冶炼厂工作，任技术员。此时，1939年毕业于唐山工学院的同门师兄章守华因到美国卡耐基理工学院冶金系留学，离开綦江，他曾在电化冶炼厂任助理工程师3年（1942～1944年）。

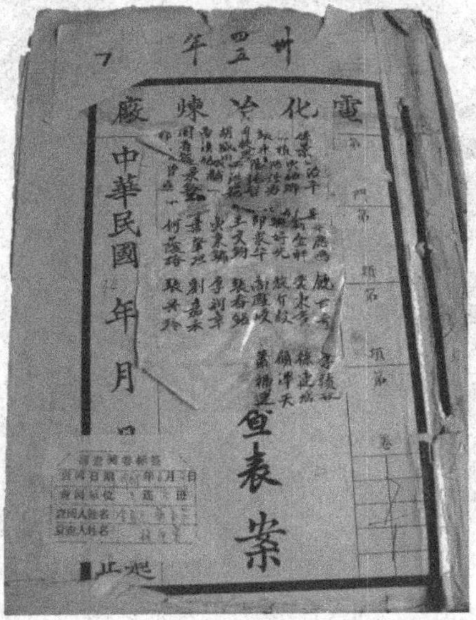


1943年四川綦江电化冶炼厂职员名单

邵象华将两位青年助手收在麾下，如虎添翼，雄心勃勃，开始设计碱性平炉。当年在中国平炉设计中一般沿用由经验数据形成的设计方法，那时还没有采用科学理论指导的计算方法。

在这次碱性平炉设计中，邵象华第一次应用发达国家通行的冶金炉热工原理及流体力学理论，对煤气发生炉、炼钢平炉炉体以及烟道、烟囱和管道系统进行气体流动、热流动及其相互平衡的计算，即所谓的冶金炉设计中的流体流动及传热和传质平衡计算，得到的数据为平炉及其辅助设备的设计提供较为科学的依据。这座容量只有 15 吨的碱性平炉在当时的抗战后方已是最大炉体，在建造这座平炉过程中，他们遇到了许多意想不到的困难。张春铭一直是他身边的得力助手。

綦江地区陆路交通由于大山阻挡，没有铁路和平坦的公路，所以很难将主辅原材料运输进来。邵象华只能因地制宜，尽量就地采购那些容易取得的、价格适宜的、性能合适的物品。邵象华说，只有这样做，才能连续炼出钢来满足战争的需要，同时也能多为政府节省有限的资金。

1943 年与四川綦江电化冶炼厂同人合影（右二为邵象华，右三为王晓云和女儿邵贝羚）

碱性平炉炉顶通常须用硅砖砌成，四川境内没有厂家生产硅砖，因此无法采购。邵象华决定采用当地土法生产的一种名叫泡沙砖的材料代替。他把泡沙砖经热处理后，再测试其各种理化性能，他惊喜地发现其性能竟与硅砖相近，于是他拍板选用。綦江地区不生产水泥，没有钢材和水泥难以建造由钢筋水泥建造的高大厂房。为此，邵象华决定在满足炼钢安全生产的前提下，除主厂房外，其他辅助厂房大多采用木结构，只在出钢口位置才用钢筋混凝土浇注。

这座邵象华用心血灌注的碱性平炉于 1944 年年底在投产前进行试产。这一天，整个綦江电化冶炼厂热闹非凡，资源委员会派员前来庆贺。炼钢平炉顺利试验成功，当即宣布正式投产。

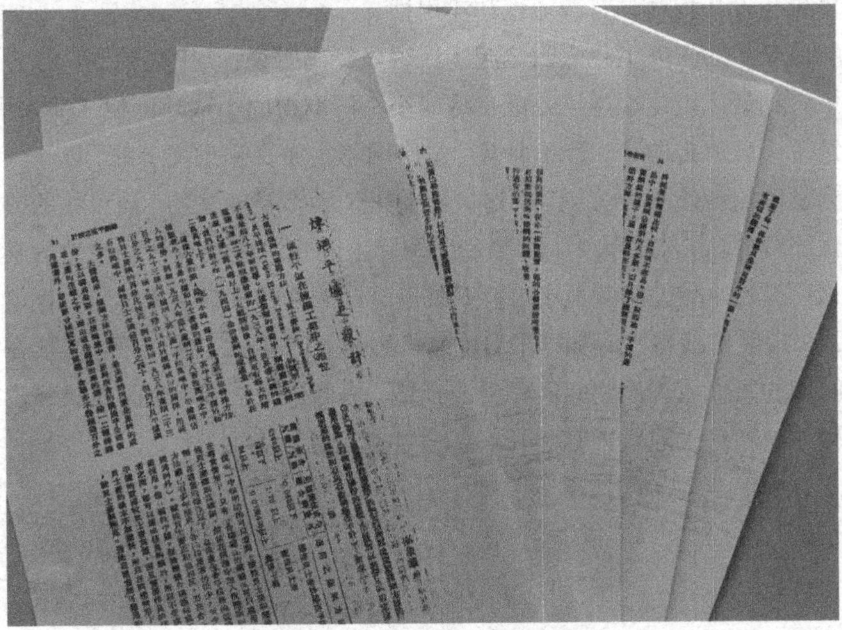

1944 年邵象华发表《炼钢平炉之设计》

邵象华谋事精细周详，将投产后可能发生的事故一一预测清楚，同时列出处理各种事故可以选用的对策和方法。

果然，这座碱性平炉投产后不久便发生了他预料中的困难。例如，机械零部件最密集的煤气发生炉的某个零件失灵，厂房某个位置的木结构部分着火，等等。邵象华安排张春铭或刘嘉禾去处理这些事故，使他们在实战中掌握了预防及处置方法，从而保证了这座平炉的正常运行。通过在十分困难的条件下建设和生产的实践，邵象华和他所领导的一批年轻技术人员都得到了很大的锻炼。

对自己设计并成功投产的这座碱性平炉，邵象华相当满意，也很自豪。因为这是他人生中第一件亲自设计制造的作品，它虽小，但很精彩。此外，在国内，他创造性地第一次应用热工理论和流体力学原理，将冶金炉设计从经验提升到理论，这标志着炉体设计理论已开始进入应用阶段。

让他最无法忘怀的是，碱性平炉的成功是他践行工业救国梦想道路上的第一步。1945 年抗战胜利后，綦江电化冶炼厂已完成它的历史使命，宣布停产。后来，湖北省大冶钢厂采用邵象华的设计方法，成功地完成了同类平炉的设计并投产，这再次证明邵象华采用并倡导的冶金炉的科学设计思想和设计程序具有普适性与实用性。

邵象华的夫人王晓云回忆起綦江这段经历时说：从中央钢铁厂停办的失望，到綦江电化冶炼厂办成，这座小钢厂取得的小成功，他（邵象华）走过了一段曲折的路。綦江小钢厂是中国第一座真正意义上的、以科学理论为基础的碱性平炉炼钢厂，过去建的平炉大多是土法的、简单化的或者说做练习的。王晓云认为，邵象华用国际上的先进理论设计和建造的綦江小钢厂碱性平炉，麻雀虽小，但五脏俱全，做这件事确实不容易，也很辛苦。在那段抗战特殊时期，在那荒凉落后的綦江建成一座钢厂，生活在和平时期的人们或许会将它看作天方夜谭。然而，邵象华用实际成果和理论创新为他践行工业救国梦想开辟了一条宽阔的大道。

# 第四章 恢复鞍钢

## 一、劫后鞍钢

1945年8月15日，日本宣布无条件投降，中国人民前仆后继的十四年浴血抗日战争终于取得伟大的胜利。8月23日，苏联红军大批进驻辽宁省各主要城市，在进驻钢铁工业重镇鞍山后立即宣布实行全市军事管制。

苏联发布公告称日本在中国东北三省的战略物资均为战利品，归苏联所有。23日这一天，苏联红军军管会召开鞍钢职工大会，一位名叫米罗尼克的上校军官在会上宣布：奉红军上司命令，从即日起苏联红军将鞍山原日本昭和制钢所管辖的钢铁厂设备统统拆卸，25日前全部装载列车运回苏联。

这是一次明目张胆的大规模掠夺。鞍钢在场职工听后全场哗然，抗议声、抽泣声、呐喊声此起彼伏。每个爱国者都会发问：中国是抗日战争的战胜国，为什么一个战胜国的国家财产却被另一个战胜国“朋友”如此野蛮贪婪地掠夺去了呢？难道国际上没有公理，只有强权了吗？人们在问同样的问题，但答案早已知晓：国弱受人欺，国贫受人辱。

鞍钢史载：鞍山钢铁公司下属公司被苏联人拆卸运走主要设备的工厂有25家，总吨位达69 750吨。由于关键设备被拆光，收复后无法全部开工或重要工序无法恢复生产的工厂占鞍山市厂矿总数的一半以上；况且这些停工的厂矿多数为鞍山市的主要企业，它们的长期停产甚至关闭使得鞍山这个重工业城市居民失业而无生活来源，不得不拖儿带女投亲靠友寻找生路。大量熟练技工流失，导致后来复产时几乎找不到懂技术的工人。

邵象华亲历过这段受辱的历史，他回忆道：苏联出兵参加东北的抗日战争是美国、苏联、中国三国的协议中规定的。按照协议，日本投降后，苏联军队应撤军回国，把占领的地区归还给中国。然而，苏军进驻鞍山，将鞍钢比较好的或比较新的设备都运走了。原来的鞍钢第一炼钢厂的主要设备都是从德国克虏伯钢铁公司等世界著名的设备制造厂商处引进的，日本人用了好几年，有些陈旧。后来日本人自己设计建造的第二炼钢厂彼时刚竣工投产，其设备都是新的。苏联人拆走了第一炼钢厂的主要设备，留下了一些辅助设备，但是第二炼钢厂的设备全部被搬走了，只留下一座空房子。同样，炼铁、轧钢等工厂的设备凡是新的都被搬走了，留下的大多是老、旧、坏的设备。

1945 年，资源委员会分别电告靳树梁、邵象华、李松堂、王之玺、毛鹤年、杨树棠六人，派遣他们急速赶赴鞍山，参加接收原日伪管理的鞍山钢铁企业。王晓云把女儿送到江苏宜兴请大姐帮助抚养。不久，王晓云告诉丈夫自己又有身孕了。邵象华听后又喜又忧：喜的是邵家添丁，家门兴旺；忧的是鞍山政局还没有稳定，生活供应困难，医护条件较差，他担心怀孕中的妻子不能适应，因此想把王晓云送到上海待产。王晓云同意回上海，并请大姐来上海帮忙，此外，她也很思念身在宜兴的女儿邵贝羚。1946 年 9 月 4 日儿子邵贝恩在上海平安出生，不久便由王家大姐将母子二人接到宜兴，邵家三口人相聚。

1946 年的邵贝羚

资源委员会全面接管鞍钢并宣布成立鞍山钢铁公司，在接管大会上宣读了公司领导名单：邵逸周担任公司总经理，下设六位协理（相当于临时厂长），即靳树梁任第一协理（亦称总协理、常务协理），主管炼铁厂；邵象华主管炼钢厂和耐火材料厂；李松堂主管轧钢厂；杨树棠主管铸造厂；王之玺主管公司管理；毛鹤年主管发电厂（动力和能源）。显然，这套公司级领导班子正是当年资源委员会派到德国克虏伯钢铁公司实习的原班人马，可见当年翁文灏、钱昌照的谋略多高远。这种谋略在军事上称为"谋而后动，出奇制胜"。

总经理邵逸周原是武汉大学矿冶系教授，曾任工学院院长兼矿冶系主任，后由周则岳接任矿冶系主任一职。1946 年国立武汉大学回到武昌珞珈山时，邵逸周调任鞍钢，工学院院长一职由曹克诚教授接任，黄培云被任命为矿冶系主任，中华人民共和国成立后黄培云任中南矿冶学院院长。邵逸周与邵象华在武汉大学乐山时期有过两年左右的共事时间，虽然时间不长、交往不深，但彼此留下了良好的印象。

资源委员会给接收班子下达了两项任务：其一是把伪满时期鞍钢管辖的 23 家工厂，按整体编制原则进行改组、合并，重新设立八厂、一处、一室、一所等单位；其二是尽快恢复生产，具体要求是钢铁厂须在 1946 年恢复 1 号和 2 号高炉，每座高炉要求日产生铁 400 吨，年产要达到 20 万吨的目标。资源委员会认为若鞍钢早日产铁，其后的炼钢厂等工厂相继复产也就顺理成章了。

复产的经费由资源委员会全额拨付。初期，职员的工资还能按时发出；几个月后，公司经费已经捉襟见肘，挖东墙补西墙；又过几个月，公司经费已弹尽粮绝，竟然连保全职工一家的基本生活费也发不出来了。迫于无奈，公司决定售卖日伪时期留存下来的钢铁制品（如钢材、铁锭等），或者半成品（如机器零件毛坯等）。

邵逸周总经理多次和邵象华外出推销钢材。邵象华回忆说：我们听说开滦煤矿已经复产需要钢材，我和邵逸周跑到煤矿那里，与该矿负责人商定供货价格和数量，而且我们保证煤矿需要多少钢材、需要什么品种，我们都能按时按品种满足其要求。我和邵逸周还跑到北京参加订货会，参加会议的多数代表是国民政府在全国各地工矿企业的接收大员。会议中间，我们售卖钢材或半成品，他们愿意与鞍钢签订供货合同。鞍钢毕竟是著名的大公司，信誉高。大家对这次会议的收获很满意。当然，公司的日常营销工作是公司下设专门科室的事。

邵象华协理的主要工作是恢复第一炼钢厂的生产，而被苏联人洗劫一空的第二炼钢厂经与公司管理层商讨后，一致认为短时间内无能力复产，因此暂时搁置，待时机成熟后再议。随邵象华从綦江来到鞍钢的张春铭和刘嘉禾在鞍钢这块热土上大展宏图。他们三人结缘于綦江，成就于鞍钢，后来张春铭被调去武钢，任武钢钢研所所长，而刘嘉禾与邵象华调到钢铁研究院，刘嘉禾于 1973 年开始任副院长。

邵象华和张春铭、刘嘉禾等工程技术人员走入苏联人不屑一顾的、德国克虏伯钢铁公司早期旧式的炼钢厂平炉车间，抬头看天车，车体已被卸去，只见道轨上覆盖着一层厚厚的尘土；电线被窃，水路堵塞，废物满地，东倒西歪，一派破落荒凉的景象。邵象华在张春铭的帮助下掀起沉重的平炉炉门，凝固的钢水默默地沉睡在炉膛内。他凝思良久，随后便问张春铭和刘嘉禾等助手怎样将炉内钢块取出，请他们拿出方案来。邵象华已胸有成竹，但他更希望年轻助手们提出更好的办法。

## 二、鞍钢复产

鞍钢第一炼钢厂宣布复工的消息不胫而走，职工们奔走相告，该厂大部分工长和岗位工人陆续回厂，许多人还带回来厂里的零部件，有用小车推着的，有两人抬着的，有一个人扛着的……热热闹闹，有说有笑。他们告诉厂领导，这些厂里的东西带回家藏着是担心被苏联人抢走，因为他们相信鞍钢复产终究是可期待的。

邵象华调查了回厂复工的工人，结果令他很失望，因为他们中间竟然没有一个炉前工，更没有技术人员。他们告诉邵象华，日本人不让中国工人学会炼钢技术，只让中国工人做重活、累活、脏活这类辅助事情。邵象华决心培养鞍钢的技术工人、技术员和工程师。于是他提拔张春铭为副总工程师、刘嘉禾为炉长，他们二人在綦江电化冶炼厂炼过平炉钢，为此，邵象华把鞍钢第一炼钢厂复产的具体工作委托他们去做。

一日，他经多方打听获悉有位日本炼钢工程师正在打点行装，等待回国的轮船。他登门拜访并诚恳地邀请这位日本工程师留下来，协助复原钢厂。

这位日本工程师摆着一副同情怜悯的表情而无可奈何地说："几天前，我们几位日本炼钢工程师一致认为鞍钢已经'死'了，它永远不能再复活了。因为鞍钢没有设备、没有技术、没有熟练工人和技术人员。这样破落的鞍钢还能复活吗？"话毕，他的脸上露出嘲弄的表情。

日本工程师放出狠话，但他讲的每一句话都是不假的。然而，这番尖刻的话如同刀子般句句刺痛邵象华的心，尽管他碰了一次软刀子，但他没有气馁反而斗志猛增。他相信只要炼钢厂职工群策群力，就一定能让这座沉睡已久的平炉恢复生产。

1946 年邵象华等视察鞍钢

后来邵象华才知道，日本投降时资源委员会曾想留下一批日本技术人员协助鞍钢复工。他们找日本人私下交谈，得到的回答都是不愿意，这些日本人态度傲慢、言语冷嘲热讽。邵象华听说，有几位前日本企业高级技术管理官员更加傲慢地断言："鞍钢'死'了！这块黑土地上今后只能种庄稼，再也不可能生产一吨钢了！"日本人撤走了，鞍钢身上打着的伪满印记被中国人清洗干净了。这块富饶的黑土地千百年来养育的鞍山人开始在中国人管理的鞍钢取得让国人引以为豪的成就。

邵象华在 90 岁高龄时回忆起这段难以忘却且充满自豪的经历时，依然有些激动。他说：那时候我们几位协理有一个共同的想法，那就是鞍钢复工是指炼焦、炼铁、炼钢、轧钢等主要工厂，以及与它们复工后而必须有的水、电、气、运输等辅助性工序的全面稳定启动，条件较好的厂复工可以早些，困难多一些的厂复工可能晚些；既然是复工，就要全面启动，相互协调配合而不能只指某一家厂的复工。

沉寂年余的鞍钢又开始充满生气了：工人们像过去一样提着饭盒急匆匆地上班去，车间里传来动听的引擎声，烟囱冒烟了，工人们脸上有笑容了。然而，偌大的鞍钢还是看不到钢花绽放、炉火四溅，人们在期待着……

第一炼钢厂原有 6 座 100 吨的平炉，邵象华接管时只有两座平炉具有修复的条件。他选择其中一座相较而言破坏较轻的平炉首先复工，这座炉的炉膛里凝固着几吨重的钢块。邵象华采用一种土办法：用火焰切割机将庞大的钢块切割成若干小块，其后掀起平炉炉盖，再将预先弯成的吊钩焊接在小钢块上，最后用天车（或吊车）从炉顶将小钢块吊出来，全部吊完后重修炉顶。在当时，这是他们可选择的唯一可行的“笨”办法。

煤气发生炉的修复工作最为顺利，参加修复的是原班人马，而且在修复过程中没有遇到困难。炼焦炉修复难度较大，靳树梁告诉邵象华，炼焦炉完全修复尚待时日。邵象华建议：在炼焦炉修复的日子里，可以利用日伪时期留下的生铁和已修复的发生炉煤气来炼钢。靳树梁同意试验。炼钢厂参加这次复工开炉的人员中只有 5 个人曾在日伪时期见过炼钢，但他们不是炼钢工，而是炉前勤杂工。张春铭和刘嘉禾在綦江电化冶炼厂的 15 吨平炉上炼过钢，对于 100 吨平炉的操作他俩也很陌生。因此，复产初期事故不断，但邵象华领导的复产班子没有相互埋怨，更没有慌乱，大家冷静讨论，找出原因，有科学根据、有条不紊地去克服一个个困难。

对于这段经历，邵象华回忆道：“复产后事故频频发生，归根结底是我们缺乏专业技术队伍。就是说，当时既没有熟练的炉前炼钢工人，也没有搞过炼钢的技术人员，除去我们几位协理见过大平炉外，鞍钢公司几乎找不到懂得大平炉是怎样炼钢的人员。因为日伪时期日本人不让中国人‘学炼钢的关键技术’。缺乏炉前技术工人和技术员，失误甚至失败都是不可避免的。现在我们有一句常用的话，说失败是‘交学费’，比喻得很贴切。”

他们从失误或失败中学会了炼钢，而且培养了自己的技术队伍。年轻的大学毕业生在失败中得到了锻炼，积累了经验，成长为工程师。这批技术队伍到后来在中国共产党领导的鞍钢中，他们都能发挥技术骨干作用。修复后的 100 吨平炉炼了几千吨钢，此时国内时局发生了重大的变化，鞍钢各厂处在动荡的时局中艰难地维持着。

鞍钢复产并达到设计生产能力需要长期的和平环境以及各种物资的稳定供应。然而，抗战结束后，蒋介石违背民意，公然撕毁国共两党签订的《国共双方会谈纪要》(《双十协定》)，挑衅生事，摩擦不断，制造是非，嫁祸于人，一场内战的发生已不可避免。

1946 年开始，蒋介石发动内战的决心已定，在东北实施大规模进攻，坚持“关外大打，关内小打”的策略。“关外大打”施用“武力接收”政策。东北民主联军顶住了国民党的连续进攻，为保持军队的战斗力，放弃城市，发展根据地，先后建立东、西、南、北四个根据地，利用与国民党的休战期做了必要的物质和精神准备。

从 1948 年元旦开始，东北民主联军奉命改称东北人民解放军。在冬季攻势中，东北人民解放军以势如破竹、摧枯拉朽之势，使国民党军队丢城失地，一举解放了东北三省大部分城市，1948 年 10 月 26 日又解放了新民、辽阳、海城等地。此时东北全境解放已指日可待。邵象华说，随着解放战争的进行，国民党政府越来越惊慌了。鞍山解放前夕，国民党军队把厂里能用的钢材、钢锭及机器设备都抢走了，他们说这些战略物资绝不能留给共产党。

邵象华不能忘却的一件事是，在一次鞍钢公司会议上，总经理邵逸周沉重地宣布鞍钢从当日起全面停产。邵象华说：“我听见后忍不住低声抽泣了，落下了泪水。我心里想，炼钢厂好不容易复工，说停产就停产，我接受不了，终于控制不住流下了泪！”

王晓云补充说：“所谓复产说破了也就是炼钢炉生产钢了。复产的重点是恢复炼钢炉生产，当时实际上只开了一座炼钢炉，其他厂如炼铁高炉、轧钢厂的轧机等设备都没有复产，因此邵象华对这座炼钢炉有更深的感情。他这个人向来不问政治，搞政治是别人的事，我的事是炼出钢、炼好钢。他满脑子装的还是实业救国思想。因此，任凭外边炮火连天，他照样守在炼钢平炉旁炼他的钢。”

接着，王晓云深情地说：“从中央钢厂因抗战爆发没有办成，到四川綦江电化冶炼厂建成一家小钢厂，邵象华的心里有些小成就感。终于等到抗战胜利鞍钢复产，他想做一番事业。这么一家大型钢铁公司交给他们六位志同道合的协理去接收和复产，他们期望在鞍钢做一番事业，实现实业救国、强国的梦想，因此他们每个人的热情都很高。”

鞍钢的主体设计、主要设备大都来自德国克虏伯钢铁公司。邵象华及其他鞍钢协理，学的知识和技术都是德国版本的。当初资源委员会召集他们来到鞍钢时，他们每个人都怀着雄心大志和一颗强国之心。他们后来才明白，只有中华人民共和国才能让这些中国钢铁界英才施展才能、大展宏图，成为中华人民共和国钢铁战线的功臣。

# 第三篇

# 鞍钢新生

摄于 1958 年

# 第五章　再造鞍钢

## 一、鞍山解放

1948 年 2 月 19 日，东北人民解放军第四、第六纵队及地方人民武装在四纵司令员吴克华的统一指挥下，发起声势浩大的凌厉攻势，一举歼灭胡晋生部下 1.3 万余人，俘获国民党 25 师师长胡晋生，鞍山市伪市长罗永年自尽于鞍山大白楼。消息一经宣布，鞍山全城欢庆，秧歌起舞，锣鼓震天响。鞍山，这座世界闻名的中国钢都从此获得新生，它将与中华人民共和国共呼吸、同成长。

就在鞍山解放前夕，鞍钢发生了一件震惊全公司的事件：鞍钢原总经理邵逸周不辞而别，只身逃到关内。邵逸周的行径引起了鞍钢群众的种种猜疑，众说纷纭，如卷款潜逃说、政治逃亡论等不一而足，几乎无人为他不辞而别的行为开脱。

协理中只有邵象华夫妇与邵逸周有过两年的交往，对他的品德与政治态度有几分知情。当时的政治环境中他俩不能站出来为邵逸周辩解，但他俩对此有自己的看法。暮年的邵象华夫妇回忆起这段陈年旧事时，依然对邵逸周老领导心存几分敬重。王晓云说："邵逸周与一般国民党的官僚不同，他不是那种政治色彩很浓的国民党党棍，他骨子里仍保留着学者、教授的本色。"邵象华接着说："武汉大学西迁乐山路程遥远，需要翻山越岭，武大西迁之路不好走。邵逸周是矿冶系主任又是先遣队的负责人，他带着几个学生找运输工具，雇马帮，很辛苦，真难为了他。”王晓云说：“无论如何，邵逸周身为鞍钢经理，政治形势一紧张就不辞而别是不可原谅的，但对一个人的评价最好要全面些。”

正当邵象华和其他五位协理迷茫、困惑时，有好消息传来：翁文灏、钱昌照、孙越崎等几位德高望重的前辈没有追随蒋介石去台湾，他们或隐蔽在大陆某地，或暂避香港，或游学欧美，躲过了这场革命风暴。尤其是翁文灏漂泊到欧洲，观看形势，一年多后返回中国。他原本想回归本行，做研究或当教授，但由于政治原因他赋闲在家近 20 年。在此期间，他翻译了 3 本地质学著作和 10 余篇《地质译丛》刊载的重要论文。翁文灏于 1971 年去世，享年 82 岁。

邵象华特别感激孙越崎为中华人民共和国成立后保护了大批工程技术人才做出的贡献。他说：“抗战胜利后，孙越崎先生曾担任战后日伪归还中国全国工矿企业接收工作的总领导，可以说那时的孙越崎掌握了全国主要工矿企业的大权。他做事喜欢未雨绸缪，做到胸有成竹。抗战胜利后，他妥善安排资源委员会麾下的工程技术干部，让他们的工作有着落，生活有保障。国共两党内战一打响，孙越崎便要求各厂矿企业技术人员保护好自己的所在企业和厂矿，免受炮火毁坏。因此，内战结束后，资源委员会主管的厂矿企业几乎原封不动地保存下来，实在是难得的。孙越崎先生曾多次受蒋介石的训责，他用好话敷衍，等到蒋介石不再盯住时，他神秘地从大陆消失，去香港避险。因此说，孙越崎先生对国家是有很大功劳的。”

邵逸周出走后，第一协理靳树梁担任召集人，召开协理商议会，议题中心是保护厂里的设备、原材料及成品。邵象华、杨树棠、李松堂、王之玺、毛鹤年一致同意靳树梁的建议，特别提出一定要保存好各厂相关的设备及技术工艺的资料和图纸，包括生产技术数据。

1948 年 2 月 19 日鞍山解放，一队队解放军雄赳赳进驻鞍山和鞍钢。几天来，鞍山城里谣言四起，人心惶惶。邵象华一家与鞍钢职工及其家属一起住在工厂地下室。他们不知道共产党的政策，又害怕不长眼睛的炮弹落在厂里，因此他们宁愿住在更安全的厂里地下室。王晓云与家属们约定一条规则，即当听到地面上有人喊话时，在地下室避难的家属一起大声喊：“我们是老百姓！”有人不明白其中的道理，问道：“这一喊，共产党不就知道我们藏在这里了吗？”王晓云解释说：“当年我在乐山武汉大学读书时参加过抗日活动，周围进步学生中多数是共产党员。共产党领导的解放军是不会伤害老百姓的。他们是人民的军队。因此我们喊的话，如果来的是解放军，知道地下室住的是老百姓，就会对我们很友好。”王晓云的一番话让大家安下心来，后来他们知道来的是解放军，都离开地下室陆续回家了。

解放军先安排家属们吃饭，并且说解放军将男人集中带走不是要伤害他们，而是为了保护他们，等到鞍钢完全解放的那一天，一定会把他们送回来，因为他们个个都是鞍钢的宝贝，鞍钢离不开他们，需要他们。家属们这才放心，收拾行李回家了。包括 6 位协理在内的这批约 20 位技术骨干队伍，在军代表的带领下离开鞍山市区，在离市区不远的一座镇公所住了下来。

早春二月，鞍山冬眠未醒，仍然天寒地冻。镇公所离市区约 10 千米，没有汽车运送，他们只能步行，一阵寒风迎面扑来，让人禁不住打个寒战。靳树梁、邵象华等协理一行人被安排住在镇公所，他们搞不懂政府的真实意图，靳树梁便去问原因，希望军代表如实告知。这位军代表和善地说，鞍钢是人民的鞍钢，生产是一定要恢复的，到那时政府要请你们去恢复生产。当前时局还比较混乱，我们的任务是保护你们的安全，因此把你们带到镇公所暂住几天，待首长新的指示下来再另行安排。

1948 年年初，党中央东北局接到中共中央对鞍钢工作的指示，要求鞍钢军代表必须保护好技术人员和工人，帮助他们解决生活困难，不得让他们流离失所，不准饿死一个人，必要时可暂时将技术人员和骨干力量送往解放区安排。鞍山市军代表严格执行这一指示。靳树梁、邵象华等人在镇公所住了几天后，便由解放军护送到解放区丹东市，组织他们学习党的政策，包括知识分子政策、经济政策等。

1948年年初参加技术人员丹东学习班（前排右二为邵象华，右三为王晓云）

1948年10月，邵象华被暂时借调到鸡西一家小铁厂帮助解决技术问题，他去了几天完成任务之后，便从鸡西直接奔赴位于哈尔滨的中央人民政府重工业部报到，等待工作分配。邵象华回忆说，丹东学习班实行供给制，几个人住一间房，吃高粱米和大豆制品，衣服鞋帽及日常用品（如牙膏、牙刷等）都由当地政府定期发放。他觉得供给制挺新鲜、挺特别、挺省心，他渐渐地适应了。几个月的系统学习，使邵象华与他的同事对中国共产党和人民政府有了较全面的认识，表示他们愿意在鞍钢复产中做好工作。

## 二、浴火重生

1948年11月2日沈阳解放的当天，邵象华等20余位技术专家乘车随人民解放军进驻沈阳市，稍作休息和用餐，随后有专车护送他们回到鞍钢。这次回鞍钢他们的头衔不再是国民党的协理，而是东北行政委员会委派的“鞍钢接收大员”。原来六大协理中靳树梁被调到本溪钢厂任总工程师兼鞍山钢铁公司顾问；邵象华、王之玺、李松堂、杨树棠、毛鹤年5人，再加上雷天壮、杨振古共7人以“鞍钢接收大员”身份负责接管鞍钢并开展全面恢复生产工作。旧鞍钢开始新的历史，新鞍钢浴火重生。

1948 年 12 月 18 日，东北行政委员会批准将原来的鞍山钢铁厂正式定名为鞍山钢铁公司，这一举措标志着中华人民共和国第一家钢铁联合企业的诞生，因此鞍山钢铁公司的诞生在中国钢铁工业发展史上具有划时代的意义和地位。此时，鞍钢这块热土上锣鼓喧天，人们尽情扭起东北大秧歌，鞭炮声此起彼伏，经久不断。鞍钢职工热烈庆祝公司终于回归到人民怀抱，将为中华人民共和国建设贡献力量。

鞍山市人民政府任命李大章为鞍山钢铁公司首任经理，邵象华任总工程师兼炼钢厂生产技术副厂长，李松堂任轧钢厂厂长，杨树棠任铸造厂厂长，王之玺任公司计划处工程师，毛鹤年负责能源。此外，张春铭任炼钢厂副总工程师，刘嘉禾任炼钢厂炉长。

鞍山钢铁公司是以原日本昭和制钢所设备为主体，与周围十几家附属工厂构成年产 100 万吨钢的大型钢铁联合企业，是包括采矿、选矿、烧结、炼焦、炼铁、炼钢、轧钢以及轧辊、钢锭模铸造与机械制造、耐火材料等的庞大钢铁生产实体。因此，李大章经理上任不久便请邵象华、王之玺、李松堂、杨树棠等陪同参观了各厂，并决定由王之玺主持起草鞍钢复工计划。

鞍钢全面复工讨论会上，李大章经理面前摆着两份计划：一份是由留用的日本钢铁专家提出的；另一份是由王之玺主持起草的。经鞍钢领导认真研究，决定采用王之玺拟订的复工计划，推举王之玺负责安排计划和落实措施。按照计划要求，需用一年半时间全面恢复鞍钢生产，具体包括恢复：①三座高炉，两座焦炉；②第一炼钢厂；③初轧、中型、中板、小型、带钢等相应轧钢厂；④辅助工厂，如热电厂、修配厂等。鞍钢依据拟订的修复进度及当时的实际情况，计划年产生铁 60 万吨、钢 50 万吨以及各种钢材共 40 万吨。

鞍钢若要恢复到伪满时期正常的生产能力，用一年半时间做到谈何容易？日本人曾多次声称“至少要用 20 年”，他们甚至放言说，即使由日本人来主持恢复生产，而且用日本制造的设备和生产技术，也要少则3年，多则5年。

日本专家的预言不是空穴来风，也不是危言耸听，更不能妄说其充满敌意，他们的判断基于当时鞍钢二次被破坏的现实状况。经过苏联人的抢劫和国民党军队的破坏，留给以李大章为代表的中华人民共和国的鞍钢人的是满目苍凉的场景：高炉内来不及出炉的铁水凝固许久；焦炉炉顶杂草丛生，荒芜不堪；厂房桁架、地上机器锈迹斑斑，仓库被洗劫一空，留下了一堆被破坏的机器；等等。

然而，在中国共产党的领导下，新鞍钢人开始有计划、按部就班地实施王之玺主订的复产方案。中央人民政府重工业部从上海、北京、天津、四川、广东等地的钢铁厂或高等学校冶金专业调来一批技术干部或招聘一批毕业生，同时在公司中大张旗鼓地宣传鞍钢复产的决心和信心。

鞍钢复产的热潮出现在1949年春天，毛泽东同志发出电令“鞍山工人阶级要迅速在鞍钢恢复生产”。鞍钢公司领导迅速召开大会传达毛泽东同志的指示，同时掀起了恢复生产的热潮，把恢复生产、支援祖国建设作为鞍钢的头等大事来抓，抓紧抓好。

实施王之玺计划的关键是炼铁厂高炉和焦炉的修复或重建。鞍钢原有高炉9座，苏联人拆走了其中6座高炉的机械设备，剩下的1号、2号、4号三座高炉中，2号高炉比较完整，1号高炉的炉底积铁需要清理，4号高炉被炸毁，需要重建炉体。鞍钢原有焦炉12座，只有2座可以修复投产，需再建2座新焦炉，同时还需利用存焦。

李大章、王之玺、邵象华等人经过认真讨论后一致认为，高炉修复工作量虽然很大，但根据鞍钢机修部门的能力，是可以完成的。焦炉修复和重建是一个难题，当时鞍钢缺乏筑炉技术人员和熟练工人。他们经多方打听知道有一位德国筑炉技师曼纳尔准备回国，正在等待航班。为此，王之玺诚挚地请他留下，帮助修筑炼焦炉。后来，在曼纳尔的指导下，炼焦炉恢复得很顺利，同时曼纳尔也为鞍钢培养了中华人民共和国第一代筑炉技术人员和技术工人。

毛泽东同志的电令极大地鼓舞着鞍钢的工人阶级，全公司开展了一场轰轰烈烈的献交器材活动。鞍山市人民政府发出号召：有力出力，贡献物资，为恢复鞍钢生产做贡献。

工人把献交的器材送往厂内

从1948年12月到1949年10月共11个月的时间内，鞍钢共有4255名职工献交器材52 462件；从12月至次年1月两个多月内，鞍山市共献交器材21万件，这为鞍钢恢复生产创造了良好条件，也使鞍山人受到了一次当家做主的生动教育。鞍钢职工由此感受到鞍钢的主人是鞍钢职工，而不是什么“救世主”。1949年2月20日鞍山市人民政府召开献交器材庆功大会，公司电修厂工人魏荣夫因将自己开电料行剩下的145件电器材料全部捐出来而受到特别表彰。设备修理工姜荣春说，旧社会办小工厂都是因为生活没有保障，现在生活有了保障，我把自己小工厂的全部东西贡献给大工厂。姜荣春把20多件工具贡献给了炼钢厂，得到了“立大功”奖励。

全国第一代劳动模范孟泰是鞍钢工人阶级的杰出代表。炼铁厂老工人孟泰师傅看到修复高炉缺少备件，他起早贪黑地从鞍钢废料堆里收集大小风口、碴口、三通水门、高压风阀，亲手去污除锈并修补待用，建起有名的孟泰仓库。他还带领修理班10多名工友跑遍鞍钢十里厂区村，刨冰雪，挖备件，复活300多件器材。孟泰的事迹经报刊宣传曾感动全国人民。

孟泰在修复管道

1958年5月，孟泰、孟泰夫人及五个女儿和第三代（邵象华摄）

邵象华把炼钢厂职工分成原料、平炉、煤气发生炉、铸锭运输等5个专业组，每个组的责任、任务、期限、权利都有一个严格的文字规定。他和其他厂领导一起住在厂里、吃在厂里、干在厂里，遇到问题现场研究办法并当场解决。他常思考着，邵逸周主持的那次复工与中国共产党领导的这次复工相比较，从心理上给人一种天壤之别之感，他开始懂得了“没有共产党就没有新中国”的内涵。

炼钢厂修建工程的进展超出了邵象华的预期，让他赞叹和惊奇。刘嘉禾回忆说：我们这些技术人员事事要自己动手，亲身实践，没有人告诉你怎么做才对。因此，我们学到的操作经验，先在技术人员中讨论交流，然后再去教会工人。这样做的好处是锻炼了技术人员的实际动手能力，为他们日后碰到更复杂的问题、从事更困难的工作打下坚实的基础。

邵象华心中盘算着，这座新修复的平炉不需要多久就能竣工，下一步怎样安全开炉、顺利冶炼出第一炉合格的钢呢？他思考着开炉之前需要制定一套科学适用的炼钢厂技术操作规程。他召集技术人员胡光沛、靳汉、张春铭、刘嘉禾，把制定操作规程的工作交予他们。在苏联专家和邵象华的指导下，参照苏联炼钢厂的操作规程，结合鞍钢技术参数和操作水平，他们制定了一套鞍钢自己的炼钢厂平炉技术操作规程，作为新平炉岗位的操作依据。鞍钢公司责成当时担任公司生产科科长的刘嘉禾组织实施、监督实施操作规程，并收集相关情况。

在一个多月的日日夜夜中，邵象华都置身现场，与操作人员共同解决了开工初期不断发生的煤气爆炸、炉料冻结、炉顶烧化和倒塌、炉底出坑和烧穿等一系列技术难题与事故，克服了很多不曾预料到的困难，终于在1949年4月2日，修复后的1号平炉安全顺利地生产出第一炉钢水。顿时，整个车间内外一片沸腾，邵象华与炉前技术人员及炉前工人一一握手庆贺。他终于看见这座沉默近4年的1号平炉在新鞍钢广大干部、技术人员和工人的同心协力下起死回生、重燃炉火、再放钢花，当工人们振臂高呼“我们成功了”时，这位铮铮硬汉居然流下了激动的眼泪。那些留在鞍钢的日本技术人员同样被如此热烈的场面感染，不由自主地竖起大拇指连声赞道：“中国人了不起！”

从此以后，留在中国的日本技术人员的态度发生了明显的变化，他们开始主动提出合理化建议，热情为工人讲课、做示范。鞍钢公司决定从留在中国的日籍技术人员中提拔两位优秀者担任熔炼技师，参加炼钢厂的全面恢复工作。张春铭回忆说：“日本投降时，鞍钢共有12座100吨平炉，全部停产。南京国民政府接管后，费尽心机只修复了2座，由于供煤困难，只有1座勉强生产。鞍山解放后，第一炼钢厂原有的6座平炉、3座预备精炼炉在短时间内全部得到修复，重新炼出钢，实在是件不容易的事。”

1949年5月1日国际劳动节这一天，党中央派贺龙同志率领中共中央代表团来到鞍钢出席第一炼钢厂复产典礼，主席台上，贺龙同志紧紧握住邵象华的双手。邵象华的心情十分激动，这是他第一次与国家领导人握手。不久之后，国务院又派主管财经工作的陈云同志来到鞍钢视察，陈云同志高度评价了鞍钢短时间内取得的瞩目成绩。

1949年7月9日，这是一个载入鞍钢史册的历史性日子。这一天，鞍钢2万多名职工怀着自豪和喜悦的心情，聚集在公司机关办公大楼前的广场上，举行盛大而隆重的鞍钢开工典礼庆祝大会。东北人民政府副主席李富春、林枫等领导人莅临会场祝贺，中共中央、中央军委专程赠送一面锦旗，上面绣着金光灿灿的八个大字：“为工业中国而斗争”。会上，鞍钢总经理李大章同志庄严宣告："新中国第一个大型钢铁联合企业正式开工了！"会场内一片欢呼，众人鼓掌，敲锣打鼓，所有人沉浸在喜悦中。

1949年7月9日鞍钢开工典礼庆祝大会

新鞍钢的正式开工生产是我国现代钢铁工业发展历史上的一次重要事件，标志着经历血与火、浴血奋斗的鞍山市人民、鞍钢职工从此浴火重生，洗尽伪满时期留下的耻辱印记及国民党时期落后的痕迹。这座属于中华人民共和国的新鞍钢，将在铺满阳光的大道上迈向现代化，信步加入世界一流的国际化大企业行列。"工业中国"一直是王之玺、邵象华等我们上一代英才的梦想，他们在青年时代走南闯北、留洋学艺，"工业救国"的梦想是他们的精神支柱。他们离家别母，忠孝难两全，然而，他们的父母妻儿都以战斗在工业第一线的他们引以为豪。这次大会上，141名鞍钢职工受到表彰，两个集体被评为立功单位，王之玺、邵象华分别获得一等功臣和二等功臣称号。

## 三、育才治厂

我国历来重视人才在治国理政、兴业安邦、富民强国中的重要作用。这里略举二三例证明。"国有贤良之士众，则国家之治厚；贤良之士寡，则国家之治薄。”（《墨子·尚贤上》）这里的“治厚”和“治薄”是政治局面的“稳固”和“薄弱”。“士，理之本也。”（柳宗元《与杨京兆凭书》）这里的“士”指人才，因此“人才是治理国家之本”。“我劝天公重抖擞，不拘一格降人才。”（龚自珍《己亥杂诗》）治国、治厂、治校都需要不同品质的人才，因此，要不拘一格培养和选拔人才，以用见其德才。

解放后的鞍钢迎来大好发展机遇，需要大批各类的人才，鞍钢公司通过多种形式揽才、求才。邵象华认为，鞍钢能够长期稳定地发展，技术、资金固然重要，而管理人才、各类技术人才、各工种技术工人是更重要的。

1949 年下半年，中央人民政府为支援鞍钢，从地方和部队调来 500 余名各级干部，鞍钢职工戏称为“五百罗汉闯鞍钢”；不久，中央人民政府再从中南、华东各地招聘 500 余名工程技术人员及行业管理干部，其中一些人员是应届毕业大学生，如北洋大学矿冶专业毕业生 10 多人。后来，又从辽宁省农村地区招来几百名农民。这三部分招进来的人经过培训和生产实践，后来成为鞍钢的核心。鞍钢公司举办的各类业余培训班，大体分为三类：一是管理干部培训班；二是工人业务培训班；三是应届大学毕业生培训班。邵象华以公司总工程师身份组织公司的培训工作，同时又负责炼钢厂的业务培训。在培训中，他坚持分类授课、因材施教、灵活多样、理论与操作相结合的教育原则。

“五百罗汉”来自部队或地方政府，通常他们有较高的实际管理经验和较丰富的工作方法。他们平易近人，吃苦耐劳，与工人们打成一片。他们来到鞍钢渴望早日学到钢铁生产知识和管理技术，在这块热土上生根开花，做出成绩。邵象华把管理干部学习班的上课时间安排在上班前一个小时，讲课教材是邵象华按因材施教原则编写的《钢铁冶金学》，由助手刻写油印。他用最通俗易懂的技术语言讲解钢铁生产知识，使学员们听课时易记难忘，听课后会学以致用。讲台上下学习目标相同，学员们情绪高涨。经过半年多的课堂学习，这批培训后的“罗汉”在各自岗位上大显身手，多数人后来成为鞍钢管理层中的骨干或业务精英。

利用业余时间在家中编写培训教材

工人业务培训班安排在下班后上课。从辽宁省农村地区招来的新工人大多是刚从识字班毕业的半文盲，从农村进入城市，从种庄稼的农民到领工资的城市工人，这在当时是一种让别人羡慕的身份转变。因此，他们有强烈的学文化、学知识、学技术的要求。邵象华将讲课的任务交给工程师们，其学习内容为基本的炼钢知识，强调熟练操作、掌握技术、安全生产、边学边用。与此同时，公司设立夜校为他们开设文化课，主要内容是识字和算术。几个月后，这批新工人已粗通文墨，后来有些基础好又勤学苦练的拔尖工人当了班长甚至工段长。

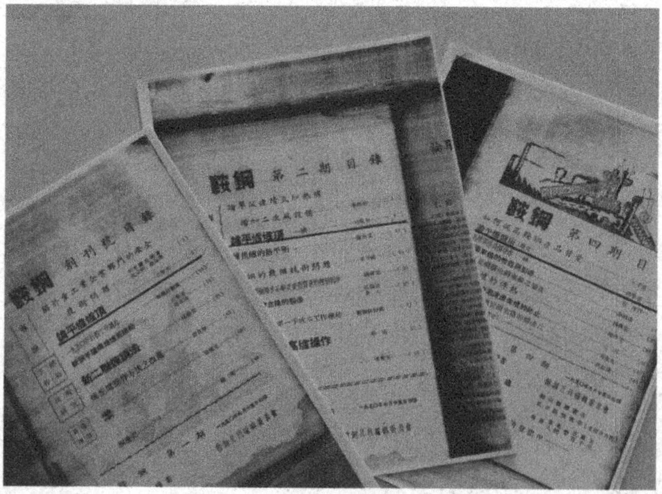


1950 年发表《论平炉炉顶》

应届毕业生和新来的青年技术人员大多来自天津北洋大学、交通大学唐山工学院、武汉大学、西北工学院和重庆大学等国内知名大学的矿冶专业。邵象华对这批来鞍钢的知识分子情有独钟，寄予厚望。他认为，这批矿冶专业毕业生来自国内名校，受名师培养，有冶金学理论和专业技术知识，有一定的冶金生产实践训练，更有渴望成才的理想。因此，邵象华将他们安置到生产岗位，鼓励他们发现问题和提出解决问题的方法；要求他们亲手操作，积累经验，热爱岗位，向老工人和技术人员虚心学习。邵象华开办的新技术人员学习班采用自由讨论、大胆争论的开放式学习方法，最后由邵象华归纳分析，提出自己的观点，再从冶金学和流体力学角度给予理论阐述。

邵象华回忆说，抗战时期乐山武汉大学两年的教学经历，让他在课堂上游刃有余。他的讲课语言通俗易懂，颇受不同类型学生的喜欢，教学效果也十分明显。

# 第六章 日新钢都

## 一、开拓革新路

邵象华出生于儒学世家，自幼受到良好的家庭教育。祖父邵介寿和父亲邵家驹两代先辈从教，师者如兰，桃李芬芳。近千年以来，邵家不论是“在朝为官”还是“在民从学”，一直延续着“为草当作兰，为木当作松”的刚毅正直的高尚品德。邵雍生活在北宋，与四大理学家同时代，但他自立当强，不随波逐流、不附骥名人而自成一派，被南宋理学家朱熹赞为与周敦颐、张载、程颐、程颢、司马光齐名的六位理学家之一。

邵派理学的基本精神是“创新”，走自己的学术之路。《周易》曰：“天行健，君子以自强不息。”千年后的邵象华同样不喜欢重复走别人的路，拾他人的陈词滥调。“苟日新，日日新，又日新”的哲理名言成为邵象华与同辈科学家共同的创新动力。

1941 年邵象华受命担任四川綦江电化冶炼厂炼钢厂厂长期间，他不愿走国人的旧路而开创了中国冶金炉科学设计的新路，建造了我国第一座按冶金炉热工理论及空气动力学原理设计的碱性平炉，其容量虽只有 15 吨，但这是他初试牛刀的杰作。常言道，“轻者重之端，小者大之源”，这座小小的碱性平炉设计建造成功，为后来鞍钢 100 吨平炉的修复和钢厂的复工积累了经验，并铺平了新路。

邵象华从綦江电化冶炼厂调到鞍钢是他人生中一次很大的机遇和挑战。特别是在20世纪50年代初，中华人民共和国为恢复被战争破坏的工厂、铁路、公路、房屋等建筑，需要大量的钢材，鞍钢公司生产任务猛然加重，炉子、机器和人都不堪重负，厂长马成德和总工程师邵象华等炼钢厂领导面临的压力很大。马成德召集炼钢厂的技术人员开会商讨对策，大家提出很多好的方法，实施后可以提高生产效率、增加产量。然而，经过认真分析，这些好的建议远水解不了近渴，小谋解不了大忧。

鞍钢第一炼钢厂原有平炉6座，预备精炼炉3座。伪满时期日本人采用的炼铁工艺是：高炉炼铁的主要原料是富铁矿石，再加入少量人造富铁矿石。所谓人造富铁矿石通常是指将贫铁矿石经选矿后留下的铁矿石再用烧结工艺方法制成人造富铁烧结矿。日本钢铁专家认为，高炉用过多的烧结矿炼铁会使炉内的炉料下行不很顺畅。为使炉内铁水流通顺畅，鞍山炼铁厂高炉使用这些原料炼铁，炼出的铁水中硅的含量一般在1.0%以上，因此，日本人平炉炼钢采用“二重法”，即将炼钢工艺分为两步：第一步是将高炉铁水置于预备精炼炉内进行脱硅处理，第二步再将硅含量合格的铁水送入炼钢平炉。

邵象华的心里一直对日本人采用的“二重法”耿耿于怀，恨不得早日弃去预备精炼炉。1951年春天的一天，邵象华收到一份由张春铭、刘嘉禾合写的技术改革报告，他们提出将炼钢厂原有的3座预备精炼炉改造为平炉，再用高炉铁水直接炼钢的重要建议。邵象华读后很高兴，立刻约他们详谈，听取他们实施建议的想法。邵象华听后心里顿时觉得豁然明亮，这完全与自己的想法一致，于是果断提出了淘汰预备精炼炉的新方法。

关于取消预备精炼炉的想法，张春铭和刘嘉禾都有回忆。张春铭说：“1951年鞍钢炼铁厂试炼低硅铁水成功，把制钢用的铁中硅含量由高于1%降到0.6%～0.9%。我便与刘嘉禾一起，在炼钢厂不停产的情况下，将3座预备精炼炉及时改造成平炉，使炼钢炉由6座增为9座，生产能力提高50%。”刘嘉禾在回忆文章中也谈了相同的过程。

1952年的邵象华

1954年，《重工业通讯》发表了邵象华撰写的题为“鞍钢生产中的新技术”一文，他在该文中写道：“我们在整个生产过程的各个阶段，对操作方法先后作了重大改革。炼铁厂掌握了以烧结矿石为主要原料的操作，改变了炉渣和其他操作条件；采用了炉顶布料控制的新方法，不但炼出了合乎直接平炉生产标准的炼钢生铁，而且钢产量大为提高。”

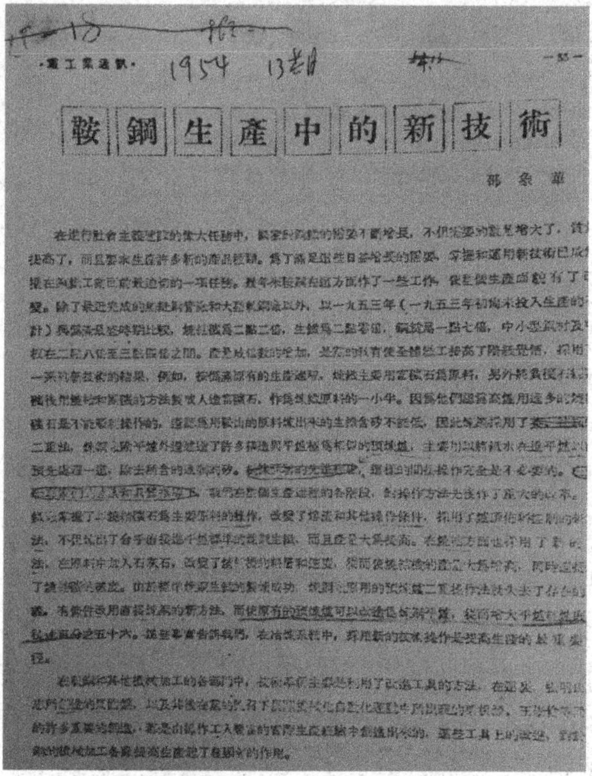

·重工業通訊·

鞍鋼生產中的新技術

邵象華

1954年发表《鞍钢生产中的新技术》

在谈及取消预备精炼炉一事时，邵象华在文章中写道：“由于标准炼钢生铁的制铁成功，炼钢厂原有的预备精炼炉二重操作就失去了存在的意义。有条件改用直接炼钢的新方法，而使原有的预炼炉可以改造为炼钢平炉，从而增大平炉总炉底面积达56%。这些告诉我们，在冶炼系统中，采用新技术操作是提高生产量的最重要途径。”

邵象华亲自组织铁矿石烧结工艺的革新，他建议在铁矿石中加入适量石灰石。实验结果证明，在铁矿石中加入适量石灰石后，不但增加了烧结机内料层的厚度，提高了烧结速度，而且使烧结机产量明显增加。烧结矿分析结果证明，加入适量的石灰石有利于提高烧结矿的碱度。邵象华利用各种场合积极倡导、支持和鼓励工艺革新、技术革新及管理革新。他支持张明山、栗根源、王崇伦等劳动模范的发明创造，给予很高评价并在鞍钢积极推广。

他曾多次说：“我一直认为轧钢和其他机械加工领域开展以改进工具为中心的技术革新对于鞍钢的机械加工各厂生产起了极显著的作用。”他反复论述这样一个观点：“技术革新可以由操作工人从他们丰富生产经验中得到启发而进行。”鞍钢大规模开展技术革新及创造发明活动是工人们勇当工厂主人的真正体现，因此大大激发了他们潜在的创造力，涌现出大批先进生产者和劳动模范。

1950 年 7 月，邵象华在《鞍钢》杂志发表题为“炼钢厂一九五〇年上半年生产技术的研讨”的文章，他说：“大规模平炉炼钢，是一项生产关系十分复杂的工程。在组织上、制度上、设备上、技术上，以至工作人员的思想上的每一个细节，都能对全部工作成绩发生重大影响。不但如此，这些因素之间又是相互关系、相互作用的。因此要把工作成绩的改进（或落后）归结为某些孤立的因素是不对的。但是为了要根据过去的工作经验改进今后的工作，把几个比较直接的、比较显著的规律（即便是不全面的规律）提示出来，仍然是有好处的。以上的总结就是在这样的意义下写成的。”

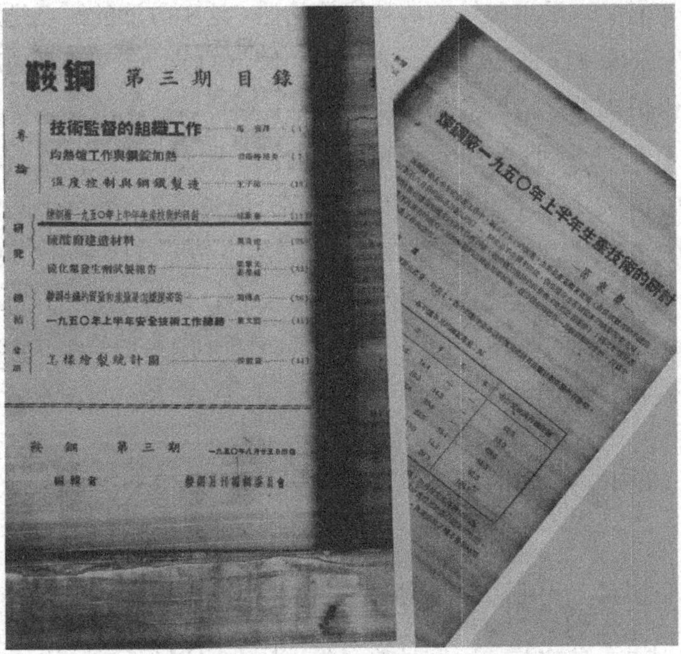


发表《炼钢厂一九五〇年上半年生产技术的研讨》

中华人民共和国成立初期，我国在知识分子中普及了唯物辩证法“ABC”知识，号召知识人士学习应用这一科学方法并用在自己的工作实践中。邵象华在当时能写出这篇处处闪耀着唯物辩证法光彩的文章实在难能可贵。

如果将邵象华上述的思想用管理学理论来表述，说明他已具有相当进步的现代管理思想。首先，他不将平炉炼钢看作一项纯技术、单因素的工程，而是“一项生产关系十分复杂的工程”，也就是“一项多因素的工程”。他认为炼钢结果的好坏，取决于由组织、制度、技术、思想等因素构成的一个复杂的系统。由此表明，邵象华当年思考革新问题已初步具有系统论思想，这是他的高明根由。1954 年，邵象华在《鞍钢生产中的新技术》一文中尖锐地批评道：有些人把生产中出现的问题不加以科学分析，统统归罪于新技术的应用是不合理的。他说：“新技术本身往往并不是一成不变的，（不是）在任何情况下搬来就实行的，而是需要根据不同区域（不同）工厂原料、设备及其条件做必要的实验研究，才能找出并掌握最适宜的具体实行方法。”

为了进一步阐明他的观点，在此列举下面的实例。1953 年鞍钢有两座高炉停产检修，采用传统的高料线停炉法。这种方法的缺点是须从炉内清理出大量的炉料，既需要很长的时间和繁重的劳动，又严重地耽误了生产。这次停炉修理采用新的低料线停炉法。这种新技术的显著优点是可以简化操作并节省劳动力，同时缩短停炉时间。然而，这次检修由于缺乏经验及对炉况预先考虑不足等原因而失败了。但是，后一座高炉同样采用低料线停炉法新技术却成功了。邵象华认为，两座高炉检修采用相同的技术，结果是一座失败、一座成功，这件事启发我们，“任何技术上的革新都是一次新的尝试，都必须经过一段不顺利的阶段才能最后完成。新技术发明绝不是一帆风顺就能成功的”。

## 二、管理求新法

身兼公司总工程师、炼钢厂副厂长等职的邵象华心中一直思考着“怎样管理鞍钢这家大企业”。他曾经考察德国克虏伯钢铁公司的管理程序、制度和方法，为此他想搞一套鞍钢的管理制度。他历来认为，一家拥有万名职工的大企业，特别是大型联合企业，如果没有建立一套较完善的、科学的、严格的技术规程（如岗位操作规程），以及生产文化（如合作精神）和检验制度（如技术标准），这家公司（或企业）一定是管理混乱、效益低下的落后公司（或企业）。

鞍钢复产初期，公司的各级干部、技术人员和工人热情很高，心往一处想，劲往一处使，况且还有苏联专家的指导，但各种事故仍然不断，而且大多是同类事故重复发生。例如，平炉跑钢、漏钢、跑渣；炉顶或炉底侵蚀严重；钢锭粘模；铸钢操作失控而漏钢；钢水成分超常波动，致使每批钢锭成分波动很大，难以保证批批达标；等等。

质量波动现象时有发生引起了邵象华的高度重视和关注，他开始意识到产品质量的治理不能用“头痛医头，脚痛医脚”的笨方法。然而，他一时也找不到根治的途径，直到后来从解决平炉炉顶寿命问题的实践中才得到启发。

1954 年在鞍钢主持工作会议（站立者为邵象华）

平炉硅砖炉顶在日伪时期的平均寿命是 90～100 炉，这次复产之初平均寿命只有区区 9 炉，不到日伪时期平均寿命的 1/10。邵象华组织干部、技术人员、炉前工人联合攻关，从而使 1950 年上半年的炉顶平均寿命提高到78炉，接近日伪时期的下限90炉的指标。两年后，鞍钢平炉的平均寿命及其他技术经济指标都已达到，甚至超过鞍钢平炉炼钢史上最高的炉数，创造了新的历史纪录。

1955年，邵象华组织了鞍钢耐火材料厂、厂中央实验室、炼钢厂与中国科学院沈阳金属研究所研究人员合作，进行了以国产镁石和高铝钒土为原料的平炉铝镁砖炉顶的研究、试制和试用工作。1957年首次在180吨大型平炉上采用铝镁砖炉顶获得成功，该平炉炉顶寿命达到了520炉。截至1959年，鞍钢全部平炉采用铝镁砖炉顶，最高年平均寿命高达675炉，超过了当时国际上铬镁砖炉顶的最高寿命。这一独创的铝镁砖炉顶技术不仅显著地提高了平炉炉顶的寿命，而且使得平炉炼钢实际强化操作成为可能。该成果在鞍钢成功应用后，又在全国平炉上全面推广。这次革新实践的成功使邵象华对新技术的开展和应用有了新的认识。他说："一项新技术的开发和应用需要企业、研究单位、高等学校三家合作才能够完善。"20世纪50年代初期具有这种观点是了不起的，因为这次平炉炉顶用砖三家合作已经显示当代科学技术"产学研"结合研究模式的初期特征，这种模式虽已在我国20世纪50年代萌芽，但直到21世纪初才被政府作为科研政策全面推广。

之后，邵象华等建议鞍钢公司制定新技术、新工艺、新设备研究应用的审批程序，将其纳入公司管理的内容。邵象华大量阅读国外先进的钢铁企业创新管理内容和方法，并结合鞍钢公司的实情，提出审批制度设置的程序是：首先应编制研究计划；其次开始实施研究或试验计划。此外，重大研究或试验项目须报请重工业部批准。他说："有了这些方法，我们就能逐渐增大推行新技术的计划性和目的性，以便更集中、更有效地为提高生产服务。"

新鞍钢复工以后摒弃了旧的封建式管理方法，经过计划管理、责任管理等实践，逐渐积累了许多宝贵的经验，它的核心体现了工人阶级是公司真正的主人。

邵象华是一位思索着的践行者。他不会满足已取得的成绩，探索永远不会停止。他将鞍钢放在同类国际钢铁公司层面上进行比较后发现，鞍钢存在下列不足：在掌握推广新技术过程中，工程技术人员和工人结合得还不够紧密；某些个人与单位过多地考虑自己团体的利益，团结互助的集体主义观念不够；守旧的习惯也起到了一定的阻碍作用。为此，他建议公司开展技术革新活动，互帮互助，加强技术人员与工人群众的结合，相互交流，共同提高。

邵象华牵挂的另一件重要的事情是，完善鞍钢工艺操作规程和产品检验标准。中华人民共和国成立初期，鞍钢各类产品质量标准和工业操作规程一直沿用日伪时期的，仅仅做了某些修订。对此，他耿耿于怀，一直在等待时机重新制定新鞍钢的各种标准和规程。鞍钢全面复产后，他看到时机已来临，便向公司提出修订各种管理制度的建议。

邵象华的建议立刻得到了时任鞍钢副总经理兼炼钢厂厂长马宾的支持和下属各厂的积极附和。鞍钢成立了以总工程师邵象华为负责人的专业起草小组，驻公司的苏联专家任顾问，成员都是来自本公司各厂的技术专家或技术组长，起草小组阵容豪华，精英荟萃于一堂，具有权威性和代表性。

1952 年工作之余出游（二排右起：马宾、王晓云、马宾夫人、邵象华）

起草小组经过一年多时间的努力，先后制定了岗位操作规程、产品的化学分析及物理检验标准，以及技术监督制度等一整套标准化文件。这套标准化的管理制度在公司普遍施行后，极大地推动了鞍钢千余种钢铁制品生产工艺和质量标准的统一化，显著地提高了产品的合格率、优良率。鞍钢产品畅销全国，备受用户好评。

中华人民共和国成立初期，国家百废待兴，在被战争破坏的废墟上重建家园需要大量的钢材。1950 年 10 月，应朝鲜民主主义人民共和国的请求和祖国安全的需要，中国人民志愿军赴朝援助朝鲜人民同以美国为首的“联合国军”作战。中共中央确定东北行政区为抗美援朝的战争总后方基地。11 月 5 日周恩来强调：“只要东北提出要求，我们愿全力以赴帮助你们解决困难。凡为东北已决定者，我们定做你们后盾，支持你们贯彻下去。”

当时，全国各钢厂生产的钢铁无论从数量、品种还是质量上都不能满足国家的需求，尤其是产品质量经常遭到使用企业和单位的埋怨、批评。为此，重工业部于 1951 年 5 月在北京召开全国钢铁质量会议，鞍钢与会代表团由包括马宾、邵象华在内的主要行政和技术干部组成。王之玺以东北人民政府工业部副部长的身份参加了东北人民政府代表团。会上，朱德副主席对钢铁制品质量时好时坏的不稳定现象提出了批评，他尖锐地指出，钢铁厂一定“要建立严格的技术操作规程，订立规格标准，建立各种规章制度。”这一番中肯的话切中了当时钢铁工业的弊病，为钢铁工业的发展指明了道路。会议期间，邵象华介绍了鞍钢建立和推行产品标准及管理制度的状况，受到与会兄弟厂的盛赞。王之玺受东北人民政府工业部的委托，于会议期间组织部分厂矿有关人员起草部分操作规程和产品规格标准草案，其中鞍钢提供的标准化文件是这次起草工作的主要参考依据。

冶金界人士普遍认为，1951 年全国钢铁质量会议为中华人民共和国钢铁质量标准化工作开创了新局面，奠定了良好的基础。从此以后，重工业部钢铁工业管理局将标准化工作列为钢铁工业发展的重点工作，并做了学习和开创性工作：1953～1954 年学习和推行苏联的计划管理制、调度制、技术责任制、岗位责任制；1955 年施行重工业部钢铁制品生产部颁标准，在生产和销售中具有法规效力；1955～1956 年，重工业部管辖的钢铁厂都相继建立了技术监督部门，其任务是监督和检查技术操作规程的施行，并对产品质量进行检查。在钢铁制品质量标准化制定、监督和宣传工作中，王之玺是主要的组织者与开创者。

## 三、倡导沸腾钢

1952年，苏联专家受我国重工业部委派来到鞍钢，此行的任务是与鞍钢炼钢专家商议公司炼钢厂技术改造问题。据称，重工业部内部初议结果同意苏联专家提出的方案改造后鞍钢年产量从当时的 58 万吨增加到100万吨。鞍钢是由德国专家按照克虏伯钢铁公司的样式设计的，设计产能定位为年产58万吨钢。因此苏联人提出从年产58万吨提高到100万吨，产能几乎翻了一番，着实让业内人员满意，于是毫不犹豫地同意了。

邵象华和他的中国专家组同事们对苏联专家提出的改造后的目标不以为然。邵象华在中苏双方专家的联合会上放言：鞍钢即使不用改造也能达到年产100万吨。邵象华的一番豪言语惊四座，一片哗然，窃窃私语者有之，冷嘲热讽者有之，担心得罪苏联专家者亦有之。当然，鞍钢的炼钢专家都纷纷发言力挺邵象华。苏联人听后对邵象华的观点不屑一顾，他们傲慢地说这是“天方夜谭”，会议不欢而散。

会后，马成德厂长请邵象华到办公室详谈。他相信邵象华是一位“言既出，行必果”的脚踏实地的专家，他清楚邵象华对钢厂扩产方案心里早有设计，只是时机未到，信口开河不是他的风格。在马成德面前，邵象华如数家珍地说出了他的构想和测算，以及实施步骤。马成德听后开怀大笑道：“好方案，既大胆又可行，实事求是。”他停顿片刻说：“怎么不在会前和我沟通一下情况呢？”邵象华说：“还不够成熟，不便透露。”两个性情中人相视而笑。

马成德来到驻钢厂的苏联专家办公室谈自己的观点，驻厂苏联专家推脱说自己不便发表意见，请马成德去找驻公司的苏联专家组组长。马成德与这位专家组组长详谈了中方专家组的改造方案，那位组长一派绅士风度，微笑地听着，听完马成德的话后，收起笑容，换了一副强者的姿态说：“如果你的钢厂不必经过改造，你们一年就能生产出100万吨钢，这是神话，这是奇迹！我要向你们学习！”马成德听得出这位苏联专家组组长骨子里就看不起中国人，不相信中国专家能创造出奇迹。不久，苏联专家组撤离鞍钢。当邵象华知道专家组撤离的原因后，他非常感谢公司领导，特别是马成德厂长的理解、信任和支持。常言道“用人之术，任之必专，信之必笃，然后能尽其材而可共成事”（宋·欧阳修《为君难论上》），20世纪50年代初，对中央人民政府各部委请来的苏联专家下属单位是得罪不起的，马成德厂长能站出来为中国专家承担政治风险着实需要胆识、勇气和技巧。

1957年苏联专家撤离前两国孩子们合影（后排右一为邵贝羚）

鞍钢复产初期主要是冶炼沸腾钢。若以1956年的成本为例，镇静钢锭比沸腾钢锭的成本高5%～8%，而且镇静钢坯比沸腾钢坯的成本约高14.4%，因为镇静钢平均比沸腾钢多切头约10%。这些数据表明，在生产镇静钢的情况下，炼钢和初轧两道工序的总生产能力比生产同样工序沸腾钢的生产能力降低约10%。相互比较可以说明，无论是生产量还是生产成本，沸腾钢均比镇静钢有明显的优势和未来发展的前景。

然而，沸腾钢也存在着比较明显的缺陷，这种钢内部成分偏析比较严重，导致钢锭各处性能不同。邵象华在《减少沸腾钢有害偏析的研究——Ⅰ.在钢锭模内用氧气（空气）处理》的论文中写道：“用通常的操作方法所得到的沸腾钢锭，由于碳、硫、磷等元素比较集中在钢锭的上部，由这部分钢锭轧出钢材的化学成分不符合标准。这种偏析随着冶金设备的加大、钢锭尺寸加大及钢锭断面积加大而更加严重。”

基于沸腾钢的上述严重缺陷，邵象华一直非常关注，并且组织技术人员研究沸腾钢的凝固过程机理，终于找到了成分偏析的原因，取得了比较满意的成果。

随后，20 世纪 50 年代中期，在取得一系列成果的基础上，邵象华提出钢锭模内用氧气（空气）处理或加钢板冷却处理工艺。他认为，在钢水凝固期间喷吹小量压缩空气或氧气，有利于改善或减轻沸腾钢钢锭偏析；或在钢锭内加钢板（中板或薄板）冷却，同样也可以改善钢锭内的偏析。在邵象华的指导下，胡文淦、潘月珠、吕湘提等人的试验取得了满意的结果。他们将这个结果撰写成学术论文发表在《金属学报》1958 年第 4 期，论文题目为“减少沸腾钢有害偏析的研究——Ⅱ. 钢 3 巨型钢锭的吹氧、吹空气和加钢板冷却处理”。邵象华等在文中指出：“向凝固着的重量为 10 吨以上的巨型沸腾钢 3 钢锭吹氧，对于减轻碳、硫、磷、氮等的有害偏析有显著的效果。由这样处理过的钢锭轧成钢板，其抗张性能、冷弯性能和冲击性能都得到了明显的改善和均匀化。”他们进一步指出：“浇铸前预先在钢锭模内悬挂钢板，或者浇注后向凝固着的钢锭上部插入钢板都有不同程度的效果。最好的办法是向钢锭中心区插入废薄钢板，重量约为钢锭重量的 0.5%，其结果显示碳和硫的最大偏析度减少近 50%；加废钢板还起到了将废钢直接变成合格产品，从而提高钢锭产量的双重作用。”最后，他从工艺原理角度给予理论分析。他说：“可以想象：吹氧（或空气）时提高了钢液的含氧量，进而可以增强钢液的一般沸腾过程，就是说加强了从凝固着的钢壁附近的钢液内形成并排出一氧化碳（CO）的过程，结果是加速了中心钢液的下降。它与氧气或空气本身向下射出的功能也可能有相似的作用。”当然这篇文章结尾的观点当时只是一种假设。

这项重要的研究成果分别刊载在《金属学报》1958 年第 2 期和第 4 期，不久引起英国钢铁公司（British Steel Corporation）的浓厚兴趣，随即来信函索要这项成果的详细资料。这项重要的成果立即被国内同行广泛推广应用。

## 四、宣传 LD 技术

19 世纪中叶有位叫贝塞麦（Bessemer）的工程师发明了一种酸性底吹转炉炼钢法，被命名为“贝塞麦酸性底吹转炉炼钢法”（Bessemer process or Bessemer heat）。这种炼钢法用的转炉采用硅砖（酸性）筑炉衬，空气由炉底吹入，垂直而强烈地通过铁水熔池产生激烈的搅拌作用。

加拿大多伦多大学的 C. B. Alcock 教授认为，贝塞麦转炉的主要缺点是吹炼过程钢水中溶入少量的氮气。如果炉内钢水直接吹入空气，在炼钢温度下，一部分空气中的氮必然会进入钢水；如果钢水凝固时，氮在钢水冷却过程中以氮化物（$Fe_4N$）形式析出，就会使贝塞麦钢变脆。另外，硅砖砌成的酸性炉衬难以脱除钢水中的硫和磷。因此，钢铁界普遍认为贝塞麦酸性底吹转炉炼钢法用来冶炼的钢种有明显的局限性，成为这种冶炼法推广的主要障碍。

其后发明的托马斯转炉采用碱性白云石（MgO-CaO）筑炉衬。它的原理是：铁水在进行脱碳反应的同时还进行磷、硫元素的氧化反应，生成的 $P_2O_5$、$SO_2$ 与高炉铁水中的 Si、Mn 元素氧化生成的 $SiO_2$、MnO 及其他杂质，共同形成一种成分复杂的氧化物渣系，其中，$P_2O_5$、$SO_2$ 很容易与加入渣中的高碱性 CaO 作用，形成稳定的化合物固定在渣中而被除去，从而钢水中最有害的磷、硫杂质被净化去除。欧洲人发现托马斯转炉炼钢的副产品——高磷钢渣，可作为化肥厂生产磷肥的原料，况且当时磷肥畅销欧洲，因此托马斯转炉炼钢法曾一度风靡欧洲大陆。

20 世纪中叶，欧洲的主要钢铁公司纷纷采用碱性平炉取代贝塞麦法炼钢。碱性平炉是指铁水被放置在一张不深的平炉炉床中，由油管喷入炉中的燃油燃烧的火焰自上而下加热铁水，熔炼过程中能够将铁水中的碳及其他主要杂质 Si、Mn、S、P 氧化，并以各种氧化物形态从钢水中去除。碳以一氧化碳形态从炉渣覆盖的钢水中排出时引起渣-钢搅动，从而促使钢水中各种反应加快，继而达到平衡。其后，在炉中加入 $CaCO_3$ 的目的是造成碱性平炉渣，这种渣在炼钢过程中可以保护炉体和炉顶，防止其被腐蚀破坏。$CaCO_3$ 加入后在炼钢温度下旋即分解出 $CO_2$，再一次使钢水沸腾。

碱性平炉最显著的特点是可以大量“吃”废钢，缺点是炼钢时间长。例如，盛百吨铁水的碱性平炉，将铁水精炼为钢水大抵上需要 10～20 个小时。但 20 世纪中叶碱性平炉炼钢仍被国际大钢铁公司看中，将其列为重点发展目标，德国、苏联、日本、美国等钢铁生产大国的炼钢炉主要是碱性大型平炉。

1952 年，德国人杜勒（Durrer）博士分别在奥地利的林茨（Linz）和多纳维茨（Donawitz）两地建立了一座容量为 30 吨的转炉。这种新式转炉与托马斯转炉的区别有两点：一是用制氧机提供的纯氧气取代托马斯法的空气；二是纯氧从炉顶而不是从炉底吹入炉内。新发明的转炉炼钢方法被命名为“纯氧顶吹转炉炼钢法”，简称 LD 法或 L-D 法。其中 L 取自地名 Linz，D 取自地名 Donawitz，各取两个地名的第一个字母。LD 法问世不久便盛行于欧洲主要产钢国家，迅速成为欧洲地区炼钢的主导方法并代替了平炉的主导地位。

自此以后，国际上相继发明改进型底吹、侧吹、复合吹等转炉炼钢法，它们都是 LD 法的衍生产物，或者说它们都是 LD 家族的成员。

LD 炼钢法问世不久便传入中国，在中国炼钢专家中引起热烈反响，同时在国内炼钢界开展了一场激烈的学术争论，争论的中心议题是“我国炼钢今后是优先发展大平炉还是优先发展氧气转炉炼钢”。部分炼钢专家坚持认为当前应发展大平炉炼钢，以保障国家工业、军事等发展的需要；部分炼钢专家如叶渚沛、孙德和、周志宏、邵象华、安朝俊等则据理力争，坚持早日开展氧气转炉炼钢技术的研究，确保我国炼钢技术跟上国际先进水平，以保持长期、稳定的钢制品的供应。

邵象华与叶渚沛相识于抗战时期的綦江电化冶炼厂，当时叶渚沛任总经理，邵象华任电化冶炼厂炼钢分厂厂长。叶渚沛是资源委员会化学专业委员，工作繁忙，两人虽名义上在同一工厂，但叶渚沛职务繁多，二人来往并不多。叶渚沛年长邵象华 11 岁，为人豪爽侠义，待人古道热肠，讲话快言快语，内心坦荡无私，广受同行尊敬。

1955 年的邵象华

叶渚沛在 1956 年第 1 期的《科学通报》上刊登题名为“论在中国采用吹氧转炉方法炼钢问题”的文章，指出：“采用氧气转炉炼钢法是迅速发展冶金工业的必由之路。”他多次向国家决策层投书，提出我国发展氧气顶吹转炉炼钢的建议，受到国家科学技术委员会聂荣臻主任的高度重视和大力支持。不久，国家科学技术委员会批准拨专款在石景山钢铁厂（现首都钢铁公司）兴建我国第一家 30 吨氧气顶吹转炉炼钢车间。

1956 年 4 月，钢铁工业综合研究所（即钢铁研究总院前身）所长李文采、副所长兼室主任丘玉池领导组织了我国首次半吨级氧气顶吹转炉炼钢实验。此次实验吹炼了一百余炉次，获得了一批技术参数和合格的钢水。

邵象华很敬佩叶渚沛等的卓见和胆识。他在相关会议上多次发表支持国内发展转炉炼钢研究的意见，并在 1956 年参加编制《1956—1967 年科学技术发展远景规划纲要》（简称《十二年规划纲要》）时，与同行专家将发展顶吹式氧气转炉炼钢列入纲要。然而，他估量着鞍钢繁重的生产任务，以大平炉为主的鞍钢当时还没有环境和条件开展转炉炼钢研究。他把愿望留在心里，直到 1958 年调入冶金工业部钢铁研究院后，他觉得良机已到，于是积极投入转炉炼钢技术研究中。

# 第七章 圆梦热土

## 一、梦想成真

20 世纪三四十年代的中国社会出现和形成了一批史称“自由知识分子”的人物，他们自信自己发表的言论和做的事情都不依附于政治，坚持知识分子的独立人格和知识价值的自由判断，他们以纯知识作为研究目标，以纯社会良心和理智作为知识的评判标准及知识社会功能判定的指向。这些人大多是人文类的自由知识分子，他们强调学术自由、独立人格、高尚品德。他们以书斋为天地，两耳不闻窗外事，以学术为精神支柱，思索深邃，笔耕不辍，性格豪放。

“自由知识分子”中还有一批以“爱国、富强、民主、自由”为人格特征的科技类知识分子，“工业救国、教育救国、科学救国、实业救国”等是他们追求的目标，“民富国强、自由平等”是他们心怀的梦想，为此，他们执意追求一生、奋斗一生。青年时代的邵象华是一位怀着这种强烈工业救国梦想的热血知识分子。正如他的夫人王晓云所说：“他是一个有梦想的人。他的梦想就是工业救国或者说实业救国，为了实现这个梦想，他不顾一切困难。”

从历史进程来看，邵象华有过三次梦断的痛苦经历：第一次是日本侵略者的战火已经快烧到选址在湖南的中央钢厂，迫使钢厂停建，这一事件击破了他放弃攻读博士学业在中央钢厂大展宏图的梦想。他有些失望，但战局难料。第二次是他在綦江建立了国内首座按照冶金炉理论设计的碱性平炉，成功开炉后，因时局关系宣布停产，经历了千辛万苦，实业救国的梦想又一次破灭了。不久他被调去鞍钢。第三次是鞍钢复工流产，彻底击破了他把自己工业救国梦想寄托于国民政府的愿望。他迷惘惆怅，但他已看到东边的曙光，盼望早些日出。

邵象华曾为这三次梦断而伤心落泪。终于等到鞍山解放，人民政府将中国最大的一家钢铁公司交给他和他的几位朋友管理，为他们搭建起一个尽情施展自己才华的舞台，同时他们心中也正在构筑一个更大的梦想：新鞍钢是他与同事们实现梦想的地方！

1957年，庚款留学学友在上海郑葆成家聚会

（右起：郑葆成、郑葆成夫人、邵象华、王之玺，左二：丘玉池）

从留学回国到中华人民共和国成立，邵象华不停地奔走在实现梦想的路上，他从困难中看到了希望，从失败中积累了经验，从迷茫中认清了社会，从聚散中结交了知己，从实践中增长了才干。每一次换工作或到一处新地方，离开时他总会留下一份骄人的成绩，上任时总会带去新的梦想。他将成败看作对一个人的心智、技艺的历练，同时也为自己一生留下宝贵的财富。

从回国到告别鞍钢，即1938～1958年近20年的时间是邵象华美好的中青年时代（25～45岁）。他应当感到自豪、欣慰，因为回国后的岁月里，他在碱性平炉炼钢的工艺和设备的设计、制造中贡献了许多载入炼钢史册的创造和革新，使中国的炼钢技术臻于完善，自成一家。他的主要贡献有：①綦江电化冶炼厂平炉设计首次应用热工原理和流体力学理论，开启了我国在冶金炉设计中应用科学方法的大门，将冶金炉设计从经验设计阶段提升到理论计算的新阶段；②制定鞍钢技术操作规程、产品检验标准、产品生产监管制度，这套产品生产标准是我国钢铁企业第一次制定的比较科学合理的产品质量标准，为后来部颁标准和国家标准的制定、实施及推广提供了一套完备的技术资料；③首次在100吨大平炉上采用铝镁砖炉顶，用铝镁砖砌成的炼钢平炉的寿命达到520炉，一举超过同时期国际上铬镁砖炉顶平炉的平均寿命，引起国际业界同行的关注；④首次开发钢锭凝固期间吹入小量压缩空气（氧气），从根本上减轻了沸腾钢成分偏析的缺陷，因此，当时重工业部在全国广泛推广沸腾钢代替镇静钢生产这一新工艺。

## 二、远景规划

我国从1953年开始实施国民经济发展的第一个五年计划（1953～1958年），设想大约经过两个五年计划，即十年大规模经济建设建立独立的、比较完整的工业体系和国民经济体系，初步实现社会主义工业化。

1956年3月，毛泽东向全国发出我国科学技术发展要“全面规划，加强领导”的重要指示。五六月份，由周恩来亲自指导，国务院科学规划委员会主持，举全国之力，开始筹备《十二年规划纲要》的编制工作。

国务院科学规划委员会从全国调兵遣将，调来600余位各行各业的著名专家、学者，其中不乏国内行业翘楚。此外，还外聘百余名苏联专家与中国同行一起参加国内第一部规模宏大的《十二年规划纲要》的编制工作。经过半年的努力，编制工作顺利完成，上报党中央和国务院审批后全面实施。邵象华、王之玺、陆达、叶渚沛、李薰、丘玉池等冶金界工业巨头、学术巨匠、管理大师均参加了《十二年规划纲要》的编制工作。

《十二年规划纲要》中确定我国发展科学技术执行的方针是“重点发展，迎头赶上”，其中共设立13个方面的内容，提出57项重要的科学技术任务。其中“（二）矿冶”及“（十三）若干基本理论问题和科学情报”

方面的部分内容与钢铁冶金、钢铁材料、冶金过程物理化学关系密切。“（二）矿冶”的第13项任务详细包括以下中心问题的研究：

（一）迅速掌握并大力推广国外已有的先进生产方法和技术。譬如，在炼铁方面普遍采用加湿鼓风和高压炉顶操作，提高自熔性烧结矿的碱度等。在炼钢方面，发展氧气炼钢，推行平炉快速炼钢，推行转炉-电炉双联法，发展优质耐火材料的制造与使用，并推广真空处理以提高钢锭质量等。

（二）研究国际上正在发展的先进生产方法，如顶吹式氧气转炉炼钢和连续铸锭等，争取尽早投入生产。

（三）结合国家长远需要研究新的炼铁方法。应建立实验高炉，研究利用贫铁矿和劣质煤焦直接炼铁的新工艺过程，并且可以结合这桩工作在强化炼铁过程方面做深入的探讨。

（四）开展冶金物理化学方面的研究。

第15项“合金钢及特种合金系统的建立”的任务包括：开展合金钢及特种合金系统、高温材料、磁性材料及特种合金、粉末冶金等项目的研究。

这次《十二年规划纲要》编制，邵象华、叶渚沛、孙德和等联名提出的三项前沿性的冶金科学技术发展建议被采纳并写入纲要。这三项建议是：①氧气顶吹转炉炼钢应尽早在我国推广应用；②国内尽快开展连续铸钢工艺技术研究；③积极开展冶金过程物理化学人才培养及冶金理论研究。

《十二年规划纲要》编制工作结束后，邵象华回到鞍钢向公司做了一次汇报。他的心里依然激动和兴奋着，因为中国有了自己的科技发展蓝图，他将与志同道合的冶金界的同行们一道努力，将这份宏伟的蓝图变成现实。

## 三、发言惹事

1954年9月15～28日，邵象华、孟泰、张明山、胡兆森、沈策作为鞍山选区选出的中华人民共和国第一届全国人民代表大会代表与辽宁省其他选区代表一起参加在北京隆重举行的第一届全国人民代表大会第一次会议。会议期间，在中南海怀仁堂召开了大会主席团扩大会议，毛泽东同志主持，周恩来同志讲话，邵象华很荣幸被邀列席。他的座位与国家领导人的座位相隔几排，与他敬仰爱戴的毛泽东、周恩来、刘少奇、朱德等国家领导人的距离很近，心里非常激动。

1954年当选为鞍山市第一届全国人民代表大会代表
（左起：孟泰、邵象华、张明山、胡兆森、沈策）

1957年6月26日，邵象华在第一届全国人民代表大会第四次会议上，代表鞍钢在全体会议上作题为“钢铁工业应大型化”的大会发言。这篇发言稿被大会秘书处摘录并载入《中华人民共和国第一届全国人民代表大会第四次会议会刊》。

邵象华在发言中说：“对于生产大量需要的普通钢材的钢铁企业来讲（这类产品当然占全部钢材生产的极大比重），应该根据条件（主要是资源大小）尽可能建立规模大些的企业。”他认为钢铁企业的规模大型化有三个方面的优势：一是每吨钢材生产能力的资金投入，大厂比小厂低；二是大厂的生产成本低，劳动生产率高；三是大钢铁厂的经济利益很大，因此尽可能扩大钢铁企业的规模，已经成为当时世界主要产钢国家鲜明的共同发展趋势并被高度认同。

在这次大会发言中，邵象华为我国发展钢铁工业的途径提出具体的建议。他说：我国发展钢铁工业应当按照具体条件，尽可能地陆续建立大钢铁厂。我们国家不但有大的铁矿资源，也有不少小的资源，在他们那些地点建立中小厂，就近利用资源，满足地方的需要，是合理且需要的。而且，钢铁工业中有些产品特殊而数量不大，本来就适宜于小规模生产，因此特别需要配合。邵象华这番坦诚之言话音刚落，会场就响起了热烈的掌声。他回到座位还没有坐下，沈阳市市长焦若愚便走过来与他握手表示赞同，并对他说，钢铁工业的确有它的特殊性，与其他行业是不同的。

第一届全国人民代表大会闭幕后代表离京前，冶金工业部领导留下几位专家在部会议室座谈。有位部长问，现在国家大力发展钢铁工业，党中央提出“大中小结合，以小为主”，你们有什么看法？这几位知名专家都是全国人民代表大会代表，他们纷纷表示对这个“小”不很理解。有位搞高炉设计的专家坦诚地说：“我就会搞大的，小的没搞过。”

1957 年，国内发生了两件大事：第一件是反右斗争已经在国内展开；第二件是“大跃进”运动序幕已经慢慢拉开。反右斗争范围限制在国家薪给人员、民主党派、高等院校师生。其中，薪给人员范围较广，包括政府官员、教育和文化系统的知识分子等，企业不是反右斗争的重点开展地区。“大跃进”运动初期是以企业为主力展开的。因此说邵象华在第一届全国人民代表大会第四次会议上的发言“不合时宜”，惹了麻烦，使他在“大跃进”时期受到了一次莫须有的冤屈。

大炼钢铁运动的发起时间是 1958 年 6 月，邵象华在全国人民代表大会第四次会议上的发言是在 1957 年 6～7 月，两次事件相隔整整一年，似乎没有直接的关联性。1958 年 2 月 1～11 日，邵象华出席第一届全国人民代表大会第五次会议，他没有在大会上发言。这次会议通过了 1958 年钢产量为 624.8 万吨的目标。

1958 年 5 月邵象华回到鞍钢正常工作，没有感到公司高层有异常举动或言论。8 月，他被告知冶金工业部将他调到位于北京西郊的冶金工业部钢铁研究院任炼钢室主任。鞍钢公司领导没有详谈调动理由。然而，这次调动在邵象华的心中留下芥蒂，对他后来的言行产生了影响。

1958 年 5 月考察马鞍山钢铁公司（左四为邵象华）

关于这次工作调动的原因，女儿邵贝羚回忆说：父亲在第一届全国人民代表大会第四次会议闭幕后立刻回到鞍钢，调查父亲在会议上发言的事跟着就来了。鞍钢领导与父亲共事这么多年，对父亲的为人是了解的，知道父亲不是有意跟中央对着干的。但是迫于当时的政治形势又不可能为父亲多说什么，只能按照上面的决定把父亲调离鞍钢。起初，部领导想把父亲调到包头钢铁公司，鞍钢领导觉得包头钢铁公司刚建成不久，工作、生活条件都不好，将父亲调去那里是不合适的。就在鞍钢领导左右为难的时候，恰巧冶金工业部钢铁研究院来鞍钢调他，鞍钢领导顺势就答应了。因此，全家都很感激鞍钢领导对父亲政治上的保护。

2009 年 96 岁高龄的邵象华院士在接受媒体访问时说："我在那次发言中引用许多数据来说钢铁发展还是应该'大洋全'。当时也有人提出中国发展钢铁工业要靠'小土群'（小规模、土办法、群众性）。我觉得'小土群'是没有办法的办法。""我的发言自然被当成问题放在档案里。说实话，当时对'大炼钢铁'不科学的态度是有些抵触情绪的，但也不是不参与的。我曾陪同冶金工业部领导视察过许多地方的小钢铁厂，从技术上主动积极地帮助他们解决生产中的问题。"

从后来发生的事情来看，1958 年邵象华被调离鞍钢一事，仅仅是那个特殊年代发生的一个特殊事件。一个事业成功者的生命长河中总会有几度泛起浪花的岁月，尽管这些浪花与平静的生命河流不够协调，但随着时间的推移很快会被平复，最后留下的痕迹将被载入人生史册。

邵象华对我国钢铁工业的贡献依然被冶金工业部和钢铁研究院的广大同行赞许。1959 年和 1964 年，他又二度被选为第二届、第三届全国人民代表大会代表，连续三届当选全国人民代表大会代表的科学家大多是在科学界享有很高威望且能够带领该学科向前发展的学界领袖。党和人民始终是信任与重用邵象华这位卓越的学者的。

## 四、"鞍钢宪法"

中华人民共和国成立后，鞍钢废除了日伪时期、国民政府时期推行的全部旧管理制度，努力摸索出一条工人阶级当家做主的新民主主义管理道路。鞍钢从鞍山解放后复产开始，走的就是一条中国人自己开辟的大型企业管理之路。

1960年3月，毛泽东对《鞍山市委关于工业战线上的技术革新和技术革命运动开展情况的报告》写下批语，以苏联企业管理理论和经验为借鉴，对我国社会主义公有制的管理做了科学总结。他认为，鞍钢报告精华的地方是提出了社会主义国家工业管理和企业管理的基本思路，即工人参加管理，干部参加劳动，改革不合理的规章制度，干部、工人、技术人员三结合，即"两参一改三结合"，作为工业管理和企业管理，开展技术革新和技术革命的方针。毛泽东提出的这个方针很快在全国企业推广。

实施一年后，1961年9月颁布了《国营工业企业工作条例（草案)》（亦称"工业七十条"），正式确认了"两参一改三结合"的管理制度，同时确定把企业职工代表大会作为实施这种制度的有效形式，这就把吸收劳动者参加管理的思想以制度的形式固定下来。

毛泽东把"两参一改三结合"新的管理制度称为"鞍钢宪法"，以便与苏联流行的"马钢宪法"管理制度相区别。"马钢"是苏联"马格尼托哥尔斯克冶金联合工厂"的简称，是当时苏联最大、最先进的冶金企业。"马钢宪法"管理思想是"一长制"，即根据以厂长负责制为核心的管理思想所设立的企业管理制度；"鞍钢宪法"的管理思想是民主管理制度，即以企业职工代表大会为有效形式的企业管理制度。

"鞍钢宪法"的基本精神在全国企业、高校、研究机构等国营单位普遍推广后，起到了改进"一长制"带来的官僚作风、脱离群众等弊病的作用。因此，"鞍钢宪法"是我国创造的新的管理制度，至今它的"民主管理思想"依然是现代管理思想体系的基本要素之一。

邵象华是"鞍钢宪法"的创造者、践行者队伍中的重要成员。他的同事刘嘉禾回忆说："为了学到技术，我们技术人员事事自己动手、亲自实践，学到的操作经验先在技术人员中交流，再去教会工人，从而锻炼了自己的实际动手能力，为日后工作奠定了基础。"这就是"鞍钢宪法"基本精神的内涵。

第四篇

# 功 业 昌 盛

摄于 1972 年

# 第八章 华丽转身

## 一、初进钢研院

1958年8月下旬，长夏带来的暑热随着秋分的来临渐渐消解，鞍山的夏天开始渐渐远离；随着秋日的悄然来临，鞍钢渐黄的树叶被风吹落一地。

这一年的秋天将永远留在邵象华的记忆里，因为它改变了邵象华的人生轨迹：他将与他同甘共苦、荣辱相依的鞍钢同事、好友惜别。他会记住正是鞍山这块热土将他从一位文弱书生“炼成”名扬中外的钢铁大家，也正是这座钢都给了他实现工业救国梦想的机会。古语云：“莫愁前路无知己，天下谁人不识君”（高适《别董大》），“芝兰生于深林，不以无人而不芳”（《孔子家语·在厄》）。邵象华按着冶金工业部调令携全家向钢都鞍山依依惜别，尽管他很难再看到气势磅礴的出钢场面，但他怀着一个新的、更宏大的梦想来到位于北京的冶金工业部钢铁研究院，担任炼钢研究室主任。

1958年8月迁居北京，冬日于颐和园

迁居北京后全家合影于颐和园

位于北京城西大柳树村的冶金工业部钢铁研究院是一所由冶金工业部主管的钢铁冶金的最高研究机构。为了适应钢铁冶金的快速发展，冶金工业部将原属重工业部的钢铁工业研究所经扩建和充实后更名为冶金工业部钢铁研究院，主要承担研制各种钢铁新材料、新工艺、新技术、新设备的工作，并与冶金工业部钢铁设计院同为冶金工业部主管的两大研究开发设计机构。

1957年，冶金工业部钢铁设计院原副院长陆达调到冶金工业部钢铁研究院任院长，后于1964年兼党委书记。他开始调兵遣将：

> 李公达，1905年生，湖北省罗田县人，留美冶金工程博士，曾任重庆兴业公司炼铁厂、天津钢厂、石景山钢铁厂经理等职，著名钢铁专家，调任钢铁研究院炼铁研究室主任。
>
> 戴礼智，1907年生，四川省万县人，留英物理学博士，曾在德国、英国著名大学学习和研究，原任重工业部钢铁工业综合研究所副所长，现调任钢铁研究院精密合金研究室主任。
>
> 孙珍宝，1909年生，山东省海阳县人，美国理海大学冶金学博士，曾任北洋大学、同济大学教授，原任重工业部钢铁工业综合研究所新钢种研究室主任。
>
> 丘玉池，1907年生，广东省潮安县人，德国冶金学博士，曾任重庆兵工署材料试验处冶金组主任，原任重工业部钢铁工业综合研究所副所长兼炼钢研究室主任。因健康原因辞去炼钢室主任一职，推荐留英同学邵象华任钢铁研究院炼钢研究室主任。

从鞍钢总工程师、技术处处长到钢铁研究院研究室主任，不仅仅是岗位和地域的变换，邵象华还面临着一次社会角色的重要转换。一是工作任务的转变：从以关注一家国有大型企业的技术、工艺、设备的革新及新产品试制为主要任务，转换为以研究冶金方法、冶金理论和综合利用为主要任务；二是管理对象的转变：从以工人群体组成的生产队伍为主要管理对象、管理内容和方式到以工程技术人员为主要管理对象、管理内容和方式的转换；三是研究内容复杂性的转变：从以单学科、单工艺的技术创新为主转变为多学科、多工艺相互交叉融合渗透的理论创新、方法创新与技术创新并重；四是关注对象的转变：从关注一家钢铁企业技术改革和创新带来的经济效益转变到关注国家钢铁工业发展、矿产资源综合利用和合理开采等国家长远利益。邵象华才华出众、构思奇妙，是位难得的研究型领军人才，这是他此次工作调动的重要原因之一。

陆达主政的钢铁研究院按照《十二年规划纲要》，先后设立高温合金、精密合金、难熔金属、粉末冶金、合金钢等研究室，开展相应的军工材料研究，研制高、精、尖材料，为国防工业服务。同时，确定把炼钢新技术、铁矿中共生元素的回收利用、真空冶炼、冶金反应过程理论等作为重点研究方向。

1958 年赴西昌考察“小土群”炼铜

1958 年西昌观音炉炼铜（邵象华摄）

1958 年在西昌采铜矿（邵象华摄）

王之玺（左上）与炼铜工人及家属（邵象华摄）

钢铁研究院陆达院长、丘玉池副院长与邵象华是同龄人，他们之间有相近的欧美留学背景，有共同的理想、共同的科学理念及共同的科学语言和思考方法。他们之间虽然有行政上的上下级关系，但更多的是合作关系，彼此心领神会，相互沟通没有障碍。

## 二、氧气转炉炼钢

钢铁研究院炼钢研究室在丘玉池的领导下已设立平炉、转炉、电炉、铸锭、铁合金及冶炼工艺共6个专业组，同时还管理一个中间试验车间，该车间配备一台0.5吨的氧气顶吹转炉和一台3吨的化铁炉。邵象华参观研究室设备时，心里非常敬佩丘玉池的远见，一个研究室下设这么完备和先进的设备实在是难能可贵。尤其让他出乎意料的是，炼钢研究室竟然有一台氧气顶吹转炉。

1959年的邵象华

邵象华伫立在转炉旁，时而弯下腰观察各个部件，时而抬起头对陪同的技术人员说："挺好的，很满意！"接着笑道："就是小了一些。来一台更大一点的更好！"技术人员听后爽朗地笑了起来。这一台氧气顶吹转炉正是他盼望和期待已久的愿望，炼钢室和丘玉池将其作为欢迎的礼物送予他，令他感动，也使他感到担子很重。在鞍钢时，邵象华从孙德和那里得到北京石景山钢铁厂准备建造一座30吨氧气顶吹转炉的消息，他曾想，自己能参加该有多好啊！这回他真的有自己的转炉了。

他为转炉组提出的研究任务是：利用室里的转炉开展钢水吹炼过程氧气供给和造渣的研究，即供氧部分包括氧枪的枪位高度、氧枪的供氧操作参数（如供氧压力、氧气流量等参数）；氧枪喷头结构及其各部分尺寸等构造参数的研究和确定。熔炼和造渣部分的研究内容包括钢液脱磷、脱硫、脱碳，以及渣的碱度等炼钢工艺参数。此外，还需从试验中得到相应的操作工艺。邵象华与转炉组同事经过持续的试验，获得满意的试验数据。随后他们将这些数据提供给由孙德和主管的冶金工业部钢铁设计院顶吹转炉炼钢车间设计组使用。

关于我国第一台30吨氧气顶吹转炉建造的史实，综合各种资料其过程大体如下。

1956 年 4 月，当时的重工业部钢铁工业综合研究所在李文采、丘玉池的主持下建造容量为 0.5 吨的氧气顶吹转炉试验炉。1958～1962 年，中国科学院化工冶金研究所在所长叶渚沛的主持下建成一座 1.5 吨容量的氧气顶吹转炉试验炉。1958 年，周志宏在上海交通大学建立起氧气顶吹转炉炼钢实验室，指导研究生和青年教师开展有关氧气顶吹转炉炼钢的冷态模拟、热态模拟、烟气除尘及其有用物质回收试验等，取得较好的成果。1956 年 9 月，冶金工业考察团由刘彬副部长率领访问苏联、民主德国、捷克三国，邵象华、王之玺、丘玉池、安朝俊等是代表团成员，进行为期 3 个月的考察参观。1958 年秋，邵象华接替丘玉池担任炼钢研究室主任。1959 年 7 月，邵象华赴浙江省建德市考察富春江水库和新安江水电站，调查水坝及水电站用建筑钢材的性能要求。1960 年，国务院决定在石景山钢铁厂建一座容量为 30 吨的氧气顶吹转炉炼钢车间，决定由孙德和他所在的北京黑色冶金设计院（现为北京钢铁设计研究总院）负责设计，设计的部分参数由邵象华所在的钢铁研究院提供，安朝俊所在的石景山钢铁厂负责建造。然而，该项目于 1961 年因中央人民政府财政困难被迫暂时停止。

1956 年到民主德国访问考察

1956 年出访苏联

1959 年赴新安江水电站考察（右一为邵象华）

在建新安江水电站工地（邵象华摄）

富春江水电站工地（邵象华摄）

1963年国家财政状况稍有好转，立即拨专款支持石景山钢铁厂30吨容量的氧气顶吹转炉恢复建造。1964年12月24日，石景山钢铁厂成功地由新建顶吹转炉炼出第一炉钢水，进而宣告我国第一台容量为30吨工业规模的氧气顶吹转炉试验成功并投产。之前，上钢第一炼钢厂将一台5吨容量的侧吹转炉改造成氧气顶吹转炉试验成功，这座转炉是由周志宏主持建造的；之后，上海交通大学、上海冶金设计院、上海第一炼钢厂三家合作兴建一座年产30万吨钢的氧气顶吹转炉。后因“文化大革命”等原因停建。

1962年的邵象华

20世纪50～70年代20年中，国际通用的平炉、电炉、转炉三种主要炼钢方法产钢的比重发生了显著的变化。通常业内人士很少有人关注三种炼钢方法之间的微妙变化，然而，却被邵象华敏锐地捕捉到了。他开始收集世界三个产钢大国（日本、美国、苏联）的各种技术资料，特别关心1945～1975年30年间这三个国家产钢的综合情况，如产钢量、钢种以及炼钢方法所占比重、新技术开发及其应用程度等资料。

1970年后，在邵象华的积极努力以及冶金工业部的大力支持下，以鞍山钢铁公司为首，钢铁研究院参加，组成了平炉用氧炼钢开发团队。经对多种吹氧方式的试验，最后采用炉门槛入法吹氧试验成功并投入生产，继而三枪顶吹氧强化平炉冶炼新工艺试验也成功。到1980年，鞍钢已有4座平炉实行顶吹氧，效果十分显著。冶炼时间缩短50%以上，产量翻了一番，同时，重油消耗下降65%，取得了明显的经济效益。1973年钢铁研究院与上海第三钢厂合作，在该厂100吨固定式平炉上进行氧气顶吹炼钢试验也获得成功。其后，平炉用氧炼钢的技术在全国许多平炉上大量推广。该项成果于1985年获国家科学技术进步奖三等奖。

1978年12月28日～1979年1月7日，中国金属学会在北京举行第三届会员代表大会暨1978年年会，方毅副总理亲临大会并做重要讲话。这是一次换届大会，产生新一届理事会成员，选出理事长、副理事长、常务理事。在新一届理事会中，叶志强任理事长，王之玺、陆达等8人为副理事长，邵象华、安朝俊、孙德和等56人为常务理事。

在随后的学术会议上，邵象华做了题为“美国和日本的炼钢技术动向”

的专题学术报告。在报告中，他用大量数据来说明炼钢技术的演变历史，即从平炉的“黄金时代”到转炉的崛起，继而转炉几乎一统天下的发展前景。

1978 年中国金属学会第三届会员代表大会暨 1978 年年会（前排右七为邵象华）

他认为，20 世纪前半期，平炉已发展成为世界上最主要的炼钢方法。第二次世界大战后，美国的产钢量中平炉钢约占 90%；日本 20 世纪 60 年代以前钢产量中平炉钢占的比例大概为 90%，与美国相同；苏联占 66.6%，即占钢总产量的 2/3，转炉钢为 22.7%，其余为电炉钢。

邵象华特别指出，尽管美国、日本、苏联三国的钢总产量中平炉钢占的比例不尽然相同，但这一时期是平炉“黄金时代”的判断是可信的。他强调，这个时代的平炉炼钢技术也在不断革新，最重要、最普通应用的新技术是平炉用氧技术，就是最初采用富氧燃料，后来发展为熔池吹氧。另一种革新技术是熔池吹氧再配合碱性炉顶，扩大平炉容量，平炉小时产钢量从先前的 10 吨左右提高到 50 吨以上。这是美国和日本的平炉发展概况。苏联平炉炼钢的发展方向是采用双床平炉，其小时产钢量达到 100 吨以上。此外，苏联采用的增产方法是新建大型顶吹转炉，即采用新建转炉和改造平炉相结合的增产方法。

20 世纪 50 年代初奥地利人发明了顶吹转炉炼钢，日本、联邦德国战后重建采用了这种新技术。美国拥有当时吹氧平炉较新和效率较高的新技术，邵象华称它为“只作壁上观”。美国人说，转炉代替平炉这种做法的效果需要等待，因为目前还远远满足不了美国钢铁工业的规模。

邵象华认为，炼钢方法的发展必须适合当地矿产资源应用。西欧（德国、法国、比利时、卢森堡等国）由于有高磷铁矿资源，曾长期用托马斯法（空气底吹转炉）炼钢，同时得到副产品钢渣磷肥。1968 年联邦德国研究成功底吹氧气转炉，炼钢效果有的比当时同类氧气顶吹炉要好些，因为不需要二次造渣所必需的中途倒炉步骤。从那以后，西欧各国的托马斯炉纷纷改造，到 1977 年年初已从托马斯炉改建成底吹氧气转炉，炉容量从 25 吨到 70 吨不等。

根据美国吹炼低磷铁水的经验，邵象华将其与顶吹转炉相比较，归纳出底吹转炉的 7 个主要特点：钢的收得率比顶吹高 1.5%～2.6%；厂房较低，节省投资，适合于平炉改造；适合于炼含碳量极低的钢，可以低到 0.01%以下；适合于炼终点钢残锰较高（0.1%～0.15%）的钢种；相同容积的炉子可以多装料，吹炼时间缩短；炉衬寿命低于顶吹转炉；设备维护工作较复杂等。

他认为，转炉炼钢方法已基本成熟，今后的发展呈现出三大趋势。一是炉膛容积大型化。例如，美国顶吹转炉最大的单产能力为 325 吨，年产能力为 182 万吨；日本年产钢能力为 450 万吨的顶吹转炉炼钢厂有 9 家，大分厂有 3 座 300 吨转炉，年产能力为 800 万吨。二是缩短熔炼周期。通常的方法是采用多孔喷枪（一般为 3 孔和 4 孔，最多达 7 孔）来提高供氧强度，缩短吹炼时间。例如，美国平均每炉的吹炼时间为 17 分钟，日本平均每炉的最短吹炼时间为 12 分钟；平均出钢时间美国为 30～40 分钟，日本约为 28 分钟。三是计算机自动化控制。日本全国转炉操作自动控制用的计算机已有 35 台，尽管数量不多，但它代表了冶金炉控制系统的发展方向。

中国怎样在短时期内赶超世界炼钢大国呢？邵象华在这份报告中提出的 8 条建议，清晰地勾画了我国炼钢学科的发展前景及路线图：一是增加投资；二是合理利用投资，不允许长期完不成，或建成后而技术不过关，或缺少原料供应，或不见效果等不合理现象发生；三是根据铁矿资源的复杂性特点，找出最合理的综合利用流程和工艺；四是引进国外先进技术，掌握它，然后改进它，谈判中不允许出现漏洞；五是现有钢厂的首要任务是整顿生产秩序，实行技术管理，而后才是技术改造；六是加速国外行之有效的各项工艺革新在中国的科研推广；七是加速研究直接还原-电炉流程；八是进行连续炼钢试验。

邵象华在这篇报告中共讲了 12 个专题，每个专题都言简意赅，讲清了问题和现状，同时又指明了方向，令人耳目一新。例如，在“关于顶吹转炉的建议”专题中，他提出了一种“三层次发展模式”。换言之，国外已证明行之有效的各种技术革新成果，在引入我国时存在着三种引用模式：一是，我国已经成功采取且证明效果明显的技术，如白云石造渣、多孔喷枪等技术已在我国落地生根并且开花结果；二是，有些技术或工艺，我国已做过试验但尚不满意，如活性石灰、副枪、镁质炉衬等一时难有定论，不应急于推广应用而应继续试验以便决定“弃”或“用”；三是，有些工艺或技术引进初期，我国专家对其尚有疑问，或我国当前技术条件还难以短时间内具备，前者如炉内增碳，后者如计算机控制。

邵象华看好炼钢过程的计算机自动控制技术。他特别推崇日本转炉炼钢过程计算机应用，称赞计算机控制是近几年来转炉工艺过程控制技术的一次重要突破。他说，采用计算机控制冶炼过程，从而实现了吹炼过程中用副枪测量钢水温度与含碳量自动测定相结合的动态控制方法。这种控制方法使吹炼过程中间不需要倒炉。此外，它也能提高转炉吹炼终点控制的命中率（即一次吹成率），目前已达到 90%左右，比动态控制之前的命中率有了明显的提高。

自那以后，邵象华热心于广泛收集、阅读、翻译各国用计算机控制转炉操作过程的有关资料，包括控制系统、控制元件类型和功能等，写成《氧气转炉炼钢的计算机控制》一文。他应邀到各地做报告，宣传这项当时中国炼钢专家还很陌生的现代控制技术。

## 三、译著公开出版

20 世纪 60 年代初，氧气转炉炼钢技术开始在美国落地，受到美国钢铁界的广泛关注和青睐。第二次世界大战后民用钢材需求量大幅增加，与此相反的是，军事用钢量猛然大幅度降低，使美国钢产量几乎处于半停滞状态。

与此同时，日本的钢年产量从 1946 年（第二次世界大战结束时）的

56万吨提高到1973年的1.19亿吨，用27年的时间赶上了休眠中的“钢铁界老大”美国，让美国人深感挫折和危机。因此，氧气转炉炼钢技术传入美国后使美国人信心振奋，决心要在短时间内重新坐上霸主地位。据统计，美国在1968年氧气转炉炼出的钢已超过全部钢产量的一半，毋庸置疑，氧气转炉炼钢技术已悄然升至首位。

氧气转炉炼钢的异军突起并迅速扩张，引起了美国冶金学者T. E. 丹西的浓厚兴趣和强烈的好奇。T. E. 丹西当时担任美国采矿、冶金及石油工程师协会炼钢物理化学委员会主席一职，他决定组建写作班子，编纂一部关于氧气转炉炼钢的专著。丹西先生邀请密执安大学的R. D. 佩尔克教授任主编，成员有琼斯-劳林钢铁公司的炼钢专家W. F. 波特和伯利恒钢铁公司的炼钢专家R. F. 厄本。这是一套氧气转炉炼钢的巨著，共分5册，约100万字，内容包括氧气转炉的发展过程、理论基础、转炉设计原理、工艺操作等。

邵象华得到由R. D. 佩尔克教授主编的这部著作如获珍宝。他决定亲自主持，并由炼钢研究室青年专家集体将其译成中文尽快出版。他从本室里挑选英文较好的10余人承担翻译工作，自己担任总审核，把控翻译质量。考虑到中国读者的阅读习惯，出版中文版时将原著的第一至第三册合编为一册，称为上册，第四至第五册合编为一册，称为下册，各由一组成员分别承担翻译工作，前后相继出版。参加翻译工作的炼钢专家有楼盛赫、张清、张德铭、姚锡仁、王明超、张孟亭、钟甬芳等。

资深炼钢专家姚锡仁谈起当年的翻译工作时仍很激动，他回忆说：我有幸被邵先生选中参加《氧气顶吹转炉炼钢》英文版原著的翻译工作。邵先生为翻译出版这部书所费的精力和时间要比我们这些翻译的人多出10多倍。我为什么这样说呢？那时候，我们这些青年技术人员的英文很差，很多人在大学主修的外语课是俄语，因此英语只有入门水平。我们把翻译初稿交给邵先生修改，经他修改的译稿还给我们；我们再从他修改后的稿子的字里行间学到怎样用中文词汇表达英文的含义并写成正确的译文。姚锡仁说，这部专著的翻译出版名义上是我们这些晚辈做的工作，实际上邵先生是试图通过这次翻译工作让我们既能系统学习专业知识，又能提高英文阅读和英文资料翻译的能力，一举两得，由此可见邵先生的古道热肠和深谋远虑。邵先生当年这番好意和期望，我们是永远不会忘却的。

1980 年组织翻译工作

与参加翻译的同事讨论和修改译稿

姚锡仁认为，邵先生亲自任主编是期望用他在钢铁界的声望让读者放心去购买和阅读，相信由邵象华主编的译著是值得去读的。这部百万字译著用了两年多的时间，终于在 1982 年 5 月由冶金工业出版社出版发行，颇受好评。

1982 年出版的译著《氧气顶吹转炉炼钢》

# 第九章　开 创 新 路

## 一、真空冶金先行者

通常认为，真空冶金是指在冶金生产过程中引入真空技术，进而改变冶金过程的物理化学条件而形成的一门新的冶金学科。冶金过程由于采用真空技术，必定会改变常压下冶金反应的环境条件，出现大量与常压下不同的物理化学现象。科学家的任务是解释这些异常现象并利用真空环境去观察和发现物质的新性能，从而用其来探索真空冶金新工艺，开发新材料。

20世纪60年代，我国的真空冶金还是一片未开垦的处女地。冶金专家对真空冶金技术很陌生，很难想象真空下冶金反应是怎样进行的。此时，邵象华已意识到，随着科技的发展，中国需要高温、精密、耐蚀及半导体等尖端材料，而这些特殊性能材料必须在纯净、超低压环境中才能制造，因而需要发展真空技术和设备，以及开展真空下冶金反应过程物理化学的研究，即真空冶金热力学和动力学。当时，国内尚无学者进行真空冶金系统的研究。

1964年1月，《金属学报》刊登了一篇题为“真空熔炼的物理化学”的文章，署名邵象华。这篇文章引起了冶金界的广泛注意，引发了热烈的评论。

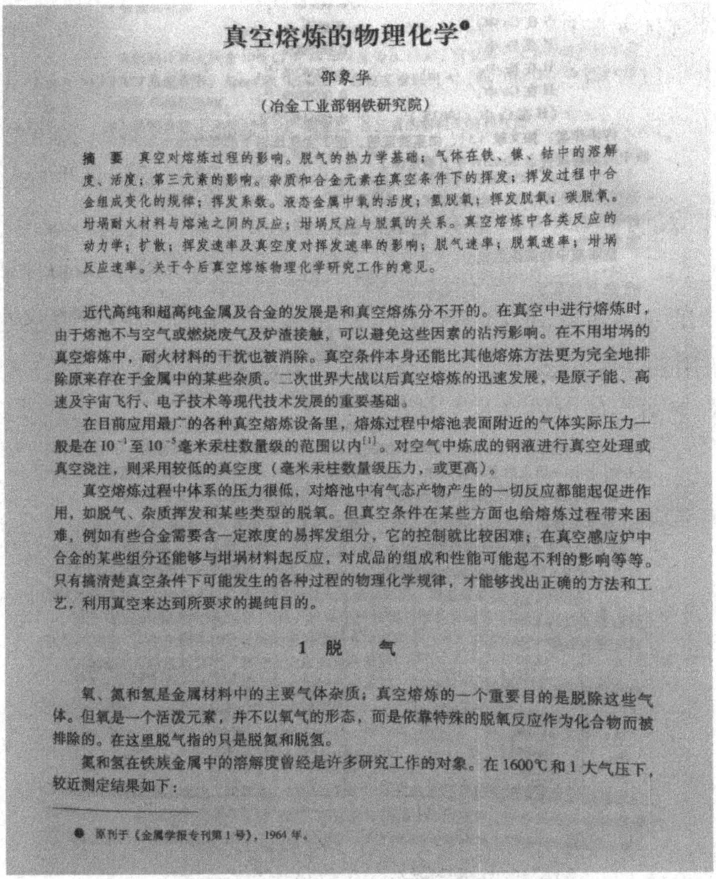

# 真空熔炼的物理化学●

邵象华

（冶金工业部钢铁研究院）

摘　要　真空对熔炼过程的影响。脱气的热力学基础；气体在铁、镍、钴中的溶解度、活度；第三元素的影响。杂质和合金元素在真空条件下的挥发；挥发过程中合金组成变化的规律；挥发系数。液态金属中氧的活度；氢脱氧；挥发脱氧；碳脱氧。坩埚耐火材料与熔池之间的反应；坩埚反应与脱氧的关系。真空熔炼中各类反应的动力学；扩散；挥发速率及真空度对挥发速率的影响；脱气速率；脱氧速率；坩埚反应速率。关于今后真空熔炼物理化学研究工作的意见。

近代高纯和超高纯金属及合金的发展是和真空熔炼分不开的。在真空中进行熔炼时，由于熔池不与空气或燃烧废气及炉渣接触，可以避免这些因素的沾污影响。在不用坩埚的真空熔炼中，耐火材料的干扰也被消除。真空条件本身还能比其他熔炼方法更为完全地排除原来存在于金属中的某些杂质。二次世界大战以后真空熔炼的迅速发展，是原子能、高速及宇宙飞行、电子技术等现代技术发展的重要基础。

在目前应用最广的各种真空熔炼设备里，熔炼过程中熔池表面附近的气体实际压力一般是在 $10^{-1}$ 至 $10^{-5}$ 毫米汞柱数量级的范围以内[1]。对空气中炼成的钢液进行真空处理或真空浇注，则采用较低的真空度（毫米汞柱数量级压力，或更高）。

真空熔炼过程中体系的压力很低，对熔池中有气态产物产生的一切反应都能起促进作用，如脱气、杂质挥发和某些类型的脱氧。但真空条件在某些方面也给熔炼过程带来困难，例如有些合金需要含一定浓度的易挥发组分，它的控制就比较困难；在真空感应炉中合金的某些组分还能够与坩埚材料起反应，对成品的组成和性能可能起不利的影响等等。只有搞清楚真空条件下可能发生的各种过程的物理化学规律，才能够找出正确的方法和工艺，利用真空来达到所要求的提纯目的。

## 1 脱　　气

氧、氮和氢是金属材料中的主要气体杂质；真空熔炼的一个重要目的是脱除这些气体。但氧是一个活泼元素，并不以氧气的形态，而是依靠特殊的脱氧反应作为化合物而被排除的。在这里脱气指的只是脱氮和脱氢。

氮和氢在铁族金属中的溶解度曾经是许多研究工作的对象。在1600℃和1大气压下，较近测定结果如下：

● 原刊于《金属学报专刊第1号》，1964年。

《金属学报》刊文（1964年）

这篇综述性文章是邵象华在博览国外80余篇最新的文献后精心提炼而成的。初稿完成后，他将文章寄给邹元爔、韩耀文、王仪康、吴超万、唐仲和等冶金界名家，请他们提出意见和建议，再经充实、修改才成终稿。

真空熔炼的物理化学是指研究真空条件下冶金反应过程的热力学和动力学。邵象华在该文中将其内容分为五个方面：一是真空对熔炼过程的影响，如脱气的热力学，气体在铁、镍、钴中的溶解度、活度等；二是第三元素在真空条件中的状态，如挥发及挥发过程合金组成变化的规律、挥发系数计算等；三是真空条件中氧的活度及其脱氧方法，如氢脱氧、挥发脱氧、碳脱氧等；四是真空条件中坩埚耐火材料与熔池之间的反应，如坩埚反应与脱氧的关系等；五是真空熔炼中各类反应的动力学，如扩散速度、挥发速度及其与真空度的关系，脱气速率、脱氧速率、坩埚反应速率等。此外，他指出，当时应用最广的各种真空熔炼设备里，熔炼过程中熔池表面附近的气体实际压力一般在 $10^{-1}$～$10^{-5}$ 毫米汞柱①数量级的范围内。

邵象华以“脱气”为例，认为氧、氮、氢是金属材料中三个主要影响其性能的气体杂质，真空熔炼的主要目的是脱除这些气体。氧是一种活泼元素，但它并不是以氧气形态，而是依靠特殊的脱气反应后形成化合物形态而被排除的。因此，所谓真空脱气指的只是脱氮和脱氢，如真空脱氢。氢在一些钢中会引起危险的“白点敏感性”。邵象华说，经验证明，如果能将钢中的氢含量降到 $<1.5\times10^{-6}$，就可以完全排除“白点敏感性”的危险。如果用西华特公式计算，只要使铁和 0.0031 帕大气压或 2.3 毫米汞柱氢气达到平衡，便可以满足上述的要求。

1964 年发表“真空熔炼”系列文章

邵象华提出了一个重要的问题：人们习惯于把大多数金属中的微量组分看作有害物质，试图通过真空熔炼尽可能将它们排除，然而，目前尚不清楚气体组分和某些微量元素组分对各种合金性能究竟有什么影响，又是怎样影响的。他认为，研究真空熔炼过程物理化学有助于科学合理地将需要的微量组分控制在要求的范围内而不是完全将其去除。

邵象华这篇综合评述论文发表后引起了业界的广泛关注，许多刚进入真空冶金领域的青年科技人员、青年教师，在他的科研思想引领下开阔了视野，学习了新知，少走了很多弯路；同时，他们也记住了邵象华院士，将他尊为引路的导师，尽管他们与邵院士素昧平生。

① 1 毫米汞柱≈133.32 帕。

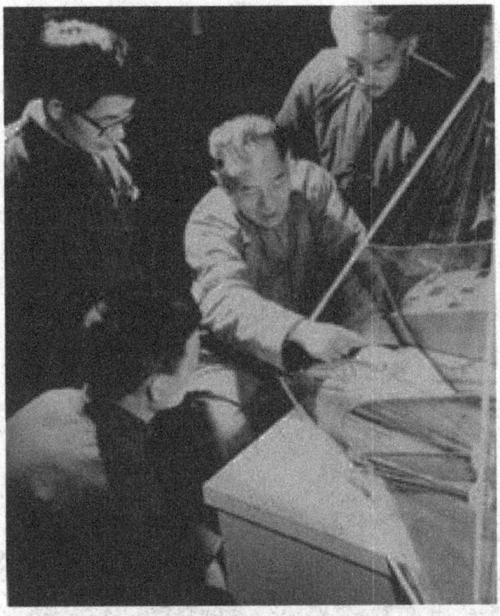

1979 年在亲手制作的四元相图模型前与同事讨论

邵象华将炼钢研究室改建为冶金物理化学研究室，研究任务定为研究特殊钢及新型合金的相关基本理论，以及相关的技术开发。他带领本研究室年轻专家开展真空条件下特殊金属材料冶金过程热力学和反应速度研究。经过几年工作，取得了如下科研成果。

（1）真空感应炉用氧化镁坩埚熔炼纯铁，分别于 $10^{-4}$ 毫米汞柱高真空和 $10^{-1}$ 毫米汞柱低真空下熔炼纯铁，所得最低的碳氧乘积都在 $1\times10^{-5}\sim5\times10^{-5}$，表面真空度对最低碳氧积值没有显著的影响；熔炼过程中氧含量降低存在一个极限值，这个值的高低主要由坩埚供氧能力所决定；当配料中的碳含量位于 0.03%～0.05%、碳氧比约为 2 时，可以得到碳和氧的含量分别为 0.006%和 0.003%以下，而[C%]·[O%]积约为 $7\times10^{-6}$。

（2）在 10 千克真空感应炉中分别使用 3 种不同组成的氧化镁坩埚，将其一起放入 1600℃和 $10^{-4}$ 毫米汞柱低压下，熔炼过程中炉内环境的含氧量是原来 0.0048%的数倍，氧含量明显升高。这是首次发现在真空熔炼中氧化镁会自释放氧气的异常现象。

（3）液态镍在真空感应炉内具有很强的脱氧能力，镍的气态产物不会污染其他金属，因此镍是生产镍基合金过程中理想的脱氧剂。

上述成果收入 1962 年 12 月 7～13 日在上海由中国科学院和中国金属学会联合召开的全国第一次冶金过程物理化学学术报告会论文集中。

邵象华早已在心中勾画出他主管的研究室的发展蓝图，例如，他想把真空熔炼组扩展成特殊熔炼技术的开发基地。过了一段时间，钢铁研究院领导告诉邵象华一个喜讯，国务院特批外汇支持他们从国外进口急需设备：一台 10 千克真空感应炉、一台 200 千克真空感应炉、一台 200 千瓦电子束熔炼炉。邵象华喜出望外，马上把这个好消息告诉了组内成员，共享喜悦。他又与同事们自己设计，并由本院自行制造了一台 200 千克的真空自耗电弧炉及一台 100 千克的电渣重熔炉。国家经济好转后，又为他们从国外进口了一台 100 千克的高频感应炉。

200 千克真空感应炉

200 千克真空自耗电弧炉

邵象华多年的梦想是建成一座设备比较齐全、配置比较合理的国内一流的新材料研究基地。他的目标是：敢于承接国家下达的特种材料冶炼任务；敢于面对社会竞争，取得外单位，特别是军工系统的特殊材料冶炼任务；敢于开展冶金过程物理化学新领域的研究；等等。这个目标已基本实现。三年困难时期，邵象华重点放在培养和锻炼研究队伍，从而造就了一支人员干练、有理想、敢创新的团队。

1986 年第三届冶金过程动力学学术讨论会（前排右四为邵象华）

1986 年在第三届冶金过程动力学学术讨论会上发言

## 二、普通电弧炉冶炼超低碳不锈钢

1964 年年初，在国外停止对我国提供开发原子能所需的专用设备和材料之后，为了满足我国第一个生产堆核燃料后处理工程的急迫需要，冶金工业部接受了超低碳不锈耐酸钢材的研究试制任务。邵象华作为这个冶炼项目的负责人，与钢铁研究院炼钢研究室和合金钢室的科研人员一起，协同抚顺钢厂和重庆特殊钢厂，承担了该钢种的研发工作。

不锈钢的抗腐蚀性能主要依靠溶解在钢中的合金元素铬，通常认为晶间腐蚀是不锈钢的最危险破坏形式。采用一般方法炼制的不锈钢含碳量较高，例如，焊接体易发生刀口腐蚀，主要是由在晶界上析出碳化铬引起的。因此，为了提高不锈钢的抗晶间腐蚀和刀口腐蚀性能，最有效的方法是将钢中的碳含量降到0.03%以下，从根本上防止碳化铬的形成、沉淀和局部降低溶解铬的浓度，就可防止该钢种在使用过程中发生晶间腐蚀。

现在氩氧吹炼和真空技术已成为国际上炼制低碳、超低碳不锈钢的主要手段。氧气转炉增加惰性气体搅拌也可达到非常低的碳含量。但在20世纪60年代初，氩氧炉和转炉复合吹炼方法都还未发明，真空冶金也未发展到能用于生产这类钢的程度。当时世界上只有少数特殊钢厂能生产这种钢（美国和苏联在1960年后才把超低碳不锈钢列入钢种标准），那时他们已能制造大型的制氧机，氧气在炼钢生产中得到了大量的应用。炼这种钢时主要依靠大功率电炉和大量用氧，以及中途出钢再回炉精炼微调等特殊工艺，以此成功炼制出超低碳不锈钢。我国特钢厂还不具备采用这些工艺装备、原料和配套设备的条件。国内一些特殊钢厂也在进行研发试制工作，但由于技术难点太多，大多没有试制成功，或成分合格但质量有问题，且工艺复杂，生产成本高，用户难以接受。邵象华认为，我国各特钢厂并不具备国外采用的工艺装备、原料和配套设备的条件，这是试炼不成功的主要原因。但任务紧迫，不能等待研究新的熔炼方法（如利用真空），甚至对原有电炉装备做较大的改造，时间上也来不及，因而必须尽可能利用已有条件，在工艺或技术上采取一切必要与可能的措施，以达到用户提出的成分和质量要求。

邵象华带领研发团队奔赴抚顺钢厂、重庆特殊钢厂进行了认真的现场调查，并与现场工人、技术人员和领导一起分析、总结试验未成功的原因。他们分析了该钢种的特点和根据炼钢过程化学反应的计算，认识到冶炼超低碳不锈钢的主要矛盾是如何将钢中的碳含量控制在0.03%以下，这个最终目标成为本试验的主攻方向。邵象华认为在冶炼的氧化期内需用最短时间将钢中的碳降到最低值，相反，在还原期要防止增碳。他提出了无碳炉体、低碳精料、高温快速脱碳、快速化铬还原的方针。为此，他制定了具体操作规程，采取了相应的具体措施，吹响了在普通电炉上冶炼超低碳不锈钢的冲锋号。

炉体是冶炼超低碳不锈钢的重要一环，既要防止增碳，又要能耐高温。因为在冶炼超低碳不锈钢时钢液氧化末期温度往往大于1850℃，而实际达到1880～1930℃。为此，抚顺钢厂采用的无碳炉体，使用了卤水捣结炉底工作层，用镁铝砖砌筑炉墙，而不用通常的沥青耐火材料，经受了高温，熔损不大，又不增碳，为试验成功打下了重要基础。

炉料的选择也是电炉冶炼超低碳不锈钢的重要一环。严格限制炉料中的碳至关重要，一般选用碳素钢返回料，熔清后碳含量要保证在0.2%～0.3%，这有助于升高钢水温度和便于工人掌握炉内熔池中碳含量的变化。要求熔清后碳含量不应过低，也不宜过高，以免开始吹氧时火焰很大、劳动条件差，影响工人操作。入炉料中不掺含铬的返回料，因为铬与碳有较强的相互降低温度的作用。熔池含铬会妨碍脱碳，脱碳会同时造成铬的损失，对超低碳不锈钢冶炼工艺提出了此特殊规定。选用碳含量小于等于0.03%的微碳铬铁代替金属铬，对降低超低碳不锈钢的生产成本至关重要。高温快速脱碳是冶炼超低碳不锈钢工艺中最重要的攻坚战。它的主要任务包括：一是，在短时间内将钢中的碳含量降到0.015%以下；二是，升高钢水温度有助于迅速熔化吹氧后加入的大量铬铁，缩短脱碳时间和化铬时间，两者都是为了减少电极对熔池的增碳。这按一般电炉氧化法的操作条件是很难实现的。采用通过管子向熔池吹氧的办法，吹氧强度越高，吹氧脱碳所需的时间越短，钢水提温也越迅速，金属的氧化损失也越少。提高单位时间内向熔池的供氧量对降碳速度有很大影响，尤其是当氧化末期碳含量很低时更具有重要意义。吹氧强度与使用的氧气压力和同时吹氧时的管数有关。抚顺钢厂小炉子（5吨）的吹氧压力为0.55～0.75兆帕，较大炉子（10吨）为0.6～0.8兆帕。当碳降到0.1%以下，吹氧管小炉子使用2～3支管，较大炉子为3～4支管。吹氧管要求在熔池内移动，否则只吹一个地方，不但会降低去碳速度，还会增加铁损。邵象华和研发团队有时与炉前工人一起冒着高温热浪移动吹氧管，劳动强度大，常常是满脸通红、汗流浃背，最终突破了高温快速脱碳的重要堡垒。实践证明，采用的工艺效果是好的。小炉子碳降到0.01%左右平均用时13分钟，较大炉子平均只用18分钟，氧化末期温度达到1880～1930℃，真正达到了快速脱碳和提高钢水温度的目的。

快速化铬是缩短还原期、减少还原期增碳的最主要措施。根据抚顺钢厂冶炼一般不锈钢的经验，加入铬铁后，用电能化铬时增碳严重。因此，冶炼超低碳不锈钢时除了尽量利用氧化末期的高温外，还应利用化学热代替电能供热，即在加入铬铁前加入含硅量为75%的硅铁，之后吹氧放热、升温，成为帮助快速化铬的热源。这种化铬方法取得了很好的效果，较大炉子的化铬时间平均是28～30分钟，而同一车间只依靠电能化铬的时间平均为45分钟，个别达到1小时之久。该方法在化铬阶段增碳为：小炉子为0.002%～0.004%，较大炉子为0.005%～0.008%，达到了化铬期少增碳的目的。

邵象华在普通电炉试炼超低碳不锈钢的战斗中，既当指挥员，又当战斗员，取得了第一炉试炼就成功的重大战果，解决了国家急需的重要材料，为此受到冶金工业部通报表彰。

## 三、顶吹、底吹、复合吹

20世纪60年代末，联邦德国、法国、比利时、卢森堡等西欧国家纷纷改弦易张，弃用托马斯法（空气底吹转炉炼钢法），改用氧气底吹转炉炼钢法来冶炼高磷铁水，而且得到优良的钢水和高磷炉渣，后者可用于制造磷肥。这项炼钢技术由德国马克西米利安冶金厂（Maximilia-hütte）发明，取名为OBM法（即碱性底吹氧气转炉炼钢法）。

1971年美国钢铁公司（US Steel Corporation）从联邦德国引进OBM法后，立刻在公司炼钢实验室的一台30吨试验炉中进行中间试验。试验前，技术人员在试验炉炉底部增加吹氧装置，又安装一套喷吹石灰粉的系统，其目的是保证吹炼的低磷铁水能够实现同时脱磷和脱碳。此法又称为底吹氧气转炉炼钢法（quiet-basic oxygen process，Q-BOP）。

不久，美国公司在菲尔菲德（Fairfield）厂和盖里（Gary）厂分别建造两座200吨的Q-BOP炉和3座235吨的Q-BOP炉。前者用来取代平炉，后者用于取代建设中尚未竣工的氧气顶吹转炉。美国钢铁公司坚信如果Q-BOP炼钢法得到推广应用，必将使美国氧气底吹转炉炼钢实现大型化生产，从而节省炼钢成本。氧气底吹转炉用于平炉改造也是该公司的重要贡献。

邵象华认同美国钢铁公司专家的观点。他经过长期观察并比较平炉、顶吹转炉和底吹转炉三者的发展前景，指出Q-BOP炼钢法能够迅速取代平炉成为国际同行广泛认可的方法，因为这种炼钢方法可以从炉底预置的多个喷嘴分散并直接将氧气吹入熔池，从而能增强搅拌熔池中钢水的能力，提高金属液与氧气流之间的接触面积，由此促进熔池中钢液化学反应迅速均匀，使碳氧反应容易接近平衡状态。

他从文献公布的试验数据发现，与顶吹转炉相比较，显然，Q-BOP底吹转炉钢液中的氧含量更低，熔池中温度的分布更加均匀，而且它的收得率要高出1.5%～2.0%。由此，邵象华得出结论：Q-BOP底吹转炉更适合于冶炼低碳钢（即碳含量低于 0.01%的钢种）。他这种指向性、对象性更明确的结论对于同行来说更具有现实意义。

邵象华强调研究Q-BOP底吹转炉的现实意义，他认为中国是一个平炉炼钢大国，因而用Q-BOP取代平炉使其成为我国平炉改造首选的炼钢方法是有广阔前景和实用价值的。

1973年年初，钢铁研究院炼钢室研究成员适时提出一项研究内容：利用本院一台300千克的氧气底吹转炉开展底吹氧气并同时喷吹石灰粉炼钢的试验。院领导十分支持，邵象华更是十分关心。他们将该项研究内容分为三类：一是研究氧气底吹转炉冶炼的工艺特性，积累该种冶炼工艺参数和操作特性；二是研究底吹氧气并同时喷吹石灰粉的炼钢工艺参数和操作特性；三是研究专用于氧气底吹转炉供氧喷嘴的结构、材质、尺寸、冷却剂等重要设计参数。

试验进展顺利并取得初步成效，邵象华深受启发和鼓舞，请钢铁研究院领导立即向冶金工业部科技司汇报成果。科技司组织了一次科研协作会议，决定由钢铁研究院、北京钢铁设计院等多家单位合作，先后在唐山钢厂、首都钢铁公司、济南第二炼钢厂、马鞍山钢铁公司等单位完成5吨氧气底吹转炉炼钢的工业试验。上述四家钢厂中，首都钢铁公司和济南第二炼钢厂分别进行全程炉底吹氧气同时喷吹石灰粉的炼钢试验，两厂共进行28炉全炉役试验，全部得到满意的结果。

这项工业试验成果的意义在于，我们可以向世界钢铁业界宣布中国已经完全掌握氧气底吹同时喷吹石灰粉炼钢技术，这一技术包括冶炼工艺和喷吹石灰粉装备、喷嘴用冷却剂及抗石灰粉磨损喷嘴等的设计和制造技术。从此以后，中国自主研发的氧气底吹同时喷吹石灰粉炼钢技术完全具备了工业化生产的条件。

20世纪70年代，世界产钢大国竞相将氧气底吹转炉与氧气顶吹转炉各自的优点结合起来，即在转炉底部增加吹气以加强搅拌的革新，就可大大改善冶炼效果的开发研究，成果推广迅速，并形成了一系列结构不同、操作工艺有别的复合吹炼转炉。

复合吹炼技术的发展引起了冶金工业部原副部长陆达同志的极大关注。有一天，他急忙地把刚从日本、法国进修回来的两位研究炼钢的同志找到家里，专门研究转炉复合吹炼技术的开发。陆达同志说："我看日本、法国的复合吹炼技术的差别在于底部供气元件，两种科技我们都要掌握，一个东方、一个西方，竞相开发吧！盼你们早日成功！"我国于1983年、1984年分别研究成功东、西方两种供气元件，我国转炉顶底复合吹炼技术的发展从此迈出了更加坚实的一步。

常言道："老骥伏枥，志在千里。烈士暮年，壮心不已。"邵象华虽有"岁月催人老"之感，但志向弥坚，此后他开始紧盯复合吹炼新技术的发展。

我国所用的转炉复合吹炼技术，大多是增加炉底吹氮加强熔池搅拌，也有部分厂采用后期切换吹氩气的办法，个别厂采用全程吹氩气的办法。搅拌用气一般在0.01～0.05立方米/（吨·分钟），属于弱搅拌操作。

经过多年的文献追踪、积累和分析，邵象华很有把握地说，复合吹炼技术资料证明，复合冶炼技术经济指标都高于单独的顶吹或底吹。因此可以预料，复合吹炼技术不需太久一定会成为炼钢界的新贵首选，尤其是新建炼钢炉更是如此。

1982年在讨论解决试验中的问题

为了能在炼钢炉内大幅度增加热源，以满足炼钢多用废钢或冷生铁，并适应铁水预处理后热量紧张的状况（尤其是在以提取有用共生元素为目的的预处理后），邵象华于1983年开始与辽宁新抚钢厂合作研发煤氧复合吹炼工艺（coal oxygen combined blowing process，COCB）。钢铁研究总院（原钢铁研究院）参加该项目的试验人员有邵象华、刘浏、郭征、邓开文、杜挺，新抚钢厂人员有朴明哲、张家裕、王凤琴。项目组把试验分成三个阶段实施，即文献总结、试验室试验和工厂试验。

首先，他们在阅读文献的基础上归纳出顶底复合吹炼转炉炼钢工艺的三个特点：①顶底复合吹炼技术是由底部吹入氧气而不是吹入氮气或氩气，底吹氧枪所用的冷却剂（介质）是煤粉而不是轻柴油，原因是煤粉价低且易得；②底部氧枪在炼钢全过程中吹氧不停止，全过程用煤粉保护不停止，煤粉不会增加熔池脱碳负荷，也不会延长冶炼时间，因此吹炼过程炉况一直保持平稳安全；③顶底复吹过程中，由底部喷吹的煤粉和氧气向熔池不停供热，同时又不断搅拌熔池里的钢液，顶部吹氧能够控制熔池中的钢液脱碳速度，调节炉渣的氧化性，进而促进炉气的二次燃烧并向炉膛供热。

其次，利用研究室自备的100千克中频感应炉进行了31炉热态模拟试验，考察喷吹煤粉时底吹氧枪热态环境中煤粉所起的冷却效果，考察吹炼末期喷吹煤粉对熔池中钢液脱碳的影响。试验进行得很顺利，得到的试验结果与专家们的预期目标非常接近。

最后，将热态模拟试验结果在一座500千克的顶底复合吹转炉中进行扩大试验，共做了8炉试验。扩大试验结果证明，虽然试验规模扩大了5倍，试验装置也从模拟炉转到试验炉，然而，500千克试验炉得到的结果与100千克中频感应炉的结果十分相近，邵象华领导的研究组判定试验成功。

热试验成功后，1986年，邵象华、刘浏等研究组成员来到新抚钢厂进行工业规模试验。1989年第24卷第3期的《钢铁》刊登了题为“煤氧复合吹炼工艺的实验开发”的技术论文。邵象华、刘浏等在该文中将这种新的炼钢方法（新工艺）取名为COCB，即煤氧复合吹炼工艺。

他们在文中指出，煤氧复合吹炼保留了顶吹炼钢方法的基本特征，就是将吹炼过程分为三个时段：初期，硅、锰氧化；中期，脱碳高峰，炉渣返干并且可能形成金属喷溅；后期，吹炼较平稳。整个煤氧复合吹炼过程始终底喷煤氧，使熔池表面脱碳速度每分钟提高0.06%～0.12%。

他们将煤氧复合吹炼与顶吹转炉吹炼相比较后概括出如下三个特征：一是，冶炼初期熔池升温快，碳焰升起得早，开吹3分钟立刻进入脱碳期，比车间模拟顶吹法进入脱碳期的时间提前1～2分钟；二是，炉渣返干期提前，持续时间长，返干期从开吹5分钟后出现，到12分钟结束，大致持续7分钟时间；三是，碳焰收火晚，由于喷煤粉使吹炼末期熔池仍保持较高的脱碳速度，因此若按常规根据碳焰来判断终点，往往会误判而造成终点碳偏低。

他们认为COCB法与KMS法、ALCI法比较有其下列特色：①喷煤方式不同，KMS法、ALCI法采用煤氧分别喷吹方法，这是为了通过煤粉在熔池内溶解和脱碳产生热量，然而，喷煤增加了熔池脱碳负荷，延长了冶炼时间，COCB技术采用煤粉保护底枪，将煤氧一同喷入炉内，不增加熔池脱碳负荷，不延长冶炼时间；②与KMS法或ALCI法的区别是在冶炼前期、中期一段时间喷煤方法完全不同，COCB法在冶炼全过程始终喷吹煤粉。实践证明，后期喷煤仍可冶炼低碳钢，利于提高热效率，减轻钢水过氧化性并能提高脱硫能力。

邵象华等认为煤氧复合吹炼工艺具有下述优点：①热效率高，1千克煤粉可熔化7千克废钢，平均喷煤粉量为1吨钢只需要喷20千克煤粉，增加废钢用量；②冶金效果好，渣钢间硫的分配比达到 10～20，脱磷反应接近平衡状态；③喷煤粉不影响冶炼过程反应，不会延长冶炼时间。

邵象华直接参与并指导研究，与现场人员一起从实验室探索开始，直到在新抚钢厂10吨转炉进行工业试验，取得良好结果。邵象华认为，煤氧复合吹炼方法更适合于冶炼低碳钢，也可以为那些铁水供给不足而废钢来源广阔的钢厂提供一种新的生产方法。钢铁研究总院与新抚钢厂的此项研究成果获得国家专利。

邵象华在中国金属学会第四次会员代表大会学术报告中指出，我国复合吹炼技术发展较快，1985年年底国内钢厂已有19个转炉车间的32座顶吹转炉采用复合吹炼技术，普遍取得了生产能力提高、合金消耗降低、延长炉龄的效果。

他特别强调，复合吹炼技术彼时呈现多向发展。他指出，将20世纪50年代迅速崛起的氧气顶吹转炉与60年代末氧气底吹转炉的各自优点结合起来，在原有顶吹转炉上增加底部吹气以加强搅拌，就能有效地改善冶金效果。后来，新建的和原有的顶吹转炉都加上了底部吹气，由此开始形成了当年一系列结构不同、操作也不同的复合吹炼转炉及复合吹炼技术。

他在题为"钢铁工艺发展的一些概况和前景"的学术报告中写道：这里我想特别提一下发源于联邦德国的一种复合吹炼技术，就是转炉喷煤和氧，用来提供外来热源，目的是提高原料废钢比，最终可完全用废钢做原料的底吹煤氧的复合吹转炉技术，用它来取代原有的平炉技术，并成为能与超高功率电炉相竞争的废钢炼钢工艺。这样做，打破了原来区别于平炉的根本特点，也称为外加热操作。开发能喷吹不同数量煤粉的复合吹炼工艺，有可能解决我国钢铁工业不同需求的问题：①采用管式底枪喷少量氧的复合操作时，用煤粉作为喷枪冷却剂，代替用轻柴油；②多喷一些煤氧，可解决半钢炼钢转炉供热不足的问题；③煤氧复合吹炼可代替化铁炉炼钢，使转炉部分或全部"吃"冷生铁；④增加转炉料的废钢比，从而使国家钢产量增长减少对矿产资源的依赖。

邵象华在这篇文章中同时报告了研究状况，并指出，从 1982 年起，煤氧复合吹炼已完成从实验室到工业规模试验的过程，并已取得满意结果，此后将进一步作为扩大废钢比的手段继续在大转炉上开发。

## 四、炉外精炼与连铸

炉外精炼亦称钢液真空处理。这种技术是将转炉、电炉、平炉初炼后的钢液移到另一个真空容器中再进行负压下精炼。

钢铁研究院炼钢研究室前主任丘玉池是中国特殊钢研究的开拓者之一，他指导炼钢研究室知水等青年专家研究钢液真空处理技术，在本院的中间厂建造了一台钢包炉真空处理装置，并将电炉初炼的钢液移到真空处理装置中，观察真空条件下钢液中的氢和氧被脱除情况，取得了明显成果。

邵象华调到钢铁研究院接替丘玉池工作初期，自知对炉外精炼知之甚少，他向丘玉池了解实验情况，研究实验数据，亲自参加实验。一段时间后，他向丘玉池建议钢包炉真空处理技术可以开始工业试验。工业试验分别与抚顺钢厂和太原钢铁公司合作，进行得都很顺利，取得预期的结果。

20 世纪 70 年代末 80 年代初，国际冶金行业发明了一种近终形连铸技术，这种技术的特点是在保证成品钢材质量的前提下，钢液浇铸时尽量缩小铸坯断面积，从而可减少钢板压力加工的次数。

1980年中国金属学会连续铸锭、铸锭专题学术会议

1985年，联邦德国的西马克（Siemag）公司开发成功漏斗式结晶器薄板坯连铸机；之后，美国纽柯（Nucor）公司采用西马克公司提供的薄板机连铸连轧设备，并在它的后面再加配一台164米长的热坯均热保温炉和一台四机架热连轧机组。连铸坯厚度为50毫米，宽度为1000～1300毫米，热轧后成品厚度为2.5～12.7毫米，设计的年产量为82万吨。它是世界上第一套薄板坯连铸连轧工业规模的生产设备，于1989年正式投产。

1992年，联邦德国的另一家名为“德马克”（Demag）的公司自主开发并为意大利的阿维迪（Arvedi）公司提供了一套由直弧式结晶器、带液芯轧制、板坯厚度为60毫米组合的薄板连铸连轧设备，取名为在线带钢坯生产系统（in-line strip production，ISP）。1983年，钢铁研究总院李文采院士指导博士研究生干勇开展“薄板坯连铸及其快速凝固机理”课题研究。

邵象华关注连铸技术已经多年，当一项新技术问世时，他习惯于用科学家的眼光审视这项新技术的价值和意义。当他发现这项新技术能够引起炼钢工艺的革命性变化时，就会异常兴奋，有一种要尽快将这项新技术在国内宣传推广的冲动和愿望。他读文献、写文章、做报告，从不顾及自己已迈入古稀之年。

他曾多次问自己同样的一个问题：现代工业发展过程表明，如果想要最大限度地提高生产效率，连续化生产过程是最有可能的，化工、石油、纺织等已经连续化，即便在钢铁冶金内部，选矿、烧结、炼铁可以说已经连续化了，连续铸锭、连续轧制也有期可待，为什么唯有炼钢还在间断地一炉一炉去炼，这是为什么呢？

邵象华把这个问题和自己的建议写成《关于连续炼钢的理论和实践》，并在1978年12月28日～1979年1月7日举办的中国金属学会第三届会员代表大会暨1978年年会上宣读。他说：“把炼钢操作由间断方式变成连续方式，就像用一根水管代替许多水桶打水，或者用一条运输皮带代替许多车辆那样，有可能带来如下的重大好处：第一，连续炼钢的设备是不间断使用的，而且是稳定的，所以对于同样的生产能力，设备可以比较小型、简单些；不必采用许多重型器械和厂房。它们的附属设施结构相应比较简单，占地减少，投资降低。第二，钢的收得率提高显著。降低热量消耗，节省劳动力及钢的质量稳定。第三，建厂速度快，造价降低，生产成本低，劳动生产率高。第四，炼钢连续化一旦成功，就可能实现整个钢铁生产工艺流程的连续化。可以设想，将来的钢铁企业一定会是布局更加紧凑、流程更加合理、经济效益更高的综合企业。”

他同时指出，连续炼钢技术落地中国不会一蹴而就，必须解决六大关键性问题：一是铁水流量的控制方法和实现控制方法的装置；二是加渣料系统和该系统的调节装置；三是钢液成分及温度的测量和控制，以及间断的和连续的测量装置与控制装置；四是废钢及其他冷却系统；五是炼钢与连铸之间的缓冲方式；六是炼钢炉炉型及其他各部分的结构、耐火材料及冷却方式的选择。

对在中国实现连续炼钢，邵象华寄予很高的期望，因为上述六大问题在当时中国科学技术的发展水平下是能够解决的。邵象华提出两条令人信服的理由。他的第一条理由是，20 余年来世界各国试验了各种形式的连续炼钢技术，而且都炼出了合格的钢，有的甚至达数万吨，然而至今还没有一种技术已达到工业化生产水平，因此说连续炼钢至今仍然是一个活跃的、前景广阔的研究领域。他的第二条理由是，我国在 20 世纪 50 年代末期，有些单位曾做过连续炼钢试验，有的在高炉前，有的在转炉车间，建造规模大小不同的铁水预处理和连续炼钢试验设备，进行了热风、富氧空气、纯氧做氧化剂的大量初步探索试验，多数试验结果都达到了预期目标。但是，在 20 世纪 50 年代的科技水平下，还不具备解决设备寿命问题以及回收率、钢液成分控制等难题的条件，研究者只能作罢。但是，这些探索性试验积累了经验，提高了研究者对连续炼钢工艺的认识。

邵象华最后在报告中说：“我们认为，为了力争在尽可能短的时间给国家提供一个更加多快好省的发展钢铁工业的手段，有必要在全国范围内组织充足的力量，制订分阶段的研究计划，建立必要的试验装置和试验厂，扎扎实实地进行研究。”邵象华的发言引起了与会的 533 位代表的强烈共鸣和热情支持。会后，他忙着会见来访代表，听取他们的建议和设想，人们纷纷邀请他去做报告、谈合作。

20 世纪 80 年代中期，国家科学技术委员会将薄板坯连铸列入国家

"七五"规划（1986～1990年），并将课题下发给钢铁研究总院、兰州钢厂和冶金工业部自动化研究院三个单位。钢铁研究总院由钢铁研究总院院长全钰嘉任课题组长，张柏汀、陈杰、干勇任副组长，邵象华、李文采任课题技术顾问。

邵象华将课题中"薄板连铸结晶器内钢液流动及传热研究"理论部分定为博士研究论文的内容，交予他的学生王来华去完成。具体要求是，"对薄板坯结晶器内钢液流动规律进行比较系统的物理模拟和数值计算；对结晶器内钢液温度分布进行数值计算和测定"。邵象华对王来华的知识和能力寄予了厚望与信任，同时给予他充分的支持和热情的指导。王来华不负导师的期望，顺利地完成了博士论文研究和答辩，赢得导师及评委的赞扬。邵象华的评价是："王来华的实验和计算得到的数据为薄板坯连铸机用漏斗型结晶器、浸入式水口的设计提供了有价值的设计参数，也对薄板坯连铸热态试验有一定的指导作用。"从此，我国揭开了薄板坯连铸工厂试验的序幕，进入了由多家机构合作的长达数年的艰巨的研究工作。

1981年钢铁研究总院首届研究生师生合影
（后排左五为邵象华）

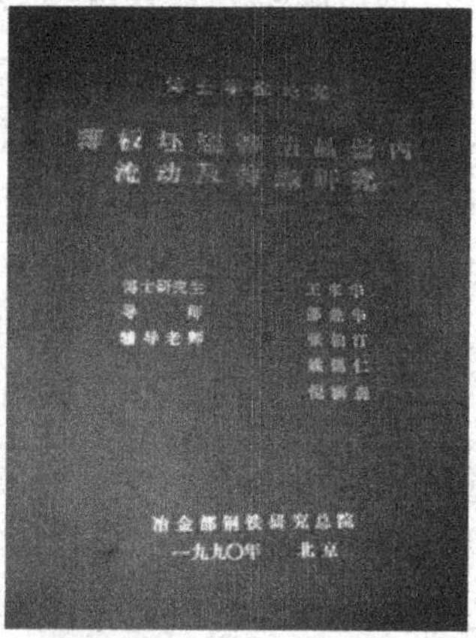


王来华的博士学位论文

自从国家科学技术委员会和冶金工业部下达研究任务之后，钢铁研究总院从实验室研究开始，到设计制造连铸试验模拟机，再到第一套薄板坯连铸试验机建造完成，历时三年有余。兰州钢厂为这次试验新建了厂房，建造了电炉及其他主要辅助设备。

新建造的薄板连铸试验机由于研究费用少、自动化程度低，基本上为人工操作，结构简单，但已初步具备模拟机的主要功能，可以为后来半工业试验机组的设计提供主要的工艺制度制定及设备设计的基础参数。

1990 年 10 月 28 日，深秋初冬的兰州已是寒风阵阵，兰州连铸试验车间则是披红挂绿、人声鼎沸，有关领导来到现场见证中国钢铁界的这一重要试验。一声令下，兰州钢厂的薄板坯连铸试验机将重达 3 吨的钢水顺利流畅地浇铸成一块厚度为 50 毫米、宽度为 900 毫米、长度为 7000 毫米的薄板坯。这是我国自主浇铸的第一块连铸薄板坯。当宣布这次试验基本达到“七五”科技攻关规定的技术指标时，炼钢车间内一片欢呼雀跃，大家相互热情握手以表祝贺。这一时刻正好是提前两个月完成“七五”科技攻关规定的日期。

薄板坯连铸试验现场

“八五”科技攻关（1991～1995 年）中，薄板坯连铸项目分为两期：第一期（1991 年 1 月～1993 年 6 月）的任务是完善兰州钢厂的实验装置，要求不仅拉出合格的薄板坯，而且能为兰州钢厂 600 毫米的行星轧机提供一定数量的板坯；要求掌握薄板坯连铸的关键技术，为建立工业试验机提供全套可靠的工艺参数。第二期（1993 年 6 月～1995 年 12 月）的任务是建造一台年产为 20 万～30 万吨的薄板坯连铸连轧工业试验机组，并对连铸连轧间的匹配、总体控制系统及其相关技术进行比较深入的研究。

“八五”科技攻关项目设立的专题范围更广，专业性要求更宽，涉及冶金、机械、自动化、材料等专业。为此，参加攻关的单位除钢铁研究总院、兰州钢厂、冶金工业部自动化研究院外，还增调钢铁研究设计总院、冶金工业部冶金设备研究院等。至此，冶金工业部麾下的“五大院所”中除建筑研究院外，调集了“四大院所”最强的科研力量，有一种“决战连铸，凯旋”的壮志凌云之势。

这一年，邵象华已是耄耋老人，已退居二线，不需坐镇一线指挥，他欣然地看到炼钢研究室的一批壮年领军人物正在从容不迫地指挥这次重要试验。作为顾问的邵象华依然关注着试验中的试验状况，并提出建议。

1990年邵象华在认真研读相关资料

自1991年3月起，用了大约半年时间改造“七五”研制的试验机，并多次试车。9月29日，这台按新设计改造的No.1机一次试车便顺利成功，拉出第一块整炉钢水（约10吨）薄板坯。此后又连续试验9个月，共进行了102次操作考核，拉出了70毫米×500毫米、70毫米×900毫米、50毫米×900 毫米三种规格的薄板坯，拉制成功率和合格率两项指标均超过90%，攻关试验提前11个月完成了国家科学技术委员会下达的全部指标。

“八五”科技攻关连铸项目的另一项任务是在No.1机的原址设计和建造一台新的No.2薄板坯连铸机。1993年6～7月，新的No.2机完成试车，整体试车于11月4日成功完成。这次试车中，试验用一个中间包钢水（约4吨）成功地拉出长度约15米、宽度500毫米、厚度70毫米的成品薄板坯。

国家计划委员会委托中国科学院技术科学部于1993年11月末组成“薄板坯及带坯连铸连轧技术”评估组，组长邵象华、副组长李文采，组员包括王之玺、魏寿昆、高国栋、蔡开科、卢震，共计7名专家。这份中期评估报告中写道：“已进行的10次试验中除2次误操作外，全部3个钢号浇铸完全成功。铸坯总长286米，重量73吨，表面质量良好；现在继续工作中。”该评估报告还建议：No.2薄板坯连铸机需将其相关设施的装备细节完全搞好，熟练操作；请国家计划委员会、冶金工业部早日对下一步方案做出决策，继续支持连铸连轧工艺攻关试验。评估报告中最后写道：“我们认为，该课题组全体人员的努力，在迄今的工作中已经在改进工艺条件、改善带坯表面等方面都取得了良好的成绩，但进度有延缓。希望抓紧时间，尽快进行原定的工艺试验，以便尽早完成这次攻关任务。”

1993年邵象华在评估会上发言

这份中期评估报告用词谨慎、恰当严格，既对项目专家的试验结果给予了充分肯定，又为今后的试验指明了改进方向。同时，以评委们在科学界和冶金界的声望与地位呼吁政府主管部门继续投资，给予资金和政策的支持。“八五”科技攻关连铸项目组成员深切感到前辈科学家站在他们的背后为他们撑腰，给他们力量。邵象华心仪已久、挥之不去的另一个想法是“何日才能够实现炼钢连续化”。

他与陆达、许志宏、杜挺提出的“以煤代替熔融还原炼铁新工艺开发”被列入“八五”科技规划。他们在建议中指出：国内钢铁工业的有识之士都公认，熔融还原炼铁与近终形连铸是20世纪90年代钢铁工业的两大前沿技术，或者说两项前沿新工艺。这两项新工艺的中间加入炼钢，即熔融还原炼铁—转炉（电炉）炼钢—近终形连铸有可能成为21世纪钢铁工业的新流程。它的特点是可大大简化和缩短钢铁冶金工艺流程，节省基建费用，减少工作人员，节省能源，降低成本，改善和保护环境。近十年来，日本、联邦德国、澳大利亚、瑞典等国已投入大量资金和人员进行新流程的开发。这是一份具有前瞻性的对钢铁冶金工艺重大变革的预测和实施的提议，它预示着中国钢铁冶金流程将要发生一次革命性变革的序幕即将拉开。

# 第十章 综合利用

## 一、宝贵共生矿

我国铁矿资源储量丰富，但矿源分散且贫矿居多。贫铁矿大多展现出铁与稀有元素结合形成相依生存的共生特征，矿物学中取名为共生矿。

我国有两处超大型共生铁矿：一处位于四川省南部凉山彝族自治州的攀枝花市，因此命其名为“攀枝花钒钛磁铁矿”（简称“攀枝花矿”）；另一处位于内蒙古自治区包头市白云鄂博，因此命其名为“白云鄂博稀土铁矿”（简称“白云鄂博矿”）。这两处超大型共生铁矿都含有储量丰富的稀有金属元素，攀枝花矿与铁共生的稀有金属为钒、钛等高熔点稀有元素；白云鄂博矿与铁共生的是铌、稀土等贵重元素。这两处共生矿被中国矿冶专家视为珍宝。对这两处超大型共生铁矿的综合开发利用在 20 世纪初已引起我国冶金领域专家的特别关注，并曾经引起一场留于矿业史册的大辩论，包头白云鄂博矿争论的影响尤为激烈和久远。

1952 年，中华人民共和国成立初期，百废待兴，工业恢复和国家建设急需钢材。这一年，重工业部成立了关于包头铁矿资源综合开发利用及包头钢铁公司流程选择问题小组，其成员由苏联专家和中国专家共同组成，中方专家组组长由时任重工业部顾问的著名化工冶金学者叶渚沛先生担任。

1961 年的邵象华

在关于如何开发利用白云鄂博矿的包头会议上，中苏双方专家各持己见、各执一词、争论激烈，一时难达共识。双方争论的焦点是如何对待与铁共生的稀土元素。苏联专家提出以开采铁矿和生产钢铁为主，保存矿渣，待今后利用；以叶渚沛为代表的中国专家认为以利用稀土元素为主、生产钢铁为辅。叶渚沛强调“采铁弃稀土”必然会使稀土和铌资源严重流失，同时污染环境，特别是矿渣中的放射性元素和氟对土壤的污染将严重危及当地居民和牲畜的生存环境安全。然而，由于当时政治和技术环境的影响，叶渚沛的建议未被采纳。

按照苏联专家提出的以开采铁资源为主的思想进行设计建设的包头钢铁公司于 1958 年建成投产。然而，投产以后，铁和钢生产能力一直没有达到苏联专家的预设标准，而稀土、铌和放射性元素从选矿开始已严重流失，污染环境等问题凸显。

冶金工业部请时任中国科学院化工冶金研究所所长的叶渚沛出主意。叶渚沛所长于 1962 年 5 月来到包头钢铁公司实地考察，看资源，听建议，回北京后于 7 月向中国科学院及冶金工业部呈送他撰写的《关于合理利用包头稀土稀有资源的建议》。1963 年 4 月 15 日，冶金工业部在包头举办全国稀土工作会议，叶渚沛在会上报告了他的建议。他说：包钢现有的工艺流程，特别是选矿厂的设计，由于缺乏资源综合利用的观念而使稀土资源损失估计高达 25%左右。为此，叶渚沛提出包括拆除三座平炉、采用氧气转炉炼钢等在内的三点建议。这次会议被称为“4·15”会议，因为会议上的热烈争论体现了百家争鸣精神，使参会者 10 多年后依然记忆犹新，更忘不掉叶渚沛先生高度负责的科学家精神。

## 二、稀有元素资源化

稀有元素资源化一般是指当矿物中的主要元素与稀有元素存在共生现象时，主要元素在被提取过程中，必须使与它共生的稀有元素得到富集，使其成为有用资源而被回收利用。因此，判别共生矿综合利用流程是否科学合理，重要的指标是与主要元素共生的稀有元素是否资源化而可利用。

20 世纪 60 年代初，包钢平炉渣已堆积如山，粗略估算至少已积存 20 万～30 万吨。经过长年风雪浸润、雨水冲刷，渣中放射性元素及氟已悄然渗溶于地下水和泥土中，严重地危害公司周边居民的身体健康及农牧业生产安全。

为解决当地居民生存环境安全问题，经科学家多次呼吁，1962 年国家科学技术委员会将包钢平炉渣铌资源化及稀土元素回收利用等问题列为国家的科研攻关项目，分别委托冶金工业部下属的钢铁研究院和有色金属研究院作为负责单位，组织包括高等院校、厂矿研究所在内的各方科技力量，共同协作，以解决铌的回收和稀土资源化问题。这支研究力量雄厚的队伍分成两个项目组，即平炉渣铌资源利用攻关项目组和铁矿渣稀土资源利用攻关项目组。

平炉渣铌资源利用攻关项目组成员单位有钢铁研究院（负责单位）、中国科学院化工冶金研究所、东北工学院、北京钢铁学院、包头钢铁公司、唐山钢厂等 10 余家单位。陆达院长和邵象华主任担任项目主要负责人，邵象华主持日常工作。

邵象华从他的研究室先后抽调唐仲和、朱果灵、钟甬芳、袁以中、张柏汀、陶令辉、杨同春以及炼铁室的蔡博、廖世明、幺文茹、莫叔迟、张峰等 10 余人组成一支善打硬仗、攻坚克难的攻关队伍。邵象华将铌资源回收综合利用项目交给唐仲和等爱将，他的心才放了下来。

邵象华关注包头铁矿资源综合利用问题已有多年，他知道铌是中国特别富藏的一种高熔点稀有金属，国外文献很少报道。包钢含铌铁矿里同时还含有锰，锰也是一种稀缺的元素，可以用于冶炼锰铌低合金钢。

包钢铌资源利用项目组的会议由陆达和邵象华主持，会议议题定为“包钢公司铌资源化方案讨论”。会上，钢铁专家们畅所欲言，气氛热烈，最后形成两种攻关方案：一种是陆达提出的直接从平炉钢渣提铌；另一种是由邵象华提出的由高炉铁水提铌，后将这种方案称为“雾化提铌”或“喷雾提铌”。攻关组成员达成如下共识：平炉钢渣提铌和高炉铁水提铌两种方案都采纳，同时分别对两种方案设定了目标、内容、进度、资金时间等。

陆达提出的提铌方案有很强的针对性、现实性和目的性，因此攻关组决定先开展研究。因陆达院长公务繁忙，不能长期亲临现场参加试验，为此，他委托邵象华主持方案的实施，并同意研究工作从渣场积存的 20 余万吨平炉钢渣回收铌资源开始，之后再逐步形成工业提铌流程。

包钢平炉钢渣组成如下：$Nb_2O_5$：0.71%～0.52%；MnO：15.44%～8.89%；TFe：32.85%～16.82%；$SiO_2$：21.83%～22.40%；CaO：20.00%～33.33%；TiO：1.78%。从平炉钢渣的化学组成可看到，平炉钢渣化学组成中 MnO、TFe 两种有用元素含量都很高；$Nb_2O_5$ 含量也高于矿石，表明炼钢过程中铌元素富集于钢渣。

按照陆达建议提铌的方案，平炉渣提铌的工序为：第一步将平炉渣投入专门为这次试验建造的高炉中，冶炼出富含锰和铌的铁水；第二步将得到的铁水置于转炉中进行短时间吹炼，得到富集铌和锰的转炉渣；第三步可将转炉渣提供给生产铌锰铁合金的企业作为原料使用。

邵象华实地考察了包钢的现场条件，制定了陆达方案的实施步骤和设施：第一步用小高炉从平炉渣中炼出富含锰并含磷和铌的铁水；第二步将该铁水置于转炉中用空气"轻吹"，炼出高磷铁以及富含锰和铌的转炉渣，高磷铁可供给铁路系统使用；第三步于电弧炉中用焦炭将富含锰和铌的转炉渣中的 MnO、$Nb_2O_5$ 大部分还原成 Mn、Nb，同时，使其达到脱磷和部分脱铁的目的，然后将其继续熔炼生成目标产品——铌锰铁合金。

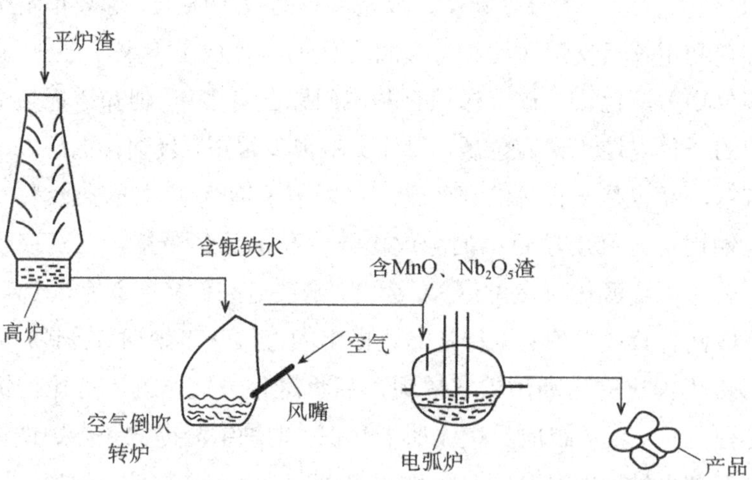


平炉渣提铌扩大试验工艺流程示意图

从平炉渣提取并富集铌和锰元素的三步法实施方案得到了陆达院长的赞同。最终产品——铌锰铁合金在当年是一种应用前景广阔的资源。陆达方案的实验结果证明，平炉渣提铌方案是可行的。

20 世纪 60 年代初至 80 年代，包钢一直采用平炉渣提铌流程来处理堆积如山的平炉渣，而且行之有效，其原因一是废物利用、成本很低；二是所用的设备大多是由旧设备改造的，投资低、成本小；三是铌锰铁合金是国防工业和铁路系统急需的产品，供不应求，销路宽广。

平炉渣提铌锰的工艺流程经过 20 多年的生产积累已经稳定和成熟，成为平炉渣资源化的有效途径，但流程过长和处理规模太小是该方案的严重缺陷。进入 20 世纪 80 年代，包钢环境污染的情况经 20 余年来的治理没有取得明显的改善，平炉渣依然堆积如山，因此雾化提铌方法重新被列入国家科技攻关项目并在包钢实施，以寻找包钢矿铌、锰资源化的更有效的途径。

## 三、雾化提铌

随着包钢生产规模扩大、大流程的投产，实施多年的平炉渣提取铌和锰的小规模生产已远不能与大平炉炼钢工艺生产能力相匹配。

大平炉炼钢与渣中提铌两流程互不匹配的现象早在邵象华与陆达等专家的预料之中。邵象华养成“以近知远，见微知著”的逻辑思维习惯，这也是领军科学家共同的素养。为此，邵象华完成平炉渣提铌流程投产前，开始着手组织研究室人员筹划雾化提铌新工艺。

20 世纪 60 年代初，英国冶金学者进行喷雾炼钢实验的报道曾引起邵象华的好奇和兴趣，他多次问自己：“倘若这篇报道是真实的话，能否将喷雾炼钢方法用于铁水提铌？”他跟踪外国文献数年，

1962 年的邵象华

经过理论分析、工艺判断、技术认定，他坚信铁水喷雾提铌技术是可行的。他认为铁水雾化提铌技术一旦投入使用，可能是从根本上解决包钢平炉钢渣堆积问题的最有效、最长远的处理方法，也是富集锰和铌，使它们资源化的各种方案中最理想、最经济、最快捷的途径。他组织指导的平炉渣提铌任务进展得很顺利，便把自己的部分时间用于开展雾化提铌的准备工作。

包钢高炉铁水中的铌含量平均不足 0.1%，远低于铌矿中铌的含量。因此，理想的办法是在将铁水送去炼钢前先进行提锰和铌的预处理。铁水预处理是将低铌铁水经过空气、富氧或纯氧吹炼处理，使铁水中的铌和锰尽可能氧化，生成氧化物留在渣中，并与铁水分离。这种铌和锰富集的渣可以作为铌锰铁合金的原料，此外还有其他用途。含铌和锰铁水的上述处理称为“铌和锰的资源化”。

邵象华为包钢铁水雾化提铌工艺试验进行了充分的准备，大体上做了以下工作：钢铁研究总院的实验室完成喷嘴结构设计参数及喷吹时气体压力、流量和喷吹速率等冷态和热态试验的特性参数；研究铁水雾化时使用压力、流量、喷吹时间、温度等参数与铁水中锰、铌氧化速率的关系。

他根据优化后的试验数据，为包钢铁水雾化提铌工厂试验设计提出了如下的流程：①用天车将高炉铁水由铁水包注入中间包；②经由中间包底部水口的铁水流过雾化器；③铁水在雾化器中被高压空气或富氧空气雾化成微细粒铁珠；④铁珠落下进入密闭反应器过程中，铁珠内的铌、锰、硅、磷和少量铁被空气或富氧迅速氧化成渣，再与铁水一起落到反应器底部；⑤反应器底部的铁水和渣一起经暗道流入分离器，进一步进行交互反应，促使铌进一步被氧化，并且渣铁分离，渣与铁分别经虹吸口流入渣盘与铁水包；⑥铁水送去炼钢，得到钢水；⑦经雾化法得到的富含铌、锰的渣是用于冶炼铌锰铁合金等的优良原料，应用广泛，颇受欢迎。

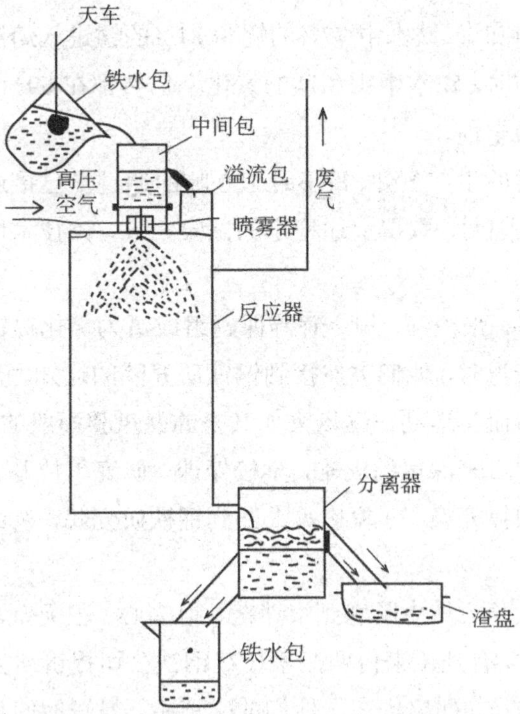


铁水喷雾连续提铌扩大试验工艺流程示意图

当年参加平炉渣提铌实验的主要成员唐仲和教授回忆道：铌是我国储藏的一种有用元素，提取方法当时国外也有报道。含铌的铁矿里同时还含有锰，所以包头含铌铁矿开发利用是一个综合利用问题。在邵老的指导和带领下，我们在包头做实验，一定要把它研究出来投产。

邵象华费了一番心思，最后才决定将雾化提铌试验安排在包钢炼钢厂的混铁炉旁边。邵象华认为这一安排有两个优点：一是高炉铁水经雾化法提铌后被送到混铁炉或平炉，雾化试验装置与混铁炉相距很近，路程也不远，途中铁水温度基本上不会降低；二是高炉铁水送入混铁炉，能够充分利用混铁炉的空间及高度，以及利用铁水包的包坑和天车等原有设备，既能节约试验研究费用和时间，又能节约劳动力，科学利用，两全其美。

他对这次试验早已胸有成竹。他认为试验成功与否取决于试验外部条件，如运输中铁水降温及试验中尽量利用原有设备可以降低试验经费和缩短试验时间。铁水雾化提铌的工厂试验规模定为每小时 30 吨、60 吨和 180 吨三种，试验一共进行 20 余次，经过数据处理得到如下结果：铁水通过量为每小时 60 吨时，铁水中 77%的铌和 81%的锰进入熔渣；铁水通过量为每小时 180 吨时，铁水中铌和锰的氧化率仍然都在 69%以上。试验结果保持了一定的稳定性。

按包钢当时的生产条件，每小时 180 吨的通过量已接近包钢炼钢厂的正常生产能力。因此，取得上述稳定的试验结果，该技术便可以直接用于生产流程。

正当邵象华、张柏汀、陶令辉等课题组成员为雾化提铌的工厂实验取得初步成功而庆祝时，他们突然接到钢铁研究院的通知，要求他们回北京参加“文化大革命”运动。这场突如其来的暴风骤雨般的“文化大革命”运动给中华大地带来深重的灾难，学校停课、研究单位基本停工、工厂生产特别是研究项目瘫痪。邵象华等人回到钢铁研究院，包钢雾化提铌试验被迫中断。

邵象华对试验突然中断感到很迷茫、很痛心、很无奈。正当他们收拾行装准备回家时，有几位来自四川攀枝花钢铁公司提钒研究组的工程师专程来包头登门造访，邵象华在与他们的交谈中，得知他们是为攀枝花钢铁公司雾化提钒来包钢学习的。他详细介绍了雾化法的基本原理、技术特点、工艺要领、主要设备、控制仪表等工厂试验应具备的基本条件及注意事项，同时，他又分析了雾化提钒与提铌之间的异同之处及其特点。邵象华倾其所知，把雾化法寄托于攀枝花钢铁公司提钒。他相信一种先进适用的技术总会传承下去，直到被另一种更先进的技术所代替。

1965 年的邵象华

攀枝花钢铁公司的年轻同行大赞不虚此行，收获颇丰，因为他们能亲自倾听邵象华院士的指导，机会难得。“文化大革命”结束不久，邵象华收到攀枝花钢铁公司的来信，得知了雾化提钒投产的喜讯，感到十分欣慰。

# 第五篇

# 耕 耘 不 止

摄于 1980 年

# 第十一章 风雨岁月

## 一、“文化大革命”风暴

1966 年 9 月～1969 年 9 月的整整三年中，邵象华和他的课题组成员生活在条件极艰苦的包钢公司，进行铁水铌资源化的开发研究。从平炉渣提取铌和锰的工业生产流程成功创立，到铁水雾化连续提铌和锰的工厂扩大试验都取得突破性成果。尽管在此期间由于“文化大革命”，邵象华与家人遭到多种不公正对待，但他依然惦记着包钢雾化提铌这个国家重大项目不能停止。他甘冒风险与钢铁研究院造反派据理力争，终于同意他回到了研究工作岗位。

在钢铁研究院，邵象华被冠上“资产阶级反动学术权威”“国民党资源委员会鞍钢接收大员”等种种罪名并被关进“牛棚”，不能回家。虽然邵象华心里想不通，但又很无奈。他安慰自己，我一不反党，二不反社会主义，嘴长在人家脸上，随别人去说吧，清者自清，浊者自浊。

然而，他进“牛棚”后，原有的几百元工资被停发了，每月只发给 25 元生活费。邵贝羚回忆说：全家主要依靠母亲的工资维持日常生活，还能勉强过得去。最让母亲无奈的是，住房面积减少后书籍资料没有地方存放。以前住四间房，父母住一间，邵贝羚和弟弟各住一间，余下的一间是父亲的书房。父亲被关进“牛棚”后，这四间房住了两家，另一家是刘嘉禾，每家两间房，后来很快又收走了一间，我们一家人挤住在一个小房间里。父亲和母亲都有很多藏书与资料，这些父亲十分珍视的书和资料没有地方存放。母亲去找院领导，他们说这些东西可以送到家属委员会存放。“文化大革命”后期我们要求取回来，他们却说不知去向了。于是，好多珍贵的书和中外文资料就这样丢失了，十分可惜。

1968 年结束“牛棚”生活回家团圆

邵象华被免去研究室主任一职，对此他很淡然。他不留恋职位高低，不希冀荣华富贵，反而感到无官一身轻，有更多的自由时间做学问。而且，他全然不理会造反派给他制造的种种莫须有罪名，诸如“资产阶级反动学术权威”“崇洋媚外”等，他觉得这些造反派太无知，他只是一笑了之。

邵象华生性乐天派。时过多年，我们仍然可以在他的精神世界里看到其先祖邵雍——这位自诩“安乐先生”、程颢赠予“风流文豪”的先人的影子，如“风雨情怀，江湖性气”“无贱无贫，无富无贵”“乐道善言，乐行善意”“乐见善人，乐闻善事”“小车赏心，大笔快志”等傲气风骨。

邵象华心里唯一惦记着的事是包钢提铌项目。他虽被罢了官，头戴几顶“高帽”，身背莫须有的罪名，但他坚持在“牛棚”给钢铁研究院科研办的同事写了一份报告，陈述了包钢公司的铁水提铌项目是一项国家重点科研任务，也是被钢铁研究院列为重中之重的课题，因此它是沉甸甸的，冶金工业部没有叫暂停，如果我们自作主张公然停止，是要负重大责任的！

邵象华一番慷慨陈词，科研办的同事们也被他的敬业爱国情怀所感动，顶着“科研压革命”的风险，多次与院造反派交涉，阐述了该项目的重大意义，邵象华与其他六位同事这才被同意重返包钢，继续进行铁水雾化提铌试验。

## 二、包钢纪事

邵象华与包钢似乎有一种命中注定的难解之缘。1958 年的那次调动，他原本是应调到包钢的，那时候包钢初建，生活艰苦，鞍钢领导从中调整，他才来到北京钢铁研究院。邵象华觉得亏欠了对包钢的情分。这次包钢平炉渣提铌和铁水提铌科研项目的研究正好为他提供了一次为包钢服务的机会。

这一次去包钢是在 1966 年 11 月，寒冬腊月，地冻天寒，这期间正逢全国停课闹革命、全国“文化大革命”大串联的高潮期，乘火车一票难求。北京是京兰线的起点站，车票还算充足，购票队伍如长龙，年轻人轮流排队，白天黑夜人不断，终于买到几张坐票，邵象华焦急的心才放了下来。上了火车后，年过半百的邵象华与大家坐在一起，两车厢连接处、两排座位间的过道，甚至卫生间里都挤满了旅客，热水供应因乘务员无法通行或不安全等原因而取消，邵象华打趣道：“这回好了，免得上厕所了。”窗外滴水成冰，车厢内暖气充足，暖洋洋的让人昏昏欲睡，但车内一股股难闻的气味更让人捂鼻恶心。

清早，北京开出的列车，在晨曦中抵达包头站，一阵长鸣中，列车缓缓地停了下来。下车后，邵象华等人都将自己包裹得严严实实，有人只露出一双眼睛，口鼻呼出带着体温的“淡淡青烟”。邵象华在东北生活多年，已习惯冰天雪地和零下十几摄氏度的寒冷。然而，他依然觉得塞外的风要比东北的风更寒冷、更刺脸。

下车后，他们把行李放在候车室里，像往常一样来到门前等待包钢接他们的汽车。透过朦胧的晨雾，他们没有看到汽车的影子，却被天空中飘动着的一束束鲜红的火苗所吸引，时显时隐。邵象华说，红色火苗的地方，一定是包钢！这是我们要去工作的地方。

天色逐渐放亮，包钢的车仍然没有来。此时此刻，每个人都感觉到饥饿和困乏，盼望来一辆车将他们直接送到招待所，饱饱地吃一顿热饭，洗一个热水澡，然后甜甜地睡一觉。又半个小时过去了，依然不见包钢接客轿车的踪影，甚至连公交车都没有。包头的清晨阴冷得很，同事们担心年过半百的邵象华会受风寒，请他回到候车室休息。

有人看见一辆毛驴车停在站前，便跑过去打听公交车的事，得知公交车无法来时，便对车夫说："我们是从北京来到包钢出差的，劳您的驾把我们送到包钢招待所，我们付钱。"车夫热情地说："上车吧！包头天气很冷的，别受凉。"

邵象华等先将行李放在车上，大家背靠背挤在一堆，既挡风又御寒，头一回坐毛驴车还挺新鲜。腊月时节包头的温度一般在零下十五六摄氏度，伴随着呼啸的、夹着细砂粒的北风，不多时，邵象华与同事们已觉得寒气逼人，手、脚和脸上隐隐刺痛，然后渐渐地麻木，再也无寒冷的感觉。车夫不时地回头看看北京来的这几位知识分子，尤其是那位有些年纪的老先生，身上穿的衣服太单薄了，哪里能抵挡得住塞外凛冽的寒风！他举着鞭子大声吆喝着，空中响着的鞭声在空寂的郊外格外响亮，毛驴受到鞭声催促快跑起来。这鞭声让邵象华与同事们从昏沉沉中提起精神来。

招待所大门前，他们下了车，此时两只脚好似踩着棉花，软软地使不上劲。他们进了招待所，放下行李，邵象华等人来到门口，只见那位热情的车夫哼着当地小曲渐渐地消失在晨曦中，他们大声喊着"谢谢啦！"朦胧的光亮中，他们看到中年车夫回头向他们挥手告别。

包钢有两家招待所，一家曾经是苏联专家住的招待所，设施齐全，苏联专家回国后，这家招待所改为专家招待所，负责接待领导干部、著名专家学者或重要会议代表；另一家招待所主要接待到包钢出差办事的一般人员，设施简陋，房间里除了每人一张床和一个床头柜外，其他生活设施全部由公共空间提供，如洗澡间等。

按照邵象华中国科学院学部委员的身份，可以住专家招待所，他却宁愿与同事们一起挤在普通招待所的房间。他打趣地说与大家住在一起不会寂寞，也便于商量工作。同事们闲聊时常常谈到某人某事并往往争论不休，邵象华靠在床头，或者戴着耳机听音乐，或者看书，或者思考问题，从不加入闲聊、评论是非。在他看来，闲谈别人的事、对别人评头品足是对他人的不尊重。

然而，邵象华有自己的乐趣和休闲方式。每次出差前，夫人王晓云一定会在他的行李中装上两副新扑克牌，她知道邵象华闲暇时最大的乐趣是与同事打牌。他打扑克牌时十分专注，记牌很有一套办法。一种玩法玩腻了，他就教大家去玩另一种，再玩腻了就教大家打桥牌。他讲解桥牌的基本出牌知识，然后大家边学边玩，他边玩边讲，经过几番实践，大家很快入门了。玩桥牌后来成为他的研究室共同的休闲方式和文娱活动。“文化大革命”后，同事们才知道邵象华曾经是鞍钢玩桥牌公认的高手。自那以后，在研究院组织的全院桥牌比赛中，他的研究室获得过季军。

招待所自办食堂，他们需要将全国的粮票兑换成食堂饭票。饭票中粗粮七成，细粮三成，粗粮主要是玉米、高粱米；细粮是大米、白面，但大米很少。邵象华是南方人，喜欢吃大米，但是经过几十年天南地北的漂泊迁徙，特别是十多年在鞍钢的生活，他已经吃惯了高粱米和玉米等主食，以及土豆、酸菜等副食。

邵象华经常奔走在全国各地，住宾馆或招待所，吃鱼肉或土豆酸菜，他总结了一套适合自己肠胃的饮食经验。他说，自己的肠胃比较娇嫩，因此吃馒头、啃玉米饼应当细嚼慢咽，少吃多餐，减少肠胃负担。他吃饭时会尽可能少说话，多咀嚼，养成了良好的饮食习惯。

寒冬季节的包头，食堂供应的总是大白菜、土豆、萝卜老三样，尽管大厨变着花样烧菜，无奈油少肉缺，“巧妇难为无米之炊”。年轻的同事时而跑到街上的小餐馆，点上几个小菜，喝上二两小酒，“奢侈”一回，戏称“改善生活”。

邵象华自己不上街改善生活，但也不反对。他对当时的生活条件早有充分准备。他认为包钢雾化提铌试验不会一蹴而就，很难在短时间取得成功，尤其是处在这样的特殊时期，更难预料它的前景。因此，他让自己早一些适应包头风沙冰雪的气候，尽快让自己的肠胃习惯食堂的饭菜，他提醒自己只有身体健康了才能坚持试验。

“文化大革命”初期包头的高校校园、市人民政府大院里大字报贴满墙，人来人往，熙熙攘攘，包钢公司本部、各厂、各矿山也贴满了大字报。然而，铁水还在奔流，钢花仍然怒放，火车笛声依旧，工人川流不息。

他们庆幸雾化提铌工厂试验准备工作已基本就绪。攻关项目组的成员有包钢公司、包头钢铁设计院、包头钢铁研究所三家本地成员。每天上班时，包头的同事经常会谈起自己单位前一天发生的新闻和坊间的小道消息，谈的人津津有味，听的人如听评书，时而点头赞同，时而大声争论。北京来的成员大多只用耳朵听，不发表意见。此时，邵象华已穿好工作服，坐在一旁想着试验的事，旁若无人，全神贯注。一旦讨论当天的试验内容和怎样试验时，他立即聚精会神听着大家发言，他通常不会打断别人的谈话，只有请他最终决定方案时，他才会谈自己的意见。

邵象华自知自己不在其位应该不谋其政，绝不可以喧宾夺主；他也相信自己的爱将人人精明干练，能够担当试验的重任。然而，科学家的良知和社会责任常常提醒他，关于试验的事应当坦诚直言，免走弯路，因此，他常常把自己较成熟的意见贡献出来。事实上，在试验组成员的心目中，邵象华仍然是他们的攻关项目的负责人。

包钢雾化提铌扩大试验项目进行得顺风顺水，一路上没有遇到大风大浪，因此邵象华脸上常常露出笑容，心情爽朗。

某个星期日，天气晴朗，风和日丽，冬天的包头难得有这样好的天气。这天，邵象华难得闲暇，想到来包头已经好几周了，应该登门拜访老朋友谭振雄。这位旧友就是 1938 年与靳树梁一起到德国实习、在克虏伯钢铁公司相识的故友，现任包头钢铁设计院总工程师。邵象华兴致勃勃地来到设计院，经询问才找到谭振雄的家。当他走近家门时，看到谭家正遭造反派抄家，门口站着几位腰粗膀圆的大汉，上前盘问他与谭振雄的关系，听后拒绝他们相见。他只好回到包钢招待所，神情沮丧地倚靠在床上闷闷不乐。谭振雄今日的遭遇他也有过，造反派这种蛮横的行径，着实使他大惑不解，思绪难平。

1990 年 9 月，邵象华、张春铭等人重返包钢，见到了当年一起工作的技术人员，感慨万分。

1990 年重返包钢（左三为邵象华）

1990 年在包钢钢铁研究所

与包钢钢铁研究所技术人员畅谈
（左五为邵象华）

## 三、干校生活

1969 年夏天，钢铁研究院革命委员会积极贯彻中共中央关于“五七干校”的指示，安排本院职工分期分批到干校接受“再教育”，到冶金工业部主办的“五七干校”参加体力劳动锻炼。冶金工业部创办的干校一处在云南省北部草坝，后迁到河南省淮阳。钢铁研究院的第二批职工开始都到河南省淮阳干校接受“再教育”。

1969 年 1 月，女儿邵贝羚结婚，刚从“牛棚”回来的邵象华回家团聚，全家为邵贝羚的新婚祝福。

1969 年年底，邵象华也加入了这批“五七干校”学员队伍，来到淮阳干校。干校位于河南省漯河东部，这里是一望无际的大平川，是河南省著名的产粮区，自然条件不错。经历过东北的严寒和塞北的风沙，邵象华已习惯了淮阳干校的生活。初到干校劳动时，他感到处处新鲜又陌生，对陌生的事情总是怀着好奇心和新鲜感，愿意亲手劳作。他从小生长在江南水乡，见过水稻种植，但未曾干过大田农活。尽管干农活的动作笨拙好笑，但他仍感到是一种乐趣。

1970 年 8 月，夫人王晓云也来干校锻炼，接受“再教育”。邵象华知道后很高兴，艰苦单调的环境更需要夫妻间的相濡以沫、相互关爱和鼓励。然而，王晓云到干校后被分派到另一个连队，住所与邵象华所在的连队相隔较远。每天早出晚归的大田劳作，让他们深感疲劳，有时晚间还有政治学习，因此他们就不能天天见面，好在在同一干校，也就比较放心。

1971年10月，大学毕业分配到抚顺工作的儿子邵贝恩来到河南省淮阳探望父母。经干校领导特批，一家三口人团聚在邵象华连队驻地，随后他们乘车到周口镇（现周口市）照相馆合影留念，又在附近饭店吃了一顿难得的团圆饭。这一天是他来干校后最快乐的一天。

1971年一家三口在干校团圆

1971年11月6日，邵象华的父亲邵家驹仙逝于长春市的长孙邵卓民（长兄邵象伊之子）家中，享年82岁。邵象华得知噩耗，急忙请假并偕邵贝恩赶往长春料理父亲后事，其后在邵卓民家调养几日。1975年10月，邵象华将父亲邵家驹的骨灰由长春墓地迁出，护送父亲骨灰返回杭州，圆父亲叶落归根的遗愿。

1957年与父亲邵家驹于鞍山

1964年的邵家驹

1972 年 5 月，邵象华和王晓云先后从干校返回钢铁研究院，被安排住在筒子楼的一间宿舍内。后来家里人口多了不够住，又分到了对门的一间宿舍。这套混搭的两居室，一家人在这里住了好多年，过得其乐融融，十分惬意称心。直到“四人帮”被打倒，他们才逐渐恢复了正常的待遇和工作。对于在“文化大革命”中所受到的委屈，邵象华从不提及，好像没有发生过一样，他仍然像以前一样乐观开朗，风趣幽默，精神饱满地投入他热爱的钢铁事业中去。

1972 年 5 月从干校返回北京

# 第十二章 彩虹普照

## 一、苦学日语

中华人民共和国成立之前的著名大学甚至知名高中都设有英语课程，毕业时学生大多有较好的外语素养，听、说、写的能力较强。邵象华、陆达、丘玉池等钢铁研究院著名的学者都精通英文，熟练德文，粗通俄文，但是对于日文比较陌生。“文化大革命”前，钢铁研究院曾开办过各种业余学习班，最受欢迎的是外语学习班，几年来培训的许多技术人员大多掌握了两门以上的外语。这些学习班在“文化大革命”期间被迫停办。

邵象华想学日语是有原因的。当时世界上的钢铁生产大国非美国、苏联、日本、德国四国莫属，中国发展钢铁工业并想跻身钢铁大国行列，相关人员必须掌握这四国语言文字，尤其是领军人才更应如此。邵象华已掌握英语、德语、俄语，学习日语的愿望很强烈。

“文化大革命”后期，钢铁研究院一些研究室恢复举办各种外语学习班，邵象华所在的研究室主办了日语学习班。教室借用一间可容纳近 50 人的会议室，教室内没有课桌，只摆着一排排的长条板凳。邵象华是日语学习班的倡导者、组织者和参加者，因此他来得最早，坐在第一排，背着单词或句子。日语课主讲者是本室的职工，和大家很熟悉，主讲者在第一堂课讲了他学日语的经历，他说自己是在“文化大革命”前由邵象华主任派送到冶金工业部举办的外语学习班学习日语，该学习班只开办了不到半年就因“文化大革命”开始而停办。

邵象华听课很认真，回家后用功复习。有一次，他在课堂上问了两个很重要的问题：第一个问题是“日语有什么特点”，第二个问题是“怎样才能学好日语”。主讲教师看见邵象华提问题，起初有些局促，平静片刻后微笑道：“对于邵主任提的两个重要问题，我讲点自己粗浅的理解，供大家参考。”他说日语的语法与英语、中文的主要区别有三点：一是句子结构按主语+宾语（或补语）+谓语（动词）的顺序排列，这一点对于正确掌握阅读、翻译或书写是很重要的。二是黏着性，日语名词在句中的地位和作用是通过它后边黏着的各种格助词来确定的，这也是正确理解日文书刊内容或书写文章时的重要环节。三是包容性，日语中有许多汉字，有些发音近似中文且含义也相似，但应注意有许多汉字是日本人自创的，它的发音和含义也完全不同。这一特点对于中国人学习日语既有有利的一面，也容易给人造成误解或使人混淆，请大家学习时一定要注意。

主讲者强调，学习日语一定要把握两点：一是务必学好日语的“五十音图”，包括“五十音图”中的行和段，要能熟练准确地发音和书写每一个字母，更要把行和段背得滚瓜烂熟；二是掌握格助词的功能和用法，要特别关注那类功能多、用法复杂的格助词。讲毕，掌声响了起来，教室中洋溢着真情和暖意。这种曾经建立的同事间互爱、友好、团结的气氛，在“文化大革命”中已丧失多年，今日又回来了，因此大家感到格外温暖。

炼钢研究室开办的日语业余学习班每周一次，每次两小时，计划学习时间为 10 个月，要求结业时多数人能够借用词典阅读日文文献。邵象华学日语有明确的目的和强烈的愿望。他多次说：“日本这个国家 1967 年时钢年产量仅仅只有 4000 余万吨，到 1976 年日本的钢年产量已突破一亿吨，非常接近产钢头号大国美国的生产能力。日本成为最大‘暴发户’的原因有很多我们是不知道的，其成功的奥秘到底在哪里？要解开这个谜底，更深更多地了解日本钢铁工业中的先进技术，不懂得日语就难了。”

在学习班中，邵象华堪称榜样。他有厚实的英语基础，又有俄语的训练，因此对语言有种特别的悟性。例如，在进行日语“五十音图”单元学习时，他的发音正确，字母记得很快。日语中的片假名、平假名，他书写得不但工整、漂亮，而且记得牢固。当进入学习日语语法阶段时，他聚精会神地听讲，认真记笔记，作业次次得“优”。10 个月的日语业余学习班圆满结业，邵象华及多数学员达到能够借助词典阅读和翻译日文文献的水平。积微成著，日久见效，日语作为语言工具给邵象华后来进行国际交流帮了很大的忙。

## 二、朝阳？夕阳？

20 世纪 70 年代中期以后，世界主要产钢国家的钢产量呈现出大幅度波动甚至有下降的趋势：西欧主要产钢国家，如德国、英国、比利时等国钢产量也类似美国、日本，下降明显；与此相反，中国、印度、巴西、南非、巴基斯坦等发展中国家的钢产量呈现出蓬勃发展的趋势；特别是中国，1983 年产钢已达到 4000 万吨左右，排世界第四位，仅次于美国、日本、苏联三国。

这期间国际上出现了两股思潮，它们分别是以拜尔、哈贝马斯、奈斯比特为代表的“后现代主义”（postmodernism）及以托夫勒为代表的“未来学”。他们各自提出关于人类社会发展前景的预测，他们的结论是悲观的，而且曾经深刻地影响了国际学术界对未来社会的观察视角和态度。这股对现实世界悲悯的情绪通过书刊、报纸、讲演等形式似雾霾一般弥漫在天空中。

依据他们的理论，人类于一万年前开始从原始社会发展到农业社会，二三百年前开始从农业社会进入工业社会，而现在已经到了一个新阶段。关于新阶段的名称，有的人称其为“后工业社会”“高技术社会”“信息社会”，如哈贝马斯等；有的人定其名为“第三次浪潮”，如托夫勒等。钢铁生产大国的产量骤然下降、资源和能源消耗失控、环境污染日益严重、气候变化异常等现象大多与工业污染、人类过度消费自然资源有关，因此，哈贝马斯和托夫勒都认为钢铁工业将变成“夕阳工业”，必将太阳西下，难止衰落。

“后现代主义”和“未来学”方面的著作内容十分枯涩乏味，而且如其他的哲学文章一样，非专业人士很难有兴趣关心，研读更是鲜有乐趣。邵象华是国内工程专家中少数喜欢阅读这类文章的人。他读后感想很多，分别在 1984 年 11 月 27 日的《冶金报》和 1985 年的《工程师论坛》创刊号上发表了题为“钢铁工业——‘夕阳工业’还是‘朝阳工业’”的文章，文章曾引起冶金工业界同行的广泛兴趣、争鸣、反思和探索。他写道：“他们所说的这个新社会大体上指的是以计算机、信息传递和处理、新能源、新材料、海洋开发、生物技术、机器人等为特征的社会。据说在这种社会里，多数人不再从事生产货物的活动，而是提供服务；而所谓服务，实际上主要是创造、处理和分配信息。”他继续写道：“他们中有些人把资本密集（注：应为劳动力密集）的传统制造业，包括所谓‘烟囱工业’在内，统称为‘夕阳工业’，认为应入迅速淘汰之列。”

冶金报

钢铁工业——“夕阳工业”还是“朝阳工业”？

1984 年发表在《冶金报》上的文章

1984 年与魏寿昆（右一）、张文奇（中）合影

上述观点在国内一部分人中颇有影响。为了澄清这个问题，邵象华阅读了未来学家和后工业社会学家的著作，并在来访的国内外科技界知名人士中做了一些调查研究，从而形成了他的基本观点。他写道：首先，那些未来学家描述的是美国社会状况，但至少没有说明工业发展较晚的国家现在也应"弃工（工业化）就信（信息化）"。其次，那种把高科技同工业化或基础制造业对立起来的观点，在美国社会并没有普遍的市场。今天（指1984年）来华访问的几位美国知名教授都说在美国时他们不知道有"夕阳工业""朝阳工业"，以及淘汰基础制造业的说法。再次，美国一些企业界和科技界人士公开表示不赞同"弃工就信"的观点。例如，美国知名冶金学家史密斯博士在1983年度的"材料和社会杰出演讲"中尖锐地指出："美国矿冶业近来遭遇到巨大困难的主要原因，并不在于资源枯竭、环境污染、国际竞争等常听到的理由，而是在于社会原因，由于一些人利用言论自由的权利，忘记了自己的责任，把自己的一些推论引申到极端所引起的。"最后，以工业化社会转向"工业后社会"（通常译为"后工业社会"）的结构改革，并不符合美国的国家政策。例如，1970年美国国会通过的《国家材料政策法案》，1980年通过的《国家材料与矿物政策法案》，等等。

邵象华陈述的上述理由有力地证明，"弃工就信"的发展道路并不适用于发展中国家，甚至某些发达国家也明确表示拒绝采纳。那么，中国钢铁工业是"朝阳工业"还是"夕阳工业"呢？邵象华认为，在相当长的时间内，由于技术和经济方面的限制，目前我国钢铁工业发展的唯一出路是通过科技和其他方面的艰苦努力，吸收、发展和创造更加先进的钢铁生产技术、工艺、设备和流程，并用来改造和扩建现有的钢铁基地。因此，钢铁工业在美国并不是什么"夕阳工业"，在中国更不是什么"夕阳工业"，而是今后还将大大地发展，是一种在四个现代化中大显身手的、欣欣向荣的"朝阳工业"。

古稀之年的邵象华仍保持着高瞻远瞩和敏锐的眼光，以及独立思考的判断能力，他敢于用大量事实和有力的证据挑战当时国际权威未来学学者的观点，受到了国内工业界、学术界专家的赞同和支持。

历史是诚实的裁判员。美国和欧洲一些国家的御用学者竭力鼓吹并践行托夫勒的“未来学”以及哈贝马斯等的“后现代主义”，这些国家曾将国内工业纷纷迁至发展中国家，与此同时也为把污染转嫁出去而感到得意，却使本国以工业为核心的“实体经济”空洞化，最终动摇了本国经济发展的根基。竭力推行以金融为核心的“虚拟经济”，最终导致美国爆发了金融危机，波及欧洲各国，至今创伤仍难以愈合，人们的心理恐惧一时难以抚平。

邵象华认为，发展钢铁工业的唯一出路是，通过科技和其他方面的艰苦努力，吸收、发展和创造更加先进的钢铁生产技术、工艺、设备和流程，并用其来改造和扩建现有的钢铁基地，以达到今后建立新的基地的目的。他特别强调高科技与传统工业不是势不两立的竞争者，而是相互促进、共同进步的伙伴。他说，计算机辅助设计、操作、管理、控制使钢铁流程早日实施自动化控制，海洋资源开发可能为冶金工业提供新的矿产资源，等等。

1992 年在钢铁研究总院参观电渣重熔实验

## 三、索赔谈判

1994～1996 年，铁道部下属的中国铁路物资总公司分别利用日本贷款从加拿大悉尼钢厂购买规格为 50 千克/米的高强度铬钼合金钢轨 49 626

吨，供国家重点建设工程南昆铁路铺轨使用；利用世界银行贷款从西班牙国家钢铁公司采购规格为60千克/米的高强度钢轨5批共35 240吨，供浙赣铁路重点支线铺轨使用。

加拿大悉尼钢厂的钢轨于1995年7～12月分6批抵达黄埔港，经检验发现钢轨的断面都存在有损钢轨质量的马氏体组织，判断为不合格产品。

西班牙国家钢铁公司的钢轨于1994年5月17日～1995年2月1日分5批运抵上海港，中国铁路物资总公司分批取样送中国商品检验局进行检验，结果发现，每批钢轨中都不同程度地出现马氏体组织及钢的化学成分严重偏析等产品质量问题。中国商品检验局出具产品检验结果证据，中国铁路物资总公司持此证据向西班牙国家钢铁公司索赔。

在此期间，西班牙生产的钢轨有约1万吨从上海港卸货直接运往工地陆续铺设上道使用。1994年7月15日，浙赣线道岔配轨作业时，工人用手锯锯切钢轨时发生突发性裂纹，钢轨从锯口沿轧制方向裂开。不久，8月28日新余工务段道岔配轨作业时又发生了两次突发性裂缝，裂纹相继出现在钢轨的横向和纵向上。1995年1月12日，浙赣线新轨铺设期间超声波探伤作业中，再次发现西班牙钢轨端头纵向裂纹和横向裂纹，其最大张开尺寸可达6毫米，工人称它为“爆裂”，因此证明产品存在严重的质量问题。铁道部于1994年年底和1995年年初多次下达指示，严格要求西班牙进口钢轨的各家用户暂停上道，并进库封存，严加监管，已上道的西班牙进口钢轨全部更换下道入库封存。

中国铁路物资总公司据理向西班牙供货公司提出索赔要求，遭到西班牙方百般抵赖狡辩，无理拒赔。于是，中方成立了中国钢轨索赔领导小组，组长由中国铁路物资总公司副总经理、教授级高级工程师赵传学担任，小组成员除该公司相关专家外，1995年2月开始邀请国内著名炼钢学者邵象华院士、北京钢铁学院（现北京科技大学）金属物理学者柯俊院士及林吉忠教授作为专家顾问参加谈判会议。

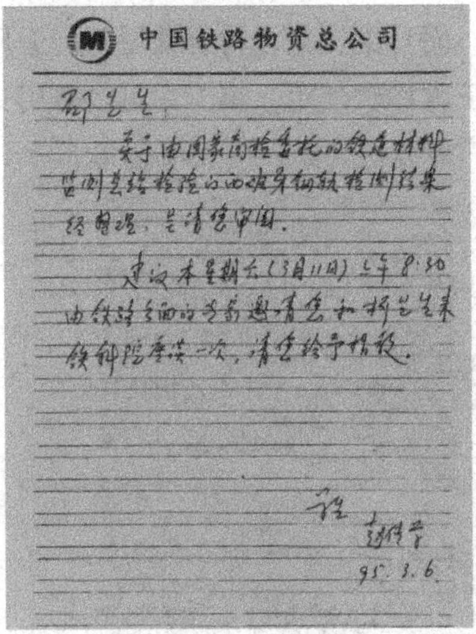

中国铁路物资总公司

95.3.6.

应邀参加钢轨索赔小组

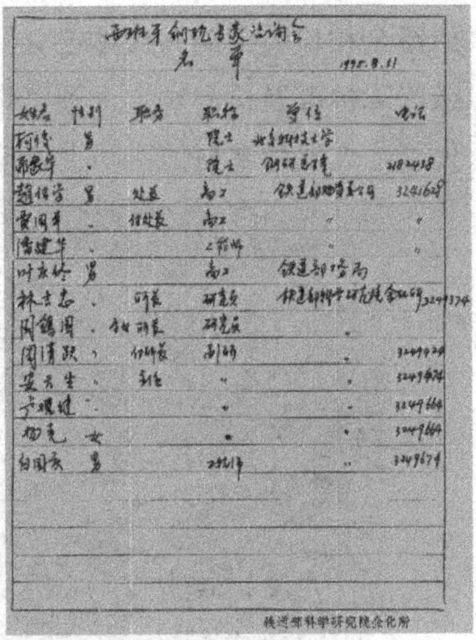

1995.3.11

| 姓名 | 性别 | 职务 | 职称 | 单位 | 电话 |
|---|---|---|---|---|---|

钢轨索赔专家组成员名单

1995年2～11月，中西双方五次谈判均无果而终。西班牙谈判专家拒绝承认西班牙方供给中国的钢轨中因出现成分偏析和后续冷却工艺不当造成的轨腰生成条带状马氏体组织；不承认钢轨中残余应力大锯切时造成“爆裂”及后续裂纹。西班牙谈判专家认为，轨腰中存在的组织应为“白相”；锯口“爆裂”现象是中方使用锯切工具不当造成的，如果工厂使用厚锯片的圆盘锯来切割钢轨是不会发生“爆裂”的。西班牙方最后建议用热处理方法来改变钢轨中的组织，并提出在中国境内的相应热处理设备中进行。

邵象华欣然接受邀请，这一年他已81岁高龄。“君子之为学也，没身而已矣。”大凡有大成就的学者都把做学问视为终身不已的事情，以此为乐。他坐在钢铁研究总院图书馆阅览室里查阅大量的相关文献资料，收集了国外钢轨厂商的产品说明书及国际仲裁机构有用的案例等。

1995年2月16日邵象华在致赵传学的信中谈了下面五个重要的问题。第一，钢轨在手锯过程中自行断裂，说明该钢轨有高脆性，不但施工困难，（而且）干线建成以后使用也非常危险，因此（这样的钢轨）不能使用。第二，造成钢轨脆性有不少可能（的）原因。铁道材料检测总站052报告中有些轨样有明显的成分偏析，相信是钢液凝固过程中产生的。第三，手锯时断裂的钢轨中含有不少呈平行条状的典型未转变马氏体。相信这是造成钢轨严重脆性的一个主要因素。这样的（钢）轨，不应使用。第四，欲防止由马氏体引起的脆性，只能采用将涉嫌含马氏体的钢轨进行适当的热处理，如经金相检验证明马氏体已分解，而且钢轨完全符合铁道部门采用的国家或国际标准及检验规定，则可按正常钢轨使用。第五，可以采用钢轨回火处理。大批量重型钢轨回火处理，需要符合条件的大型装备。

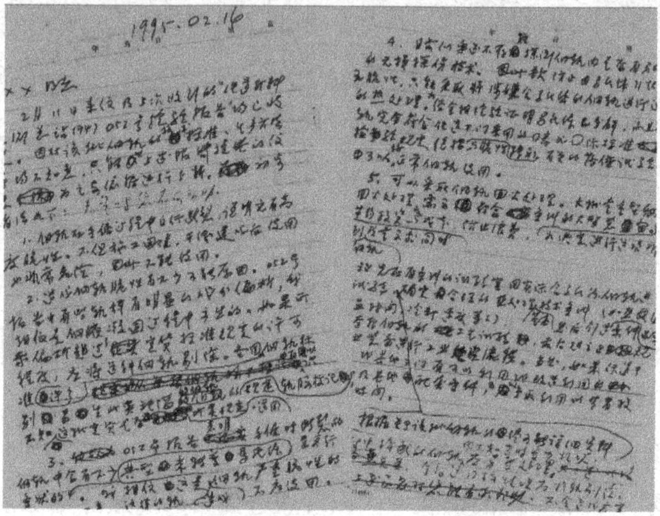
1995.02.16

致信铁路物资总公司（手迹）

同时期发现，从加拿大悉尼钢厂进口的钢轨也存在着相同的质量问题。

1996 年 1 月，中国铁路物资总公司正式成立进口钢轨质量问题咨询指导专家组，除原有的三位学者外，又增加刘嘉禾、吴杏芳等共 8 人。

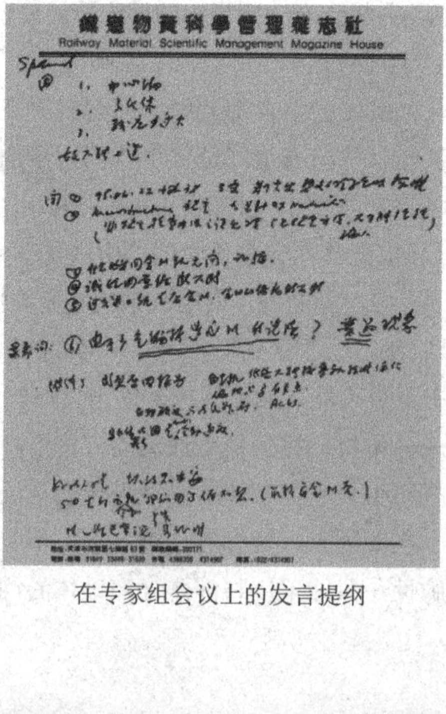
鐵道物資科學管理雜志社
Railway Material Scientific Management Magazine House

在专家组会议上的发言提纲

西班牙国家钢铁公司、加拿大悉尼钢厂为一方，中国铁路物资总公司为另一方，向国际仲裁机构提出仲裁申请。这注定是一场激烈的控辩双方科学技术实力的较量，或者说是双方科学家团队实力的角逐。赵传学副总经理回忆说：与加拿大悉尼钢厂打官司时，加拿大方组成专家组，首席专家叫克鲁赛克，原先是捷克人，后移民到加拿大。这位摩擦学专家是加拿大方以 50 万美元高价聘请的首席科学顾问。在仲裁庭上邵象华先生据理力争时，他竟无言以对。

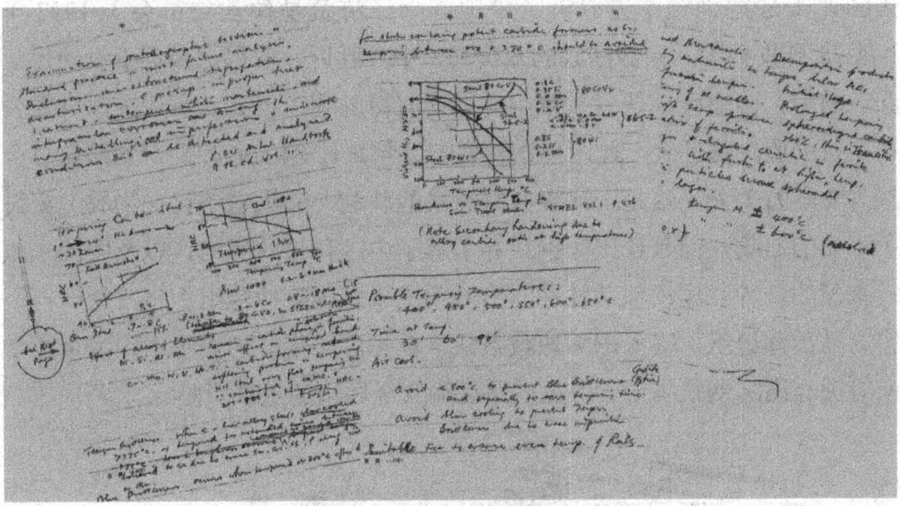

相关技术问题手稿

邵象华在庭上从容不迫，理直气壮，侃侃而谈。他严肃地指出：第一，国际上著名的钢轨厂商在他们的产品说明书中，特别说明他们厂生产的钢轨的组织为珠光体或细珠光体，而没有谁敢说有任何数量的马氏体（或白相）。第二，西（班牙）方和加（拿大）方所谓的“白相”，实际上是指轧后冷却时分解为珠光体的部分偏析区中生成的原生马氏体。研究证实马氏体对钢轨的使用是绝对有害的，必须彻底清除钢轨中的马氏体后，才能上道使用。第三，钢轨中马氏体产生的原因主要是轧制过程中冷却速度过快而使钢中合金元素严重偏析。第四，马氏体严重正偏析是造成钢轨锯切时“爆裂”的原因，这是因为偏析区在钢轨锯切过程中产生了较大的残余应力。第五，基于上述事实，西班牙厂方、加拿大厂方所指的“白相”其实就是原生马氏体，而且这种马氏体是产生钢轨“爆裂”等缺陷的基本原因。

克鲁赛克和另一位专家顾问、炼钢专家 B. 麦克唐纳书写了长达数页的申辩材料，分别提交给仲裁法庭及中方，申辩材料中语气傲慢强硬，摆着一副这场国际仲裁官司必胜无疑的姿态。

中方咨询指导专家组成员在邵象华、柯俊的组织下，对悉尼钢厂专家提供的申辩材料逐条进行科学的质疑和有力的反驳。之后，他们一针见血地指明，钢轨中马氏体的产生是应用不良轧制工艺的必然结果。回国后，中方仲裁组专家分别参加北京科技大学炼钢实验室、国家材料实验中心、铁道材料检测总站、中国商品检验局等各种性能试验及权威性检测，最后国际仲裁法庭判定中方胜诉。中国国际经济贸易仲裁委员会于 1997 年 1 月 28 日收到国际仲裁法庭的裁决书，中方胜诉并取得保函项下设的保证金。随后，西班牙钢轨索赔案中方同样取得胜利，得到西班牙国家钢铁公司交付的履约保证金。此两项钢轨索赔数量累计 84 866 吨，得到赔款总金额为 500 万美元。这是一次极其有意义的胜利，因为它不仅在物质上获得了不菲的赔款，而且让国际钢铁界了解了中国科技的实力，以及中国人坚持真理的精神。这次仲裁胜利的另一项成果是国际仲裁组织将“钢轨内不得有马氏体组织”写入国际仲裁条款。这是邵象华、柯俊等中国冶金科学家对提高国际钢轨质量、保证铁路运输安全做出的重要贡献。

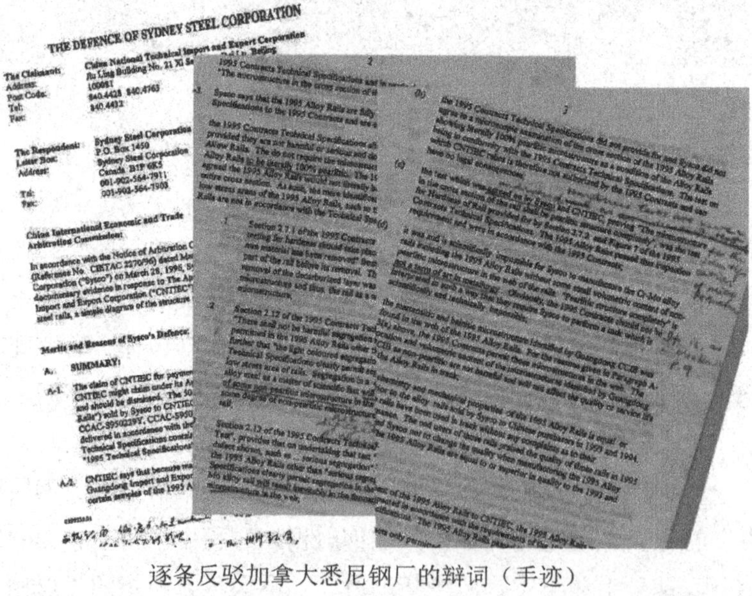


逐条反驳加拿大悉尼钢厂的辩词（手迹）

中国铁路物资总公司决定将这批约 8.5 万吨的缺陷钢轨经热处理消除缺陷，使其复活，重新为我所用。经讨论，将此钢轨分别交给深圳宏昌公司和贵阳车辆厂负责进行消除钢轨内部马氏体的热处理，总技术指导请邵象华担任。深圳宏昌公司首先在上海重型机器厂的27米长热处理炉内放进45吨钢轨进行回火热处理试验，并一次成功。专家组认为回火试验条件是合理可行的。邵象华建议为这批约8.5万吨钢轨专门设计建造一座热处理炉，推荐由北京科技大学冶金炉专家高仲龙教授担纲，压力加工系崔玉芬同志协助，厂址设在贵阳车辆厂，由重庆电炉厂负责提出初步设计方案。电炉设计的技术参数为：炉膛长27米，每炉处理钢轨75吨，炉内温度分布均匀。

邵象华强调，这台简易电炉首先需要保证炉内温度分布均匀，只有炉内温度均匀才能保证彻底消除马氏体，并将马氏体全部转变为索氏体；同时可避免因局部温度过高使已经生成的索氏体球化进而降低钢轨的质量。深圳宏昌公司心存忧虑，担心经热处理的钢轨可能会发生局部变形，因而提出还需要增加校直工序。邵象华听后思索良久说："凭我个人多年的经验，钢轨不会在热处理后变形的。"注意到深圳宏昌公司技术负责人脸上仍有疑虑，他和蔼地补充说："你们的疑虑是正常的，我告诉你们它的原理。"深圳宏昌公司技术人员认真地听他解答。邵象华说："热处理温度为650℃，钢轨轧制温度高于1000℃，热处理温度要低于轧制温度350℃，只要回火时注意炉内钢轨摆放正确，避免受外力而变形，就可以保证热处理后钢轨不会变形。"回火实验结果证明邵象华的推论是正确的。

1998年加拿大钢轨热处理完工纪念

进口钢轨国际仲裁成功的事例惊动了国务院领导，也引起中央电视台等主流媒体的特别报道。当这批经回火处理的钢轨逐渐铺设在新铁路线上，当听到列车安全行驶的消息报道时，邵象华及其同事们心里充满了自豪和光荣之情。

# 第六篇

# 奉献社会

摄于 1998 年

# 第十三章　心系学会

## 一、学会创始人

中国金属学会成立于 1956 年 11 月 26 日，周仁、刘彬、靳树梁、张文奇、王之玺、邵象华、魏寿昆、叶渚沛、丘玉池等著名学者对中国金属学会的成立起着发起和筹备的重要推动作用。关于中国金属学会的成立过程，2006 年由中国金属学会编辑印刷的《光辉的历程：中国金属学会建会五十周年纪念刊》（简称《纪念刊》）中有详细论述。在此简述如下。

中华人民共和国成立不久，我国广大冶金工作者迫切希望、强烈要求建立冶金行业的学会。1951 年春，全国多地致电主管冶金工业的重工业部及中华全国自然科学专门学会联合会（简称全国科联），发出恢复成立于 1927 年 2 月的中国矿冶工程学会的呼声。由于当时国内政治和行业秩序还不十分平静，恢复旧学会或创建新学会的时机和条件还不成熟，因此没有得到全国科联的回应而沉寂了几年。

1955 年于鞍钢

1954 年年初，东北三省的部分冶

金界专家联名向全国科联建议筹组中国金属学会。同年夏，鞍山钢铁公司在北京举办鞍钢技术核心展览会，其间，全国科联邀请部分科学家参加座谈会讨论学会名称。会上有两种意见：一部分科学家主张恢复原有的中国矿冶工程学会，仿效美国采矿、冶金及石油工程师协会（American Institute of Mining，Metallurgical & Petroleum Engineers，AIME），在 AIME 总会下设立若干分会，分别独立组织开展本学科的科技活动；另一部分科学家主张学会名称采用“中国金属学会”更为妥帖，并有弃旧立新的含义。最终正式定名为“中国金属学会”。

1954 年以后，我国的政治稳定，经济发展，全国科联开始筹组中国金属学会。1954 年 11 月 1 日筹备工作组召开第一次座谈会，周培源、魏寿昆、邵象华、李薰、黄培云等人参加，会议对学会正式定名、专业范围、筹备委员会成员等进行讨论。同年 11 月 6 日，在北京文津街 3 号全国科联会议室召开中国金属学会筹备委员会第一次会议。出席会议的人员共有 30 人，讨论下列事项：①学会名称一致同意定名为“中国金属学会”；②选举产生筹备委员会常务委员 18 人，他们是王之玺、王世丰、甘柏、丘玉池、李薰、李文采、周仁、周志宏、邵象华、吴学蔺、施汝为、孙艳清、陈新民、张文奇、靳树梁、叶渚沛、魏寿昆、颜鸣皋；③确定学会工作任务，会议推举张文奇、王之玺、颜鸣皋为常务委员会第一次会议的召集人。

1983 年中国金属学会春节座谈会（前排左二为邵象华）

1954 年 11 月 6 日～1956 年 11 月 4 日，共召开 9 次筹备委员会常务委员会议，完成了中国金属学会的各项筹建工作。1956 年 11 月 26 日～12 月 1 日，在北京召开的中国金属学会第一届全国会员代表大会上，大会经投票选举产生中国金属学会第一届理事、常务理事、正副秘书长及正副理事长。理事长是周仁（1892～1973），一位在冶金界享有盛名的德高望重的前辈。邵象华、陆达、张文奇、魏寿昆、王之玺、丘玉池、叶渚沛等著名冶金学者担任常务理事。

1989 年中国金属学会常务理事合影

中国金属学会成立初期，邵象华尚在鞍山钢铁公司担任公司总工程师兼任炼钢厂技术副厂长一职，他虽身居鞍山一隅之地，但他的名声和业绩早已远扬全国，是冶金界公认的炼钢权威之一。邵象华自 1956 年 11 月第一届起到 1986 年 10 月第四届为止，30 年来一直担任中国金属学会常务理事，1991 年他以 78 岁高龄与王之玺、周志宏、颜鸣皋、魏寿昆等一批中国冶金界的风云人物、中国金属学会元老一起退居二线，担任学会顾问。这批冶金界的国宝为中国钢铁冶金科学和技术体系的形成、建立、发展和壮大及冶金人才的培养贡献了一生，将被永远载入史册。在众多的社会兼职中，邵象华任期时间长、投入精力大、贡献多的是在中国金属学会的兼职。

邵象华在中国金属学会大舞台上施展才华的领域主要是炼钢、冶金过程物理化学及冶金科技发展预测等。1979 年 5 月在上海衡山饭店召开首届炼钢学术委员会报告会，到会代表 100 多人，中国金属学会吴路青副秘书长到会致辞祝贺，会上宣布成立炼钢学术委员会，邵象华、林宗彩、余景生、张春铭、靳汉被推选为首届炼钢学术委员会主要负责人。炼钢学术委员会之下分设平炉、转炉、浇铸、热工 4 个分会。1979～1984 年共举办了三届炼钢年会，专家们对平炉、转炉、电炉及顶吹、侧吹、底吹、复合吹转炉炼钢的理论、技术、设备等问题进行了广泛的交流。

1991年中国金属学会炼钢学会理事会（前排左五为邵象华）

1985年1月9日，中国金属学会第三届第七次常务理事会在北京召开，会议上决定“专业学术委员会改组办法”，将其下属“专业学术委员会”正式定名为“学会”，它是中国金属学会下设的二级分会。同年9月6日，炼钢学术委员会改组成“炼钢学会”，全称为“中国金属学会炼钢分会”。邵象华被推选为理事长，三届连任，从1985年上任到2000年卸任，任期长达15年之久。如果从1979年担任学术委员会负责人算起，其供职长达21年。他在中国炼钢界的学术成就、领导能力、威望、品德，甚至身体健康状况，都难以有人敢与他比肩，被中国炼钢界奉为翘楚。

1992年10月10日中国金属学会第七届炼钢会议合影

魏寿昆筹备冶金过程物理化学学术委员会及1985年改组冶金过程物理化学分会，邵象华一直是魏寿昆的得力助手。魏寿昆、邵象华、陈新民、郭慕荪、邹元爔是该学会大厦的五根顶梁柱。

冶金过程物理化学学术委员会成立于1961年，次年在上海召开第一届全国冶金物理化学学术会议，会后出版了会议论文集。1964年在湖南长沙召开第二届学术会议，由于“文化大革命”中丢失文稿，未能按原计划出版论文集。1979 年冶金过程物理化学学术委员会恢复活动，1985 年经批准改组为冶金过程物理化学分会。

中国金属学会所属的专业分会中，冶金过程物理化学分会是一个会员人数较少而影响力比较大的分会。1979 年，冶金过程物理化学学术委员会的 24 名委员中有 6 位是中国科学院的学部委员，他们是：主任魏寿昆，副主任邵象华、陈新民、郭慕孙，委员陈家镛、邹元爔。在德高望重的前辈们的指导下，冶金过程物理化学分会的学术活动丰富多彩，尤其受到中青年学者的热烈欢迎和积极参与。

魏寿昆、邵象华等前辈历来倡导学会应坚守学术民主、自由发言、鼓励争论、吸收精华、丰富学术氛围，因此新的学术思想及创新思路不断涌现。中国金属学会在《纪念刊》中高度评价了冶金过程物理化学分会的学术工作，其中写道：“冶金物理化学分会在（学术）活动中把引导学术发展的方向和目标放在首位，确定学科的发展方向；强调理论联系实际，基础研究和实践相结合，促进科学成果转化为生产力；注意梯队建设，加速培养中青年学术骨干。”“冶金物化分会鼓励年轻人向年会投稿，参加学术活动，1994 年的学术会议中博士论文已占所有论文的 70%，评选的优秀论文中的 50%是博士论文。”

冶金过程物理化学分会荟萃了中国冶金领域的鸿儒，除了当时的 6 位学部委员外，许志宏、陈念怡、傅崇说、冀春霖、曹蓉江、徐匡迪等当时已是国内外冶金过程物理化学领域著名的中年领军者。

邵象华比魏寿昆年轻 6 岁，豪放的邵象华与沉稳的魏寿昆性格迥然不同。魏寿昆赞赏邵象华的睿智开放，邵象华钦佩魏寿昆的水滴石穿精神，

1983 年与魏寿昆于日本箱根

他们之间互相敬佩和相互欣赏。冶金过程物理化学分会中的青年学者都非常敬重这两位前辈，主动积极为分会出谋划策，贡献自己的一分力量，将学会活动开展得多姿多彩。1990 年 8 月，邵象华被授予“中国金属学会首批荣誉会员”称号。他作为对冶金科学技术和学会有重大贡献的著名学者、专家，于 2006 年获得中国金属学会冶金科技终身成就奖。

2006 年获冶金科技终身成就奖勋章

## 二、指导办刊

自然科学工作者需要社会支持他们的科学技术活动，其中有两种社会支持形式是必需的：一是盼望有自己的学会组织，对于自然科学工作者来说，学会好比是“娘家”，否则就如水面漂浮的落叶，缺少归属感；二是盼望有发表论文的期刊，对于自然科学工作者来说，期刊（出版物）刊登的论文说明他们的研究成果已得到社会的承认。

《金属学报》的资深编辑谭炳煜先生在《怎样撰写科学论文》一书中写道：“撰写论文的主要目的，可以概括为：一是为了科学积累；二是为了学术交流。”他说古代知识分子著书立说常被称为“藏之名山，传之后人”，两者有互通的含义。论文的发表需要有与其相匹配的载体——科技期刊。《科学》杂志前主编、斯坦福大学前校长唐纳德·肯尼迪在著作《学术责任》中写道：在学术领域，我们的成果是以写出的东西来体现的，出版物就是硬通货币，出版物本身就是学习。

学会、大学和研究所是承接办刊的主要单位，其中，学会办的刊物品位最高、享誉最盛。1941 年 12 月由经济部矿冶研究所创办的《钢铁汇报》，以及 1942 年 7 月创办的《钢铁界》、中国工程学会会刊《工程》(1937 年)、《资源委员会季刊》等期刊在当时颇有名气。1947 年 1 月，资源委员会委托邵象华等六位协理创办的《鞍钢》月刊也很受读者欢迎，可惜后来受国民党挑起的国内战争的影响不得不停刊而中途夭折。1950 年，中华人民共和国成立后的第二年，《鞍钢》在邵象华等的努力下复刊。

邵象华及其助手是《鞍钢》的热情支持者，1950 年他为该杂志奉献《鞍钢平炉烧炼炉年底总结》《炼钢厂一九五〇年上半年生产技术的研讨》《论平炉炉顶》《沸腾钢》《平炉铬镁砖炉顶》《平炉砌砖（上)》《平炉砌砖（下)》7 篇文章。他的助手张春铭在《鞍钢》发表了《论平炉炉顶》(1951 年)、《控制沸腾钢的因素》(1952 年)、《快速炼钢时间研讨》(1952 年）和《平炉燃烧试验报告》(1952 年)。

在《鞍钢》上发表多篇文章

《钢铁》创刊于 1954 年 9 月，正值中国金属学会筹备初期。《钢铁》的前身是重工业部办的《钢铁工业管理局局刊》，1954 年 9 月更名为《钢铁》，是由中国科学技术协会主管、重工业部主办、重工业部钢铁综合研究所承办的内部交流刊物。1954 年 9 月 25 日出版的第一期卷首语中明确宣告《钢铁》的出版方针是：“根据党和政府的政策与方针，按照部领导的意图和局执行领导的意图实施并结合企业的实际情况，有计划地介绍苏联先进的技术成就及社会主义管理企业的经验、报道国内企业在推广苏联先进经验方面和各专业系统业务的具体经验与成就。”

由此可见，《钢铁》杂志创刊的初衷是介绍并推广苏联钢铁技术和管理经验，按现代科技期刊分类法，办刊初期的《钢铁》是综合类期刊。1957 年起，《钢铁》由内部刊物转为公开发行，由冶金工业出版社出版，全国发行。其后，《钢铁》的主管单位几经变更，也曾两度停刊，直到 1978 年 9 月《钢铁》才明确了它的刊物性质，即由中国金属学会主办的科学技术性刊物，编辑部设在冶金工业部钢铁研究院。1978 年 9 月 6 日，时任中国金属学会副理事长、冶金工业部副部长的陆达主持召开了《钢铁》杂志编委会会议，明确了《钢铁》杂志为科学技术刊物，刊登的文章主要是钢铁冶金生产、应用方面的技术性和理论性文章。

由《纪念刊》可知，邵象华曾担任第一届至第二届（1978～1999 年）《钢铁》编委会副主任、编委，主任编委是陆达。他是陆达的主要助手。据不完全统计，1956～1993 年，邵象华在《钢铁》上登载的论文有 19 篇，多数论文的内容为综述性、评述性和指导性的。

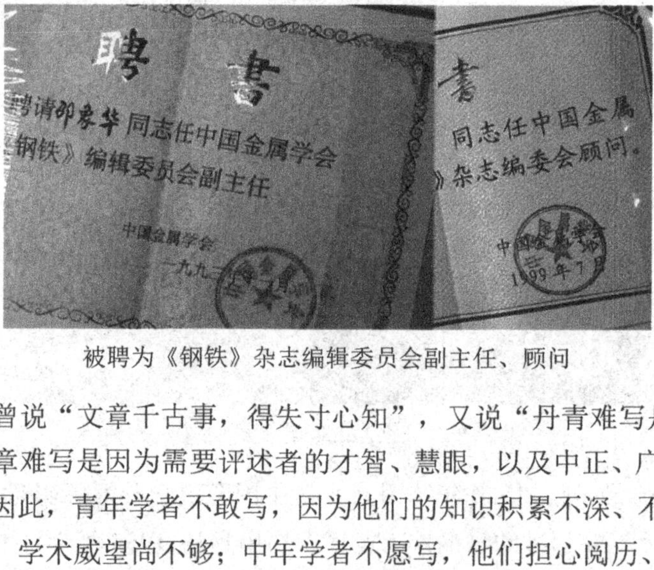

被聘为《钢铁》杂志编辑委员会副主任、顾问

古人曾说“文章千古事，得失寸心知”，又说“丹青难写是精神”，评述性文章难写是因为需要评述者的才智、慧眼，以及中正、广博的品格和学识。因此，青年学者不敢写，因为他们的知识积累不深、不广，视野不够宽阔，学术威望尚不够；中年学者不愿写，他们担心阅历、资格、学问不够，对同行的论文品头评足不好；老年学者不想写，因为他们担心一旦评论观点粗浅、曲解原意，常常会得罪人，不愿承担风险。

邵象华是位有胆识和才干、和善慈祥的学者，在冶金界具有很高的威望，他撰写的综述评论性文章常被《钢铁》“近水楼台先得月”。文章发表后很快被读者广泛阅读，读者从论文中可以看到钢铁冶金未来科技开拓的路径，从而使自己茅塞顿开，找到新技术研究的道路。

《金属学报》荣获国家期刊最高奖

《金属学报》创刊 50 周年纪念

邵象华于 1956～1996 年先后两届担任《金属学报》的编委及副主任编委，以及担任 1985 年 3 月创刊的《钢铁》编辑委员会名誉主任。他把学术论文交给《金属学报》刊登，而把技术、评述性论文交予《钢铁》发表。据统计，他发表在《金属学报》上的学术型论文约有 10 篇。例如，1958 年第 3 卷第 2 期及第 4 期登载的《减少沸腾钢有害偏析的研究——Ⅰ.在钢锭模内用氧气（空气）处理》和《减少沸腾钢有害偏析的研究——Ⅱ.钢 3 巨型钢锭的吹氧、吹空气和加钢板冷却处理》是用沸腾钢代替镇静钢研究的重要学术成果。又如，1964 年发表在《金属学报》上的《真空熔炼的物理化学》从理论上系统地阐明了真空冶金的物理化学原理，冶金过程物理化学专业师生们深受启发。

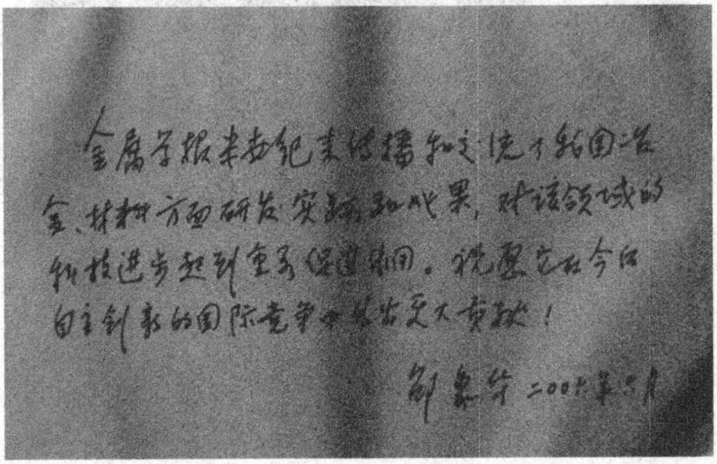

为《金属学报》创刊题词

邵象华是我国钢铁冶金界的元老，特别是在炼钢领域享有盛誉，因此中国金属学会下属分会协办的刊物或冶金类高校创办的学报都希望将邵象华列入顾问名单，企盼他赐稿。因此，他在20世纪70年代中后期以后的文稿分别投给《铁合金》《河北冶金》《化工冶金》《冶金管理》等期刊，以及被收录进各种相关的学术会议文集汇编中。

被聘为《炼钢》杂志编委会副主任等

古人云："下不以傲接，上不以意迎。"意思是说，对于地位低于自己的人，不以傲慢态度相待；对于地位高于自己的人，不特别逢迎其意。科学家应有平等待人、平心交往的君子品德。邵象华正是一位颇受同行尊敬的谦谦君子。

1983年参加《中国大百科·冶金卷》编辑委员会会议

## 三、国际交流

随着现代交通和信息技术的快速发展，"地球村"变得越来越小；同时，国家间文化、科技、教育的相互交往愈加频繁。国际会议和国家间人员互访是国际交往的两种通行形式。1977年我国实行改革开放政策，打开国门，笑脸迎客，推动了我国国际学术交流的开展。

“文化大革命”期间遭受严重破坏的钢铁工业已趋于停滞，技术、工艺、设备全面落后陈旧。因此，我国钢铁冶金领域管理人员、技术专家及教授们迫切需要通过国际交流的多种形式了解世界钢铁冶金的现状，以便迎头奋勇赶上，争取将失去的发展时间早日补回来，用最短的时间让中国钢铁工业重新回到与国际同等的科技水平。

对于邵象华、王之玺、魏寿昆、陆达等我国杰出的冶金学家来说，改革开放为他们迎来了第二个春天。尽管他们的韶华年月已逝，但他们风云之志犹存，报国之愿越坚。他们扮演着国际学术交流的使者、谋划者和组织者的重要角色。与此同时，他们为开展国内学会活动出谋划策，如定期召开学术年会，交流、发现和培养一批中青年学者，通过国际交往活动将他们的研究成果介绍给国际冶金界。

1981 年首届全国青年冶金学术交流会代表合影

1978 年 10 月，邵象华、冀春霖等以中国金属学会代表团的名义应邀参加在法国巴黎举行的第七届钢铁冶炼物理化学国际会议。这是因“文化大革命”中断十余年后我国钢铁界首次派专家参加西方国家举办的大型国际冶金学术会议，被冶金界称为“破冰之旅”。这次学术会议共有 26 个国家的 276 人莅会，举办了 31 场学术报告会。

1978年10月与参会同行合影
（右二为邵象华）

在国际钢铁会议酒会上与同行交流

邵象华副团长在大会讨论阶段做了重要发言。他概略地介绍了中国钢铁冶金状况、主要科技成果和特色，着重介绍了中国冶金物理化学领域的新成果和新应用，各国钢铁专家听后大开眼界，从而重新认识和评估中国钢铁工业的现状。因此，邵象华的大会发言得到与会各国代表们的热烈反响，他们纷纷提出感兴趣的热点问题。他镇静自若、举重若轻地给予回答，代表们常常为他精彩的发言鼓掌。

这次会议的详细情况，后来由同行的东北工学院（现名东北大学）冶金过程物理化学教授冀春霖执笔，邵象华、冀春霖共同署名，以题名为“第七届钢铁冶炼物理化学国际会议”一文刊登在《钢铁》上。

这篇文章把主题内容归纳为7个方面：铁基熔体中的活度、炼铁渣、界面张力、脱氧和夹杂、铁液中的碳-氧反应、高温反应实验技术、氧气转炉中的精炼反应。文章中说：“通过这次国际会议，对国际上钢铁冶炼物理化学领域迄今取得的主要成就、存在的问题及今后的发展方向等关心的问题都有较为深刻全面的认识，可提供国内同行借鉴。”

1978年参观法国钢铁研究所下属工厂（左四为邵象华）

在文章中他们说，参加这次国际会议回国后，深深地感到我国钢铁冶金过程物理化学的科学研究与发达国家之间的差距实在太大了。为此，他们提出如下建议：加速培养钢铁冶炼过程物理化学方面的人才，壮大研究队伍；制定钢铁冶炼过程物理化学学科的科研规划；支持有关院所与高等学校协作，共同开展研究；建立和充实研究队伍，配备研究设备，形成可以同时研究多种课题、比较完善的研究室。邵象华和冀春霖共同署名的这篇文章发表后反响强烈。

美国是现代科学技术发展较快的国家，打破两国社会制度间的种种壁垒，开展两国科技教育领域的相互交流访问，是中美双方科技人员和教学人员共同的愿望。中国矿冶界期待已久的中美冶金学术交流活动终于云开雾散，并于 1979 年 5 月实现学术交流活动。当时担任中国金属学会副秘书长的傅君诏教授是这次中美学术交流活动的主要组织者。他为《纪念刊》撰写的《学会的国际学术交流活动》一文详细回顾了 1978 年和 1979 年中美双边互访的过程。

傅君诏写道：美国人在我国对外开放伊始，组成冶金代表团来华访问，团长田继凯是哥伦比亚大学教授，麻省理工学院教授艾利沃蒂任副团长，团员中有美钢联、美铝公司的副总裁，其他著名大学教授，科研机构专家和美国国家科学基金会官员，都是美国冶金工业和科技界有名的人物。我们是以中国金属学会名义接待的。那次美国冶金代表团来华访问，回国后分别在美国各地做了 40 多场访华报告及在报刊上发表访华感想，成为美国媒体一时的热门新闻。

1979 年 5 月，中国金属学会收到一份来自美国矿冶工程师协会和美国金属学会联合发出的邀请函，中国金属学会当即请示上级，得到同意后立刻回复邀请方并告知决定派代表团访美参观考察。

中国金属学会访美代表团由叶志强理事长任领队，副领队为副秘书长傅君诏和胡兆森，成员有邵象华、师昌绪、刘克刚、肖纪美、李华天、黄寄春等一行 15 人。5 月 8 日～6 月 11 日，访问时间长达一个多月。在美国访问期间，代表团参观考察了 17 所研究发展中心、9 所名牌大学、15 家冶金企业，共计访问 41 个单位，时间之长、领域之广、内容之丰、交流之深是两国学术界学术交流活动中鲜有的事情。

1979年中国金属学会访美代表团（后排左二）

1979年中美金属学会会谈

关于这次访美活动的情况，傅君诏回忆说：我们从美国的东海岸到西海岸，30多天的访问中受到美方热诚的接待，收获是很多的。他说：代表团在克利夫兰参观美国金属学会总部花了较长时间。有一次叶志强理事长在参观途中让我代表中国金属学会去找刚认识的校友（我们同在宾夕法尼亚大学读书）普特南（时任美国金属学会管理部主任），与他商讨中美两国金属学会订立合作协议的问题。我在美国学习时，曾旁听过美国金属学会和冶金学会的年会，但对这两个学会知之甚少。那时我国对外开放到什么程度我也没有把握，叶志强理事长只说和他合作对我们有利，鼓励我大胆去谈。

1979年访美时与美国同行交流

会谈开始前，傅君诏打听到美国金属学会刚卸任的主席是他留美时的同班同学及好友史密斯博士。虽然会谈时史密斯博士不在场，但按美国金属学会的章程规定，史密斯博士依然是该金属学会的领导成员，于是傅君诏便放心了。

中美双方就派代表团互访、参加对方召开的学术会议、交换出版的书刊及教学资料，以及美方协助中方组织国际会议、举办展览会等内容都很顺利地达成协议。协议文本由美方起草，中方经数日研究协议内容，最后在访问旧金山期间签字生效。美国冶金学会也起草了内容类似的协作文本交予中方代表团讨论，几天后双方顺利签约。

中美双方签订的这份科技交流合作协议全称为“加强中美双方科技交流和合作协议”，具有很强的示范性。傅君诏认为，有了和美国金属学会相互访问、签订合作协议的先例，提高了中国金属学会在国际上的知名度，其后，许多国家的有关学会，纷纷主动来华要求建立合作关系，开展多种形式的学术活动。傅君诏说：“从 1979 年 9 月到 1984 年的 5 年之内，中国金属学会除已经和美国金属学会、冶金学会建立协作关系外，同日本金属学会、日本铁钢协会、英国金属学会、英国矿业学会、德国钢铁协会、法国冶金学会等国际上主要国家的相关学会都建立了联系。”

邵象华、师昌绪、肖纪美等冶金学者对这份中美双方科技交流和合作协议具体内容的确定起着顾问和参谋的作用。邵象华第一次来到美国，对这次访美十分珍惜又充满期待，因此每到一地他总是一边参观，细听介绍，一边心里默默记住该厂的工艺、设备特点。例如，哪些技术需要引进，哪些工艺自己可以改进，尤其是我国当时还没有而且可以引进的新技术，他记录得更详细。

1979 年访美时参观纽约世贸中心

1979 年访美时参观芯片生产厂

两年后，即 1981 年 11 月，根据 1979 年签订的中美双方科技交流和合作协议，第一届中美双边冶金学术会议在中国北京召开，美方参加会议的代表有 41 人，其中包括曾访问中国的田家凯教授、艾利教授，美方共提交大会论文 38 篇。中方代表团实力雄厚，由学部委员、著名教授、企业工程专家共 150 人组成，提交会议论文 43 篇。会议主题定为：化学冶金和物理冶金；物理冶金及金属物理。

邵象华在这次学术会议上做了题为“中国钢铁冶炼工艺的某些发展”的特邀报告，客观全面地介绍了中华人民共和国钢铁工艺和设备的技术发展革新与创造，包括：用细精铁矿生产高碱度烧结矿；高炉喷吹煤粉技术；顶燃式热风炉；转炉炼钢技术的发展；从铁水中回收稀有金属钒；氧气转炉生产中、低碳锰铁；等等。邵象华用流畅标准的英式英语侃侃而谈，风度翩翩，让美国同行听得入迷沉醉，会场寂静无声，他的话音刚落，全场便响起热烈的掌声，久久不停。邵象华的报告开启了美国同行了解中国钢铁冶金工业的大门，重新认识了“文化大革命”后的中国，他们再也不敢漠视这个东方大国。

1986 年 10 月 7～8 日，邵象华与傅君诏、周荣章一行三人参加在韩国浦项召开的第二届钢铁技术与新材料国际会议，会议由韩国铁钢协会、韩国金属学会主办。9～12 日参观访问了 21 世纪钢铁厂、浦项制铁公司及浦项制铁国民学校。当时中韩两国尚未建交，这是一次破冰之旅，从此开启了中韩两国钢铁业界的友好交往。

1986 年 10 月在第二届钢铁技术与新材料国际会议上做大会发言

1986 年与韩国同行合影

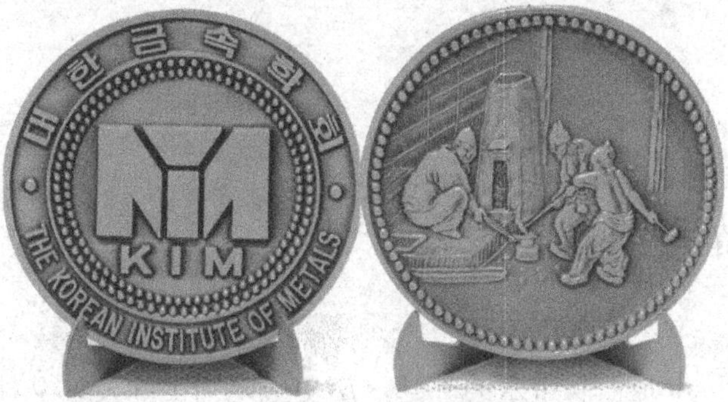


韩国金属学会会章

# 第十四章 建言献策

## 一、荣誉称号

中国和日本是一衣带水的邻邦，历史上两国民间友好交往源远流长，绵延千余年。自从日本明治维新宣布“脱亚入欧”以来，欧洲的近代科学技术推动了日本工业的快速发展。随着国力的增长，日本统治者的野心膨胀，不甘心于弹丸之地的四岛，觊觎中国广袤的领土及其蕴藏丰富的矿产资源。中国人民经过 14 年的浴血奋战，才取得抗日战争的胜利。中日两国民间有组织的科技交流活动曾一度中断多年。

20 世纪中叶，日本钢铁界的有识之士曾多次通过中日友好人士向中国金属学会传递访华的愿望。经我国中央人民政府的批准，于 1979 年两国钢铁界恢复技术交流活动，开展互访。

1979 年 9 月 22 日～10 月 5 日，日本铁钢协会应中国金属学会的邀请，由团长松下幸雄和专务理事（秘书长）田畑新太郎率领一行 9 人的代表团访华。松下幸雄是东京大学冶金系教授，是德高望重的资深冶金学家。田畑新太郎曾是东京大学冶金专科毕业生、日本铁钢协会创始人之一，曾担任日本大藏省铁钢科官员，熟悉日本第二次世界大战后钢铁工业的重建和发展的历史。

中国金属学会由傅君诏副秘书长负责接待和安排活动。在华期间，日本代表团访问了北京、沈阳、鞍山、杭州、上海等地，历时 14 天。访问期间，中日双方签订了《中国金属学会与日本铁钢协会关于联合召开双边钢铁学术会议的协议》，协议决定每两年轮流在中国和日本召开学术会议，会议文件、报告均用英语。

次年，即 1980 年 4 月，日本铁钢协会借东京大学召开春季学术会之际，邀请中国金属学会访问日本。中国金属学会访日代表团一行 18 人，由傅君诏任团长，邵象华是核心成员。这次访日活动日方是由松下幸雄会长和田畑新太郎专务理事亲自安排的，有三项内容：一是傅君诏秘书长被授予日本铁钢协会“名誉会员”称号仪式；二是旁听各分会场学术报告；三是参观各地冶金工厂。“名誉会员”是授予日本铁钢协会敬重和褒奖的对国际学术交流有重要贡献的学者的。代表团成员旁听分会场的学术报告，从报告中能直接了解日本当时的钢铁学科研究情况及其水平。代表团还由田畑新太郎陪同参观了日本的几家主要钢铁厂，实地考察了日本钢铁工业的新工艺、新技术、新设备。这次访日使成员们普遍感到百闻不如一见，收获丰硕，大有一种回国后大干一番的激情和冲动。邵象华是在这次访问过程中最受日本炼钢界同行瞩目的学者，此前，日方已收集和研究过他的个人资料，对他在钢铁方面的成就给予了很高的评价。

1980 年中国金属学会访日代表团

与日本铁钢协会会长（右）及秘书长（左）合影

在名古屋大学欢迎座谈会上讲话

1983年11月14～21日，中日钢铁学术会议在日本东京召开，其间，日方安排多项活动，其中包括14～16日在位于东京的日本铁钢协会本部举行的双方学术交流活动。其后中方会议代表参观了东京附近的几家日本钢铁企业、研究院所及知名大学等。出席这次学术会议的正式代表共113人，中方代表19人。中方代表团团长是魏寿昆教授，邵象华教授为副团长，傅君诏教授任顾问。会上共宣读论文27篇，其中日方15篇、中方12篇。

这次双边学术会议的主题是“改进炼钢工艺和技术，提高产品质量和效率，降低能源和材料的消耗”。经过与中国著名钢铁冶金学者的交流，日本专家普遍反映中国近两年来炼钢技术发展之快让他们吃惊；短短两年时间，中国的钢制品质量大幅度提高，原材料消耗普遍降低，钢产量显著增加，中国钢铁冶金业发展前景广阔。

1983年参加中日炼钢会议（东京）（前排右三为邵象华）

1988 年日本金属学会会长不破祐教授访华（左二为邵象华）

1992 年 4 月，邵象华收到一份发自日本铁钢协会的来函，告知他被该协会推选为 1992 年度“名誉会员”，并邀请他在日本铁钢协会汤川纪念会上做重要演讲。邵象华偕夫人王晓云一起赴日，到机场迎接他们的是中国钢铁界的老朋友不破祐教授。不破祐教授时任日本金属学会会长，当日设宴为邵象华夫妇接风洗尘，席间他们用英语热情交谈。次日，日本铁钢协会汤川纪念会开幕，不破祐教授亲自为邵象华颁发“名誉会员”勋章及证书，仪式结束后不破祐教授热情地请邵象华登台演讲。邵象华演讲的题目为“Striving for more and better steel: behind closed door and in the open”（“为生产更多更好质量的钢而努力：中国开放政策前后对比”）。该文于 1992 年登载在 *ISIJ International*（日本铁钢协会会刊）国际版上。

在日本铁钢协会汤川纪念会演讲会场

1992 年日本金属学会会长设宴接风

日本铁钢协会名誉会员勋章

日本铁钢协会汤川纪念会演讲纪念章

1999 年陪同前来访问的不破祐教授

1992 年恰逢邵象华伉俪金婚喜庆之年。9 月二人在全家的陪同下在大北照相馆拍摄金婚纪念照，回家后接受亲朋好友的祝福庆贺。从綦江电化冶炼厂到鞍山钢铁公司再到钢铁研究总院，几度风云，几度雨雪，邵象华夫妇荣辱与共，同舟共渡，终享金婚幸福和欢乐。

1992 年金婚纪念照

## 二、宝钢论证

20 世纪 80 年代初，进入古稀之年的邵象华卸去各种行政职务，肩上的担子减轻许多。然而，他仍然不得清闲，大部分时间用在各种咨询工作上。

上海宝山钢铁公司（简称宝钢）是中华人民共和国成立以来规模最大、现代化水平最高的冶金工程。1978 年 12 月 23 日，宝钢工程正式破土动工建设，开工典礼现场彩旗飘扬，锣鼓齐鸣，口号震天，掌声雷动，有一般气吞山河之势。公司领导在典礼上宣布决心将宝钢一步建成年产 670 万吨钢的特大型钢铁联合企业。

由于政府财政短缺，1980 年年底，中央人民政府决定宝钢工程进入停缓建设阶段。在停缓建设时期，专家们有充裕的时间重新审视宝钢建设面临的多种问题及解决方法。第一个问题是能不能建设好宝钢。例如，宝钢选址在上海市宝山区，厂址是否选得合适；宝山无矿山资源，铁矿石供应主要依靠大型货轮从海上进口是否妥当；在上海这块软地基、高水位的地方建设大型钢铁公司，地基沉降问题能否解决；即便可以解决，也必然会基建投资大，工程施工质量及设备安装精度不知能否达到百年稳固。第二个问题是能不能顺利投产或投产后我国技术和管理水平能否适应，建设新宝钢同改造老厂所用投资相比，是否后者更合算。第三个问题是宝钢建设投产后能不能如期正常生产，并且按设计指标达产。第四个问题是宝钢引进的技术当时是国际先进水平的，会不会若干年后再走“引进—落后—再引进”的老路。宝钢建设规划曾一度成为全国冶金界内外专家学者争论的热点。

1981 年年初，国务院 17 个部委联合召开宝钢建设大型论证会，邀请 220 多位各部门知名专家参加，邵象华也受邀参加。他为这次论证会做了精心的准备，从技术和经济上充分论证了宝钢一期工程不能停止建设的理由。他的论证得到了冶金领域专家的支持和补充。这次论证会达成共识，建议宝钢工程“延长工期，分期建设”。1981 年 8 月，国务院批准宝钢恢复建设，并分为一期和二期建设。到 1991 年 6 月，这项历时 12 年的大型钢铁工程全部完成两期的建设计划。

宝钢顺利建成投产和运行的实践证明，当年邵象华等专家的论证结论是科学的和正确的。宝钢不仅为我国钢铁工业的发展积累了丰富的经验，而且为后来首都钢铁公司搬迁厂址的选择及工程建设提供了科学借鉴，它向国际社会宣告中国钢铁工业已具世界水平。

## 三、熔融还原

邵象华退居二线后，有更多的时间关注钢铁冶金新工艺、新技术、新设备的发展，尤其是熔融还原炼铁新技术和新设备。熔融还原炼铁技术是指含铁原料（块矿、球团、粉矿）不必在高炉用焦炭还原，而是在还原炉内用非炼焦煤还原，采用预还原和终还原二步法将含铁原料还原成铁。熔融还原铁与传统的炼铁流程相比，优越性是以煤代焦，可用在焦煤缺乏和有严格的环境政策约束的国家与地区。缩短流程是指由此取消了炼焦和烧结两个投资高、污染重的生产环节，因而可节约投资，减少污染物排放量高达 80%～90%。邵象华从 20 种熔融还原炼铁方法中选择了 20 世纪 80 年代以来特别引起业内专家关注的 3 种方法：COREX 熔融还原法（Corex process，COREX）；铁矿石直接熔融还原法（DIOS process，DIOS）；HIB 法直接还原法（HIB process，HIB）。他在这 3 种方法中特别推荐由联邦德国和奥地利联合钢铁公司（VOEST-APPIONE，以下简称奥钢联）联合开发的 COREX 法。他对 COREX 熔融还原法进行了多方面深入分析后认为，COREX 法采用两步法，即在第一个反应器内把含铁原料预还原，而后在第二个反应器内进行终还原；终还原得到了产品液态铁及副产品，即还原气，可供给第一个反应器预还原用。

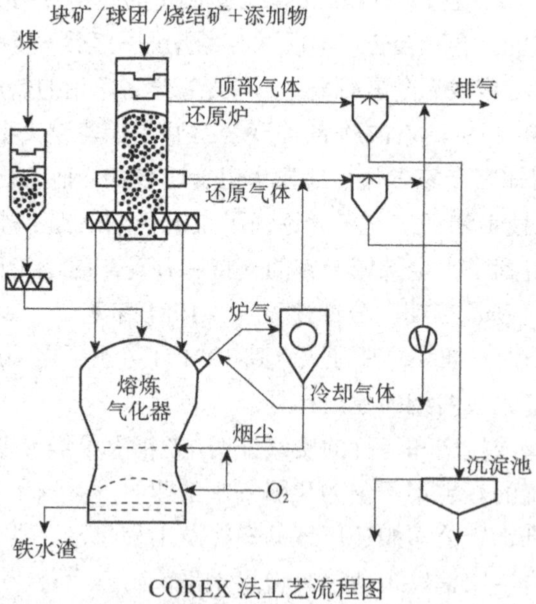


COREX 法工艺流程图

1981 年联邦德国在 Kihl 地区建成年产 6 万吨 COREX 法的半工业性试验装置，并采用不同组成的铁矿石和不同煤种进行熔融还原半工业试验，4 年的试验结果均取得良好成果，因此 1985 年宣布半工业性试验成功。

当时奥钢联曾和我国接触，表示希望中国购买 COREX 熔融还原炼铁法半工业性试验技术，并透露因该技术尚未完成工业化试验，在价格上可以便宜些。冶金工业部副部长陆达即刻请邵象华出面负责 COREX 法的调查，提供决策建议。他与在华的奥钢联专家面谈，详细询问半工业性生产的 COREX 法原理、设备结构、实验过程及其结果。

邵象华认为奥钢联开发的 COREX 法是目前最先进的熔融还原炼铁方法，可惜年产 6 万吨的规模太小；若要使该法达到年产几十万吨规模并能稳定地生产和获取经济上的利益，我们还要花很多的财力、人力和物力。因此，邵象华建议现在不必花钱购买。熔融还原炼铁是一种有前途的好技术，我们应在今后的科研计划中列入开展熔融还原炼铁项目研究。陆达等部领导接受了他的建议。

邵象华回到钢铁研究总院后，从资料室找到德国柏林工业大学著名冶金学教授欧特斯（Oeters）等于 1984 年发表的《用煤还原铁矿石中的物料转化和热量转化》研究报告。他于 1986 年 7 月将此报告全文翻译完成，打印后寄送给冶金工业部有关领导和业内相关专家，并附上他的评价和推荐。

邵象华认为，可以将欧特斯教授等专家撰写的这份报告看作熔融还原炼铁方法的理论基础，因为它比较全面地从热力学原理和流体力学理论方面阐述了熔融还原炼铁的预还原与终还原之间热量的来源、交换、传递三者之间的相互关系及其反应过程。因此，这份研究报告有助于把熔融还原作为一个整体来理解和认识，只有基于这种认识，才能看懂熔融还原炼铁方法的意义。邵象华将这件事看作一次宣传，让更多的业内人员知道国际上有一种不用高炉炼铁的方法，并且这种方法很有光明前景。

20 世纪 70 年代，钢铁研究院李文采院士积极探索用一般煤粉熔融还原冶炼铁水，也就是“一步法”。他和院内科技人员到首都钢铁公司、包钢等工厂进行探索性试验。20 世纪 80 年代，他和助手杜挺博士协助指导研究生周渝生开展熔融还原的炼铁原理和工艺技术研究。1987 年，因为启动经费只有 3 万元，他们选择了在江苏省竹箐机械厂的煤粉化铁炉上进行半工业性试验。当时这是在我国进行的规模最大（每小时 3 吨铁水）的熔融还原半工业性试验。经过一年多的艰苦努力，半工业性试验完成，通过了冶金工业部专家的技术鉴定并获得发明专利。

1989 年 10 月，邵象华参加了中国科学院技术科学部委员扩大会议。11 月接受中国科学院授予的荣誉章。

1989 年获中国科学院荣誉章

1990 年，邵象华与陆达副部长、中国科学院化学冶金研究所许志宏所长、钢铁研究总院杜挺教授联合撰写了一份题为“采用九十年代新技术加速发展我国钢铁工业——建议国家在‘八五’期间立项进行‘以煤代焦熔融还原炼铁新工艺开发’”的报告，这份报告后来登载于《冶金管理》。

1992 年国家提出实施“攀登计划”，邵象华又一次看到熔融还原炼铁新工艺研究列入国家计划的曙光。于是，邵象华联合魏寿昆、李文采三位资深院士，邀请北京科技大学杨天钧教授、中国科学院化学冶金所王大光教授两位中年专家共五人，联名向国家科学技术委员会提出将“熔融还原技术基础研究”作为国家科学技术委员会工程与技术科学研究攀登项目的建议书。三位 80 多岁高龄的院士自告奋勇出山甘愿当绿叶和靠山。在建议书中，他们提出的目标是：开发具有国际竞争力和中国特色的熔融还原新工艺，为半工业及工业试验提供必要的理论、技术基础和设计依据。预计的成果是：在含碳球团铁预还原的基础研究方面有所创新，并为实现熔融还原技术工业化培养出一批高水平的中青年人才。例如，周渝生博士后来在宝钢集团中央研究院担任首席研究员。

1994 年，国家科学技术委员会经评审采纳邵象华、魏寿昆、李文采三位院士的建议，将熔融还原炼铁正式列为“攀登计划”项目，开展试验研究。在宝钢建成一台每小时生产 2～4 吨铁水的半工业性试验装置，为此，自主开发了 COSRI 法熔融还原炼铁。这种熔融炼铁方法是以含碳球团为原料的低等二次燃烧率和中等预还原为特点的两步法还原技术，这种方法到 2004 年还达不到工业试验条件而停止。

1986 年年初，南非比勒陀利亚的伊斯科（ISCOR）公司从奥钢联引进 COREX 法熔融还原炼铁技术，开始建造年产 30 万吨的 C1000 型生产装置，于 1987 年年底投产，历时两年。投产后出现了诸多设备问题，经过不断改进和多次试运行，至 1989 年年底，即又用了两年时间，重新开炉一个月后操作正常。

奥钢联南非建厂成功后，1995 年年产 60 万吨的 C2000 型装置在韩国浦项制铁公司建成投产；其后于 1998 年 1 月在南非萨尔达纳建造 60 万吨的 C2000 型装置投产；1999 年 8 月及 2001 年 4 月印度金德尔钢铁公司从奥钢联引进的两套 C2000 型 COREX 法熔融还原炼铁装置先后投产。至此，奥钢联在南非、印度、韩国共建成 5 套熔融还原炼铁装置，对中国具有示范性作用。

我国冶金工业部决定于 2005 年由宝钢出面与奥钢联谈判引进年产 150 万吨的 COREX C3000 型全套设备的设计，其中 99%（按重量计算）的设备由中国制造。COREX C3000 型熔融还原炼铁装置于 2007 年 11 月全部建成投产，年产达到 105 万吨。

邵象华一直关注着宝钢的 COREX C3000 型技术的引进，多次提供参考意见。邵象华等专家建议的“攀登计划”项目为实现熔融还原技术工业化培养一批高水平的中青年人才的目标已实现，邵象华、魏寿昆、李文采、陆达、许志宏等人提倡和支持的熔融还原炼铁技术的工业化终于在中国宝钢得以实现。

1990 年与魏寿昆一起步入会场

# 第七篇

# 名 师 光 环

摄于 2003 年

# 第十五章　平凡人情怀

## 一、名师与严师

邵象华是一位在国内外享有盛誉和荣耀的冶金学大师，头上闪耀着“名师的光环”；他又是一位胸怀坦荡、爱国爱家、兴趣广泛的凡人，心中怀着浓浓的“凡人的情怀”。卸去光环，留下情怀，邵象华便是一位热爱祖国、热爱事业、热爱家庭、热爱师友、情感丰富、兴趣广泛的长者，一位追求艺术美妙和灵性的老科学家，一位慈祥和善、有时稍显古板的严师诤友……

德国哲学家叔本华（1788～1860）曾有名言：“从‘人格’一词的广泛意义来说，人就是人格；其中包括健康与精力、美与才性、道德品性、智慧和教育等等。”（李成铭等译，《叔本华人生哲学》）邵雍理学主张“知天”“事天”与“尽心”“养性”统一，而且“尽心”“养性”是“知天”“事天”成功与否的基础，又是人格塑造的前提。古人云：“人聚成家，家聚成城，城聚成邦，邦聚成国，国聚成天下。”中国传统文化将“修身、齐家、治国、平天下”视为君子一生追求的理想和目标。邵象华的精神世界里仍然保存着历代先祖传下的理学精髓的种子——貌似清高但不孤傲，宁守自律但不求完美，珍惜名声但不图虚名，热爱生命但不苟且偷生……

1998年的邵象华

1963年，我国开始试行研究生教育与学位制结合的高学历人才培养制度，冶金学科领域中北京钢铁学院（现为北京科技大学）、东北工学院（现为东北大学）、中南矿冶学院（现为中南工业大学）等高等院校，以及冶金工业部钢铁研究院（现为钢铁研究总院）、冶金工业部有色金属研究院（现为北京有色金属研究总院）等有条件的研究院所被教育部定为首批试招研究生的单位。第一批研究生的指导教师大多数是有留学背景，并获硕士、博士学位，在本研究领域享有较高学术声望的教授、学者或专家。

1966年开始的"文化大革命"，使正在施行并已得到科教界认可的硕士研究生培养制度，随着导师们一个个被关进"牛棚"而中途夭折。

1978年"文化大革命"结束，科教事业恢复常态。在教育界和科技界有识之士的强烈呼吁下，当时的教育部经国务院同意开始恢复研究生教育与学位制结合的培养制度，同时开始在全国招生。这次恢复研究生招考的一个重要目的是积累和探索适合于中国社会的研究生教育经验及有效方法，包括导师的条件、研究生课程设置、研究内容的确定以及学位委员会和研究生院（室、科）的组成及其职责等。

经过三年的实践，并参照和吸收欧美、日本和苏联的教育方法，我国已总结出一套适合中国国情的研究生教育培养路径、内容和方法。

1981年颁发的《中华人民共和国学位条例》，正式开启了我国研究生教育与学位制度结合的新时期，我国正式步入了为国家培养学位研究生的新阶段。钢铁研究总院成为全国首批研究生培养授权单位是在预料和情理之中的。

钢铁研究院从 1963 年起就开始招收硕士研究生。陆达院长得知我国实行研究生教育制度的消息后，便与李文采、邵象华等从欧美、苏联、日本留学回国，且获得高学位的几位老专家商议钢铁研究院申请首批研究生教育学位授权问题。老专家们一致认为，钢铁研究院有国内一流、国际声望很高的冶金、材料学科领域的学者和专家，有雄厚的研究队伍以及比较先进的研究设备，有熟悉国外研究生培养程序、方法及评价标准的留学背景的专家，有适合于硕士、博士研究生培养的项目及丰厚的研究资金，等等。钢铁研究院毫无悬念地被国家教育委员会列为第一批研究生教育试点单位。1963 年，李文采和邵象华各招一名硕士研究生，这两名硕士生都是从本院精选的英才。

邵象华招收的这名研究生名叫魏季和。之前，他对魏季和的品德、知识、能力已有初步了解，他尤其关心他的研究生能否与他人合作，能否在合作中表现自己的独立观点和创造性。他认为科学研究需要多人协作，但更需要在合作过程中迸发出创新火花。当年教育部还没有设置研究生教育的统一标准及在读时间，因此，陆达院长建议钢铁研究院硕士研究生的在读时间暂时定为 3～4 年。

1989 年参加魏季和（右）的研究生论文答辩会

然而，三年后即 1966 年，“文化大革命”导致高等学校、重要研究院所正常的教学、科研及研究生教育工作全部停顿，研究生导师难以自保，都担心惹上莫须有的祸端。尽管这一年魏季和与李文采的研究生已完成大部分为硕士研究生教育设置的课程及课题研究内容，然而，偌大的研究院内已不再有人关心他们的命运和前程。他俩听说邵象华和李文采已被造反派关进“牛棚”，失去了自由，沦为落难之人。

“四人帮”倒台后，我国的社会秩序逐渐恢复安定。1968 年，55 岁的邵象华从“牛棚”回到家中与家人团聚。他经多方打听才知道，魏季和已离开北京，他心里始终为魏季和的学业未果而抱憾。许多年后，他听说这两位俊才发展顺利，成果突出，这才安心释怀，正应了“是金子总会发光”这句谚语。

1978 年，教育部重新恢复研究生招生制度，钢铁研究院再次被列入第一批具有研究生学位授予资格的单位，按照教育部要求设立院级研究生部，全面管理研究生教育的各项事宜，院里任命副总工程师邵象华主管该部门。设立钢铁研究总院学位评定委员会，邵象华 1982 年任第一届副主席，1984 年任第二届主席，其职责是：负责向教育部报送研究生名册，包括姓名、专业、导师及个人资料；负责研究生论文答辩情况核实并上报教育部；经教育部批准授予学位；等等。

1988 年参加研究生论文答辩

刘天良曾主管研究生部，直接在邵象华的领导下全面管理研究生工作多年。谈及邵象华对研究生院的具体指导时，他怀着崇敬之心如数家珍，他说邵象华先生以治学认真严谨而闻名全院，同时又以友爱、热心而使受恩惠的年轻学子难以忘怀。

刘天良讲了一个让听者对邵象华肃然起敬的故事。他说，钢铁研究总院研究生入学考试的试卷是由教育部委托有关单位统一命题的。钢铁研究总院录取的研究生的水平是很高的，即使本单位报考的职工也没有给予特殊照顾。邵先生多次告诫我们说，本院担负培养的硕士、博士一定要在社会上站得住脚，经得起考验，拿得出来，并且受应用单位的欢迎。为了做到博士研究生严进严出，邵象华亲自起草了博士论文答辩制度，并得到了学位评定委员会的认同，其中一条是："授予博士学位答辩之前，博士研究生必须在国内外比较著名的专业期刊上至少发表三篇论文。"就是这条铁的规定，让博士研究生在读期间不敢怠慢，必须惜时如命地认真付出，发挥创造性。

邵象华（中）与黄曼云副院长（右二）及研究生部人员

常言道："不以规矩，不能成方圆。"所谓规矩是指古代的两种作图工具，规指圆规，矩指曲尺，比喻做人做事都须符合社会规范和为人的道德。钢铁研究总院还发生过一件颇有争议的事情。邵象华起草制定的硕士研究生导师资质有如下规定：大学本科学历；从事研究工作 8 年以上；承担独立研究专题，担任专题负责人；有充足的研究经费；发表论文 5 篇以上。这条硕士研究生导师资质的规定颇受院内研究人员的争议，邵象华没有受某些意见的左右而修改规定。他多次说："既然院学位委员会制定这条规定，我们就按这条规定去做！"后来的事实证明，这条规定激励着中青年专家努力进取，使自己符合硕士研究生导师的资格要求。结果使人欣喜：硕士研究生导师队伍不断扩大，专业内容不断更新；同时，也有一些硕士研究生导师感到力不从心，主动要求不再担任导师。显然，硕士研究生导师队伍的不断更新是导师知识更新的重要标志。

1994年，师昌绪、李方华、朱静、叶恒强等院士
参加邵象华学生李颖的博士学位论文答辩

2003年，邵象华为毕业生颁发博士学位证书

博士研究生导师的条件更为严格：必须指导过三届硕士研究生；有教授职称且有国外学习或研究经历；在国内外发表论文6～8篇；外语须流利。刘天良说："我院研究生培养工作在邵象华、李文采两位老先生的主持下取得了骄人成绩。1998年我曾获得教育部颁发的'全国研究生工作先进个人'，2000年我院被教育部评为'全国研究生工作先进集体'。

因此，严格的制度和严谨的学风，使钢铁研究总院几十年来始终保持着一支精干的、高学术水平的、富有经验的研究生导师队伍，保障了本院研究生培养工作常盛和壮大。”

2006年，邵象华在家中与研究生讨论问题

## 二、701钢故事

1964年4月，国家科学技术委员会和国防科学技术工业委员会联合下达一项科研攻关项目，要求在当时国内镍资源缺乏的情况下，采用我国富有的锰和稀土尽快研究出一种稀土无镍炮钢，用其来替代仿苏联钢号的PCrNi3MoA钢（代号“701钢”），用于制造100毫米坦克炮身管。这个项目要求在原先确定的701钢化学成分的基础上，继续解决断面收缩率不合格及淬火裂纹问题。

1965年的邵象华

为此，该攻关项目由冶金工业部大冶

钢厂、钢铁研究总院及当年的兵器工业部五二所、四四七厂 4 家单位组成 701 钢第二阶段研究工作组，邵象华被聘为技术指导。当年曾参加 701 钢研究工作的张德铭高级工程师回忆说，邵老当时已经 51 岁，年过半百之人了，担任指导，他感到肩上担子沉重。有一天，部队的一位领导对他说，聂荣臻元帅特别关心 701 钢的质量，曾经一天内要求我们三次汇报研究进展。邵象华听后深深感到此任务的担子很重，不敢有丝毫怠慢或松懈。

701 钢中加入稀土元素以代替镍，邵象华认为，稀土加入量（加入多少稀土才合适）、稀土加入时间（钢水的何种状态适合稀土加入）、稀土加入方法（稀土如何加入钢水中）是研究的重要内容。然而，他一再强调研究的技术难点是控制钢液的纯净度和稀土加入方法。他进而解释说，只有在钢水化学性能非常活跃时期加入很少量的稀土，才能充分发挥稀土的作用，并使钢水成分达到均匀。

张德铭回忆说，邵老的指导非常具体，研究工作的每一步他都给我们提出具体建议，并与我们一起讨论实验方案。他在炼钢炉平台上一待就是七八个小时，边观测炉况，边与我们讨论可能出现的问题以及处理方法。我们感到只要邵老在，我们心里就踏实，因此他是掌舵人。

在大冶钢厂的 0.5 吨、5.0 吨和 18.0 吨三种碱性电炉上总共冶炼 48 炉，其后将这 48 炉钢锭在四四七厂进行锻造和热处理，再经机床加工试生产用的 83 支坦克炮身管，经现场试射后其技术指标都达到了任务规定的要求。最终确定最佳技术指标为：稀土较佳加入量为××，稀土加入钢水的最佳条件是采用氩气保护下浇注及渣洗等。用上述工艺条件制得的稀土无镍炮钢，经金相分析证实已消除了钢中低倍稀土夹杂物，提高了断面收缩率，完全避免了淬火裂纹的产生，701 钢的机械性能已全部达到了使用的技术要求。

1969 年 4 月，用 701 钢制成的坦克炮管经靶场定型射击试验，结果证明：用碱性电炉冶炼的 701 钢制造的坦克炮管已能够满足使用性能要求，其弹道性能及耐腐蚀程度等主要性能指标不亚于含镍钢。同年 6 月，经国家有关机构批准，701 钢用碱性电炉研制定型。邵象华指导的攻关组因此受到上级的嘉奖。

1990年重返包头四四七厂与当年的合作人员相聚（前排中为邵象华）

## 三、春雨润无声

春雨润万物，无声胜有声。魏寿昆、邵象华、柯俊等前辈在青年时代都曾受过良好的优秀传统文化教育，“德在人先，利居人后”“名不独享，过不推脱”等君子的处世之道已成为他们价值观的一部分。1960年毕业于太原钢铁学校并被分配到钢铁研究院的炉外精炼专家高峰谈到初次与邵象华见面时的情形至今仍印象深刻。

高峰最初被分到炼钢研究室电炉车间，负责电炉炼钢。电炉车间大多生产低合金钢、10号碳钢、20号碳钢这类技术成熟的老钢种。后来因国家建设的需要，高峰与电炉车间同事试炼中碳钢、高合金钢等技术含量较高的钢种。试炼不久产品出现了问题：一是钢中杂质含量比较高；二是钢锭表皮气泡比较多，产生白点。初出茅庐、尚缺经验的高峰想请邵象华来车间出点主意，然而，“是不是能请到呢？”他心里忐忑不安，没有把握，但还是想试一试。高峰硬着头皮来到邵象华办公室，邵象华抬头看见高峰便面带笑容地说：“高峰，你先坐下，有什么事坐下来讲。”这是他俩第二次见面，第一次是高峰被分配到炼钢研究室时谈过一次话。高峰表明来意后，邵象华和蔼地说：“你们下次炼钢时我去看看，帮你们出点主意。”

过了一个星期，电炉车间炼钢时邵象华如约来了。他穿着工作服，看了看车间状况，而后坐在炉旁观察高峰等人炼钢，一炉炼完后，他请大家坐下休息。邵象华说："今天大家累了，我不多讲。明天我再给你们讲讲问题出在哪儿。"第二天，邵象华早早来到电炉车间，坐在大家中间，好像他是电炉车间主任，跟大家唠家常似的平和亲切。邵象华说："我昨天看了你们炼一炉钢，回去后思考一番。我认为你们在炼钢中存在两个主要问题：第一个是原材料没有经过烘烤，含有水分，石灰、铁合金都含有水分，需要烘烤，需要建一套烘烤设备。"话音未落，车间里立刻响起热烈的掌声。邵象华严肃起来说："第二个问题是你们技术不过关。炼钢人有句行话叫作'炼钢就是炼渣，渣炼好以后，钢就能炼好'，你们必须把渣炼好，造好渣，钢就能炼好。"在邵象华的支持下，电炉车间建起了原料烘烤装置，此后再也没有发生过夹杂物含量高、钢锭表面有气泡的现象，而且可以炼硅钢片用钢之类难炼的钢种。

通过这次电炉车间的调查，邵象华发现电炉车间的老师傅大多是从抚顺钢厂、太原钢铁公司等厂调来的，操作经验丰富，但缺乏理论知识。因此，他借这次机会主动提出为车间讲几次课，老师傅们如同干旱逢春雨，深受感动。那些经过世事变迁的老工人的心里有杆秤，他们发自内心地十分敬重邵象华。

## 四、术业有专攻

韩愈在《师说》中有一段精辟的论述，他说："弟子不必不如师，师不必贤于弟子。闻道有先后，术业有专攻，如是而已。"邵象华是冶金界杰出的炼钢专家和冶金过程物理化学专家，他对我国钢铁事业尤其对炼钢学的贡献很少有能与他比肩者。然而，他在与年轻人交往时，更像是一位慈父、一位可亲的朋友。与他第一次相会，大多数年轻人会拘泥不安，只听不说话，好似静听师长的教诲；然而，只需少许对话，他便能让年轻人的心里放松，感到自己在与朋友交谈，从而无拘无束，无话不谈。

1978～1983年，王大洲随邵象华学习和研究长达五年之久。那时候研究生很流行学英语口语，王大洲了解到邵象华留英多年，讲一口正宗流利的英式英语，柔美动听。王大洲回忆道：有一回我试探性地问邵先生，“邵先生，我们之间谈话用英语可以吗？”那年邵先生快 70 岁了，我担心他会婉言拒绝。出乎意料的是，邵象华不假思索地回答说：“好啊！我再不说英语也是要忘掉的！今后你常来我这里和我讲英语，那是挺好的事情。”

于是，王大洲问道：“How many countries have you been to？”（你曾经到过多少个国家？）

“More than ten.”（十多个国家）邵象华随口回答，接着说出一个个国家的名字，当说到 Czechoslovakia（捷克斯洛伐克）时，他补充说：“Only passed through without staying.”（路过而没有停留）。从这件小事可见，邵象华说话很缜密，将一件事情讲得很清楚，而且滴水不漏。

王大洲说：“开了这次头以后，只要邵先生有空我便跑过去跟他用英语交谈，我自然是一个得益者。可以说我后来经常被邀参加冶金部钢铁司的外事活动，担任多位司领导的翻译，如果没有跟邵先生多年用英语对话交流的情景练习，恐怕后来我没有那种胆量和勇气。”

1982 年邵象华在与青年技术人员交流

王大洲毕业后，邵象华很想把他留下来当助手，他是一般不轻易开口求院领导帮助的，但这次为了王大洲留京名额的问题，他以院的名义专门向冶金工业部副部长陆达发去信函。但遗憾的是，没有得到回复。他让王大洲亲自去部里询问，回答是陆达不再是副部长而被任命为总工程师。这件事虽然无果而终，但王大洲说：邵先生从不轻易开口求领导办私事的，为了我调京的事他费心了，我很对不起他。

1984 年邵象华在学术会上发言

连铸专家朱果灵教授讲了邵象华学计算机的故事。朱果灵的父亲朱觉教授与邵象华年岁相近，邵象华比朱觉年长一岁。朱觉是北京钢铁学院电冶金教研室主任，专长是电炉炼钢。两位老先生感情很好，常有机会会面交谈。朱果灵是 1964 年从北京钢铁学院冶金物理化学专业毕业后分配到钢铁研究院炼钢研究室的，主任是邵象华。父亲朱觉多次对她讲邵老是位大专家，教导她努力向邵老学习。

朱果灵参加了邵象华先生负责的包钢平炉渣提铌资源综合利用课题，从实验室到小型试验再到包钢现场试验，朱果灵都亲自参加了。她回忆道：我记得那时候写过一篇文章，因为我刚毕业缺少经验，就请邵老提点意见，把把关。邵老看后不满意，说你这篇文章写得不够细致，不够严谨。他将唐仲和写的一篇文章递给我，要我学一学文章应该怎样写。邵老没有滔滔不绝地讲大道理，而是让我跟同事学习。朱果灵说：邵老是一位很谦虚实在的长辈，他会的就说会，不会的就说不会。“当年我们从法国引进一个计算机程序，叫作 BILAFO。”她回忆说，“这个程序主要用来计算转炉中炉渣和钢水里磷元素的平衡，炼钢学中称为‘渣-钢的平衡’。这件事发生在 1985 年和 1986 年之间。”20 世纪 80 年代中后期，电子计算机工程控制这门学科在我国刚起步，大多数年长的专家对此还很陌生，也很好奇，但囿于年岁已大、记忆力衰退，他们不再想耗费精力深研；然而，好奇心的驱使和工作的需要又使他们不甘心成为“计算机盲”而落后。朱果灵说：“BILAFO 程序应用由姚锡仁负责，邵先生是课题指导，我们去总工办与邵先生商量课题研究问题。他说：‘计算机我是不懂的，但是我可以向你们学习的。我懂的事我可以指导，我不懂的事我不能指导。不然的话是要误人子弟的。’然而，他很关注我们的计算机在室内的应用。”

2010 年，邵象华在电脑前，活到老学到老

# 第十六章　日之升，月之恒

## 一、“最红”的学长

20世纪30年代竺可桢主政时期的国立浙江大学，曾以文理双强称雄中国，与当时的国立中央大学、国立西南联合大学和国立武汉大学并称抗战时期“民国四大名校”。著名科技史学家、英国皇家学会会员李约瑟教授两度访问浙江大学，盛赞其是“东方剑桥”。当年中国流传交通大学电机系、复旦大学化学系、同济大学土木工程系、浙江大学化学工程系是最难进的名校和名专业。1928年，15岁的邵象华考入浙江大学化学工程系，1932年19岁时毕业。

2007年和2008年在北京工作的浙江大学校友在人民大会堂宴会厅分别举办庆祝浙江大学建校110周年和111周年校庆活动，90多岁高龄的邵象华偕夫人光临大会时，百余名校友起立热烈鼓掌欢迎。钢铁研究总院耐火材料专家宋慎泰教授回忆道：钢铁研究总院里浙江大学毕业的校友最多的时候有30多人。人民大会堂校庆会我们是一起参加的，邵老夫妇步入会场时受到最热烈的欢迎，因为邵老是浙江大学北京校友中最杰出的代表，他是中国科学院和中国工程院两院院士，曾是三届全国人民代表大会代表。因此，我们浙江大学的毕业生都因和邵老是校友而感到骄傲，浙江大学北京地区的校友一致称他为“最红”的学长。

2007年在人民大会堂参加浙江大学110周年校庆

邵象华始终遵循着浙江大学校训“求是创新”的精髓“务求实学，存是去非”，发扬“正其谊，不谋其利；明其道，不计其功”及“以尽一己职责”的校风。竺可桢校长曾将“求是”的精神内涵表述为：①不盲从，不附和，以理智为依归。如遇横逆之境遇，不屈不挠，不畏强御，只问是非，不计利害；②虚怀若谷，不武断，不蛮横；③专心一致，实事求是，不作无病之呻吟，严谨整饬，毫不苟且。

唐仲和教授是连铸专家，曾和朱果灵参加邵象华指导的包钢平炉渣提铌研究。他说：邵先生是我们这些后辈的良师益友，他为人谦虚，重视大家的观点，知识全面，实践经验丰富，因此研究工作由他出主意，我们去做。大家很信服他，佩服他的智慧和经验。他是炼钢专家，又有大学教授的理论，这样一结合，他讲的主意使别人深信不疑，而且确实解决了问题。

曾经有些钢铁冶金专家认为邵象华特别喜欢大平炉而对转炉技术在我国的推广不够热情，唐仲和认为这种说法其实是对邵先生的误解。他说，邵先生早期在鞍钢，鞍钢都用大平炉炼钢。他对大平炉有深厚的感情表明他对炼钢事业有深厚的感情，这有什么不好？

唐仲和说，邵先生积极热情地支持我国发展转炉和连铸工艺。然而，转炉和连铸工艺的发展与一个国家的整体科学技术水平，特别是机械、自动化水平有重要的关系。新技术的推广都有自身的规律。所以在我国广泛推广和应用氧气转炉炼钢技术之前，你不能把平炉都拆了，只能逐步减少，同时要改进平炉炼钢的技术。我国用转炉代替平炉炼钢虽然时间较长，但是很顺利，没有影响钢产量。

邵象华胸襟宽阔，淡泊名利。在他的领导和指导下开展的科学技术研发工作所写的论文或申报的科研成果，凡是他认为自己实际工作做得不多的，从不轻易署名。他的同事燕德顺教授回忆说，他和同事们完成了“真空感应炉内液态镍铬合金中的碳氧反应”的研究工作，写成了论文要发表，请邵象华审阅时，他从作者名单中把自己的名字勾掉了。该项研究工作邵象华确实起了重要的作用，但又要尊重他本人的意愿，作者只好在论文中写上“本课题得到邵象华同志指导”，特此致谢。这样的情况多次发生。

邵象华与晚辈共事不以导师身份教导晚辈，喜欢以学长身份与晚辈互学共勉。正所谓，“彼有善长于我，则我效之；我有善长于彼，则我教之。是学即教，教即学，互相资矣。”（明·王肯堂）

## 二、厚实之脚印

中国科学院和中国工程院是我国两座最高的科学殿堂，院士头衔是一批志存高远且取得杰出科学成就的知识分子一生追求的目标和梦想。

邵象华是我国首批当选为中国科学院院士的杰出科学家，也是当选为中国工程院院士的杰出工程学家，肩上担负着双院士的社会责任及学术领袖的担当。1998 年 6 月，在中国工程院第四次院士大会上，邵象华被授予“中国工程科学技术奖”，该奖是中国工程院的最高荣誉，授奖仪式邀请夫人王晓云参加。

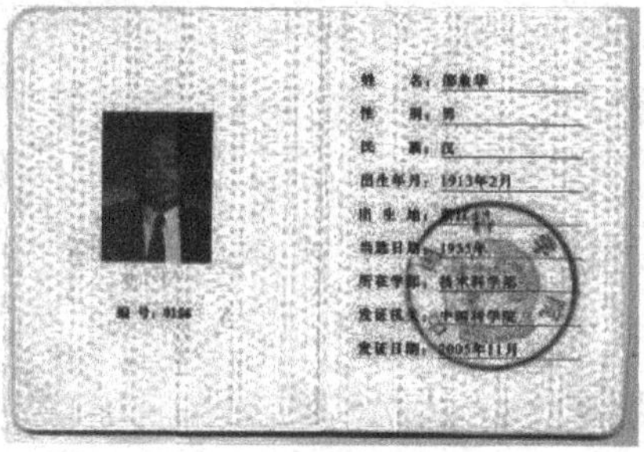

中国科学院院士证书

中国工程院院士证书

1998 年获“中国工程科学技术奖”

他一生搞的是真学问，无半点虚荣，留下的是一个个厚实的脚印，后人可以丈量其贡献；他一生无半点图名之心，却显现出杰出经世济民的才学，后人可以评判其虚实；他一生广交正道朋友，倾听德高望重者的教诲，后人可以评察其品行雅俗。邵象华曾多次讲过一句话：“我们不要把不成熟的科研成果转让给工厂，让别人去转化为生产力。我们拿出去的科研成果应该是成熟的、经得起考验的、有经济效益的。”

邵象华极其重视理论联系实际，重视科学和技术的结合。在第五届全国炼钢学术会议上，邵象华做了《论钢铁科研与技术开发》的报告，他指出科学与技术之间有密切的关系，但科学与技术是两个不同的概念。科学是通过观察和实验获得的、系统化的并形成规律的知识。因此，自然科学的任务是阐明自然现象、特性或规律，提供智力和文化成果，而不一定是直接联系当时的实际生产。技术是为了满足人的需要而进行生产所采用的方法、手段。与早期生产依靠经验不同，技术总是应用了科学知识而被开发出来的。技术的目的是达到最佳生产力，它是实际的改进、创造、发明活动。在很多场合，人们为了开发某一技术，只靠已有的基础知识不行，而需要进行专门的研究，解决某些与该技术直接有关的自然科学问题。这类工作仍是为了阐明某些现象、特性、规律，属于科学研究的范畴，但课题是针对实际需要而确定的，研究成果有预定的应用范围。人们通常把这类工作称为“应用理论研究”或“应用基础研究”。邵象华认为自己的应用基础研究和技术开发工作的根本之点在于工程化、工业化。研究课题必须针对实际需要，在全部工作中必须考虑到原料、投资、作业率、成本、市场等决定最后能否在生产建设中实现并取得经济效益的关键问题，绝不能把不够格的研究成果推给别人去“转化为生产力”。在解决实际生产中的问题时，他总是力图寻找科学依据，以理论来指导实践。

徐匡迪院士回忆起这方面的事例时说："我第一次认识邵老是在1956年，邵老那时就已经是中国科学院第一批学部委员。当时的北京钢铁学院请了一批学部委员到学校里做学术报告。邵老讲了两个问题，首先讲了要学习和掌握冶金热力学。他说搞钢铁冶金的人不能只做工匠，要学热力学、动力学，要通过热力学的计算来判断反应能否进行，能进行到什么程度，然后再来制定工艺，而不是只凭经验、做工匠。这给我们的教育很深。其次他谈了真空冶金这个在当时非常先进的概念，不久国外就出现了钢包真空处理，以后又出现了RH、DH法等。这是我第一次听邵老讲，印象特别深。因为我们去钢厂开始实习时，觉得钢铁冶金就是一个干力气的活，就是往炉子里头加东西，你按照规程操作就行了，后来就知道要把热力学搞好，要把动力学搞好，要知道冶金过程是怎么回事。最难忘的印象是在上海开第一届冶金物理化学分会的年会，我也去参加会。听邵先生讲选择氧化还原，选择性氧化当时也是一个先进的概念，给我们很大的启发。邵老是始终跟着国际的前沿从基础理论做起的。钢铁冶金已经进入了新的时代，不但可以用其理论来计算，而且可以用计算机的数学模型模拟，然后用模型来控制炼钢过程。这就是理论和实际相结合的一个过程。"

曾任中国钢研集团公司总工程师的刘浏回忆说："邵先生的学风很严谨，我记得我的博士论文他为我修改了6遍。有四件事使我终生难忘和深受教育：第一件事是他教导我不能随便引用他人的公式。原来我认为只要印在书上的或者国外期刊上发表的论文肯定是正确的。然而，邵先生却问我，为什么用这个公式？该公式能不能在这里用？用的条件是否合适？第二件事是他告诉我不能轻易应用他人的实验数据，应用前要问这个数据的应用条件，应用在这里是否合理。第三件事是使我终身受益的教诲。邵先生严肃地告诫我不能轻易地删改试验数据。如果删改试验数据，要问自己为什么删、能不

2003年与博士研究生刘浏

能删、允不允许删。第四件事是他对研究成果的要求非常严格。我完成10吨转炉试验后，有专家要推荐我的研究成果在国际会议上宣读发表。我写成英文稿后送请邵先生看，他说这个成果发表还不行，因为试验数据还太少，不如再放一放。邵先生是一位德高望重的学者，但他非常谦虚和实事求是。我有时候问他一些问题，他当时70多岁可能一时想不起来了，但他用两天时间查阅各种资料，之后才把我叫去详细回答我的问题。”

在邵象华百岁华诞座谈会上，中国工程院院士王海舟讲了一个鲜为人知的故事。某年某月江苏省考古队在一次古墓发掘中发现了铝饰品，一位姓华的先生来到钢铁研究总院找到邵象华请求明辨真伪、判断年代。邵象华陪同华先生找到王海舟时说，如果古代能冶炼出铝，它的技术真了不得啊！我认为是不可能的，但是我无法证明我的看法。你能不能帮我证明一下是哪个年代出的这个铝制品？王海舟顺口回答说：“没有问题，用质谱仪就可以了。”“太好啦！”邵象华高兴地说。王海舟找来元素周期表，铝没有同位素，只能遗憾地说：“邵先生，铝没有同位素，用质谱仪测定年代做不了。”邵先生不解地问道：“王工，请您解释一下可以吗？”王海舟说：“因为不同年代测定的同位素比例是不同的，因此质谱仪是利用测定铝元素同位素的比例关系来推出铝的年代。”“能不能用一种间接方法来证明呢？”邵象华平静地问道。王海舟思索片刻说：“可以用氧化铝。因为氧有同位素，不同年代的氧生成氧化铝有微小差别。”邵象华满意地点点头。不久，王海舟将测定结果递给邵象华，上面写着“氧的比例是现代氧的比例”。邵象华用怀疑的语气问道：“你怎样证明铝的氧化是现代氧化的而不是古代氧化的？”王海舟一时语塞，稍平静后坦诚地说：“邵先生，我真的不知道它是什么年代氧化的。”“你看看铝氧化膜不同的厚度处是不是稍有差别？”邵象华启发说。“好办法！”王海舟如梦初醒，恍然大悟道。王海舟做了不同阶段的氧化膜比例，发现从里到外都是一个比例。邵象华说：“尽管用质谱仪检定结果是现代产的铝饰品，我还是认为实验数据不够，还须用其他数据来共同证明。科学结论要用数据说话，要靠实验结果来证明。”王海舟说：“这就是邵先生的科学精神——结论要用实验数据来证明。”

2012年庆祝邵象华院士百岁华诞座谈会

## 三、愿做党的人

1981年年初，邵象华再次向钢铁研究总院炼钢室党支部递交入党申请书，研究室副主任、党支部书记赵施格同志和炼钢研究室副主任、党支部副书记知水同志愿意担任邵象华的入党介绍人。赵施格、知水和邵象华共事多年，对其知根知底。早在1956年邵象华曾第一次提交入党申请书，之后又交过多次入党申请书。时隔25年再次申请入党，这表明他经过中华人民共和国成立后各种政治运动的考验，依然坚持“三个不变”：入党信念不变、信心不变、信仰不变。这对一位老科学家来说实在是难能可贵。

邵象华再次提出申请入党的要求在钢铁研究总院传开后，曾掀起小小的波澜，一时间成为研究院内议论的主题：有人说邵象华已经68岁了，功成名就，应该去享受天伦之乐，安度幸福快乐的晚年，又何必再追求什么理想、事业呢？然而，多数人却敬佩他的入党愿望能够坚持25年，矢志不渝，将他看作自己的人生榜样。邵象华听到了各种议论，心里平静如水，因为他已经习以为常了。

邵象华在入党申请书中写道：“我在旧社会曾目睹自己国家的贫穷落后和帝国主义列强的残酷侵略。反动腐朽的国民党统治之下，半壁江山沦陷，自己的‘工业救国’梦想一而再，再而三地遭到破灭，看不到祖国的前途，找不到自己的出路，彷徨苦闷。中华人民共和国成立后接触到马列主义理论的启蒙教育和社会主义的实践，开始认识到社会发展的根本规律，从而使反动统治下的旧中国贫弱原因得到了解答，对在共产党领导下建设社会主义，最终达到共产主义的前途逐步产生了信心。我为自己能在这个伟大事业中做出点滴贡献感到光荣和自豪。”通过这些情深意切的肺腑之言，他将自己真实的内心世界坦然地呈现在党组织的面前，请组织去考验、去审察。

邵象华和他同时代的知识分子，大多数抱着“工业救国”“教育救国”“实业救国”的不同梦想而出国留学。他们普遍认为，这个古老的中国已“病入膏肓”，要靠政治家、军事家及实业家共同联手来救治这是国民一般的共识。与政治家、军事家不同，实业家、教育家、科学家将“工业救国”视为己任和理想。

邵象华受资源委员会召唤从英国、德国回到祖国参加抗战后方钢铁工厂的建设，他满腔热情地在綦江这块边远的蛮荒地区建厂，之后受召以协理身份赴鞍山接收日伪经营的钢铁厂并落脚在鞍钢。

《中国现代化史》中写道：“资源委员会抗战前的活动只是在这条道路上（注：指工业化道路）跨出了第一步，有了这个第一步，十年后才能发展成拥有数百家企业，近 30 万员工，掌握了全国重工业生产的重要机构，并在国民党全面腐败的污浊水中保留下一块清净之地。”

从 1945 年受资源委员会派遣作为一名协理来到鞍钢至 1958 年调至钢铁研究院任炼钢研究室主任，13 年时间，他参加了鞍钢从复产新生到高速发展的艰难历程。他目睹鞍钢的巨大变化：伪满殖民统治时期，鞍钢生产的钢铁被日本侵略者用来制造屠杀中国同胞的枪炮；日本投降后鞍钢的设备被苏联红军几乎掠夺一空；国民党军队不断地破坏使鞍钢犹如一座死城，寂静、荒凉、杂草丛生……

鞍山解放后，共产党派来各级领导干部，这些来自前线的解放军，脱下军装换上便装将鞍钢看作另一个战场。他们与工人打成一片，与技术人员以诚相待，委以重任。他们吃住在工厂，房中只有一张床、一张桌子、一个煤炉，办公和睡觉都在这间房内。他们如饥似渴地学习钢铁冶金知识、工厂管理知识、金融财务知识等。邵象华看到这些人没有丝毫官架子，平易近人，谦虚好学，他由衷地敬佩他们。

一个人的好名声在于被人广为赞美，在于有良好的品德，而不在于他们有多高的权位；世人相信一个人，主要看重他的行为，而并不去看他讲了多少美言。邵象华在这座人生大熔炉中受到教育，他坚信由这样一批立志忠诚于中国钢铁事业的干部来领导和管理鞍钢，这座饱经风雨的钢城一定会有欣欣向荣的光辉明天。他认识到旧中国贫穷落后的真正原因，破解了“工业救国”梦想三度破灭的根由，应了那首《没有共产党就没有新中国》的歌词：“共产党辛劳为民族，共产党他一心救中国，他指给了人民解放的道路，他领导中国走向光明……”

于是，1956年他第一次向党支部提交了入党申请书。此后，中国发生了让他觉得不可思议的运动，例如，1957年的反右斗争，1958年开始的“大跃进”，以及后来的三年困难时期等。他在全国人民代表大会上那次“不合时宜”的发言使他入党受阻。“文化大革命”中他和多数著名科学家一样，受到不公正的待遇，在迷茫和议论中，邵象华于1958年被调到钢铁研究院，开始了全新的生活，入党愿望渐渐地重新强烈起来。

邵象华在入党志愿书中继续写道：“党的十一届三中全会纠正了‘文革’及其以前的错误，确定了解放思想、开动脑筋、实事求是、团结一致向前看的方针，做出了把工作重心转移到社会主义建设上来的战略决策，重新确定了马克思主义的思想、政治、组织路线，从此在经济上、政治上都出现了很好的形势。尤其是党的十一届六中全会通过的决议中，回顾了党六十年的光辉战斗历程，总结了中华人民共和国成立以来的基本经验，实事求是地评价了一系列重大的历史事件，分析了其原因，阐明了毛泽东思想及其历史地位，进一步明确了我们的前进方向。这一切使我在‘文革’中产生的混乱思想得到了彻底的澄清。”

1981年10月5日，炼钢研究室党支部根据邵象华的申请，在广泛征求党内外同志意见的基础上，召开了党支部全体党员大会，认真严肃地讨论邵象华同志的入党申请，并一致同意接纳邵象华同志为中国共产党预备党员，报请上级党委审批。上级党委派专人与邵象华同志谈话，提出下列意见：①邵象华同志经党的长期培养教育，对党有较正确的认识，能够严格要求自己，工作积极主动、认真负责，群众关系好，能从技术上、生活上等各方面关心群众，帮助同志；②邵象华是国内外有名望的老科学家，技术上、业务上刻苦钻研，为我国钢铁事业做出了重大贡献。希望今后工作更大胆。同意发展为预备党员。谈话完毕，邵象华激动地表示今后一定努力改正缺点，用党员标准严格要求自己，为共产主义奋斗终身。

1981 年 11 月 20 日，上级党委批准邵象华同志为中国共产党预备党员，预备期为一年。1982 年 11 月 30 日，邵象华如期转正，实现了他长达 25 年来坚持不懈的入党梦想。他以 68 岁的高龄决心将自己的余生献给党的事业和人民事业。正是：

夕阳无限好，晚霞尤灿烂；

愿做党的人，桑榆又逢春。

第八篇

# 温馨之家

摄于 2008 年

# 第十七章 恩爱夫妻

## 一、綦江成家

四川綦江地区崇山峻岭，山高林密，千山万壑之间溪流纵横，激起的波涛汹涌澎湃，人迹稀少，野兽出没，是一块尚待开发的荒蛮之地。“綦”字在古汉语中是指青灰色，因此有“缟衣綦巾”一词，用来形容色泽清雅素淡的衣服和方巾。綦江发源于贵州桐梓县，江水呈青灰色，故取名为“綦江”。

1942年9月，武汉大学历史系毕业生王晓云由乐山独自来到重庆与邵象华相会，经过简单隆重的婚礼结成连理，兑现了百年好合的许诺。之后，王晓云随夫君翻山越岭，夜宿昼行来到綦江电化冶炼厂，邵象华担任第四分厂（炼钢厂）的厂长。他安顿王晓云在职工宿舍住下，这是一间明亮洁净的房间，战乱时期能住这样的房间，邵象华和王晓云已经很知足了。

1940年时的王晓云

邵象华很看重回国后得到的第一份直接为抗战服务的炼钢厂建设工作，因此，他没有缠绵在甜蜜的新婚之中，而是立即投入建设钢厂中，经常忙得很晚回家，甚至经常夜宿厂里的休息室。他常常对新婚妻子心怀歉意。王晓云是经历过风雨的，既有小女人的柔情温顺，又有“大丈夫”胸怀天下的气概，她体贴忙碌的丈夫，全力支持他的工作。

有一天，邵象华回到家，像往日一样一边洗漱一边兴致浓厚地讲他的工作。王晓云走到他身边轻轻地对他说自己怀孕了，邵象华高兴地合不拢嘴，然后温柔地叮咛说，一定要注意休息，加强营养，生一个健康可爱的小宝宝。

1943 年 5 月 10 日，王晓云在电化冶炼厂职工宿舍的家中产下长女，取名邵贝羚。因为綦江县医院离冶炼厂很远，路途崎岖颠簸，不合适临盆产妇长途跋涉，正巧邵家邻居是一位爱尔兰人，他的夫人曾当过护士，有一定的接生和产后护理经验，因此，邵象华请这位爱尔兰护士来家中接生，他才安下心来。

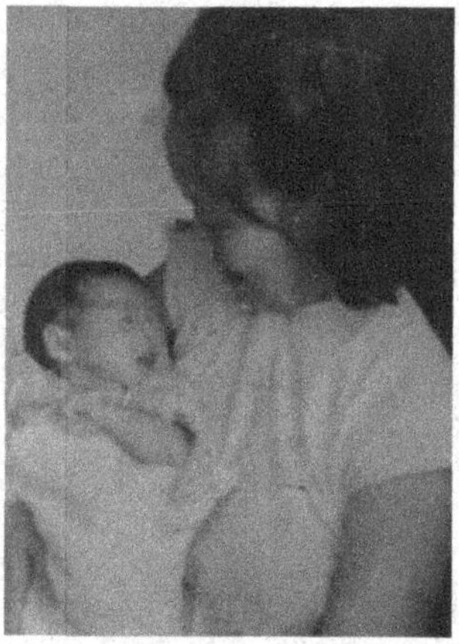

女儿一个月

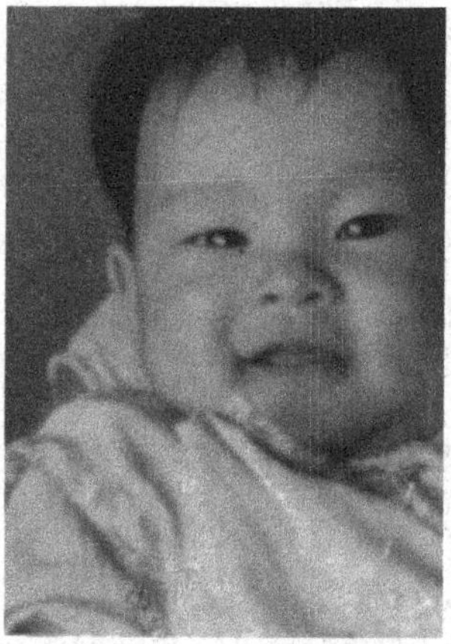

女儿四个月

天使一般的邵贝羚的出生，无疑为邵家这对新婚夫妻增添了难以形容的幸福和快乐，但同时又平添了许多忙乱。在这夜深人静的深山中，家属区的灯光已渐渐熄灭，唯有邵家的灯光依然格外耀眼，因为他俩正在忙着孩子的事情。

綦江电化冶炼厂职工宿舍建在山头上，与矿区之间没有严密的隔离墙或护栏相隔，职工的小孩们喜欢在宿舍前边的平地上玩耍，没有专人照管。邵贝羚回忆说：“1945 年 6 月我两岁光景，和一群职工的孩子在平地上瞎玩。有一个年龄比我大几岁的男孩突然把我抱起来放到空的矿车上，他用手使劲一推，那矿车咕噜咕噜地往山下奔去，我害怕地大声哭了起来。在这千钧一发的时候，有一位工人师傅急忙奔跑过去，一把抓住矿车，将它拽了回来，我这才算是捡回了一条小命。因为山头下面有条小河，倘若掉了下去肯定活不成。父母知道后立即带我向这位师傅表示感谢，从此以后，父母再也不许我出门与小朋友玩了。”

## 二、一家三姓

日本投降后不久，邵象华受资源委员会派遣到鞍山市参加接管鞍钢的工作。他与王晓云考虑到当时鞍山的形势尚未安定，于是商定把邵贝羚送到宜兴娘家暂住，请大姐照料，待鞍山社会稳定后再接回来。

1946 年农历年底，邵象华一家三口来到宜兴娘家。王晓云的内侄女王亮君回忆说：我第一次见到小姑父是在抗战胜利后的 1946 年的农历年底，相见时姑父肩头扛着行李，姑妈怀里抱着表妹邵贝羚，家里大人们异常惊喜，特别是爷爷看到他最钟爱的小女儿带着做大学问的女婿回来，不禁激动地站起来，起身迎客。

王晓云大姐的儿子傅志方回忆说：“抗战胜利后，姨夫、姨妈带着表妹邵贝羚从四川回到宜兴，我第一次见到姨夫，他给我的第一印象就是一位温文尔雅、和蔼可亲的知识分子，受到全家人的尊敬和爱戴。他在宜兴待了几天后，就到南京资源委员会报到，并受当时的资源委员会委派去东北鞍山，从日本人手中接收鞍山钢铁公司。我姨妈和表妹留在宜兴，我们一起生活。”

王晓云来宜兴前已经知道自己怀孕了，邵象华安排好女儿后，又委托大姐送王晓云去上海父亲家暂住，上海的医疗条件比宜兴要好。1946 年 9 月 4 日，儿子邵贝恩出生。王晓云在上海调养一段时间后，由大姐来上海将王晓云母子接回宜兴坐月子。邵贝羚与母亲重逢，第一次见到可爱的弟弟，高兴地抱住弟弟，亲吻他的脸。此后，宜兴张渚镇王家真真切切地成为邵象华及其子女的第二个家。同时，王家因为邵家人的到来而倍感荣耀。邵家子女历来将张渚镇王家子女看作自己的亲兄弟姐妹。

1948年贝羚、贝恩姐弟于上海

1947年中，挂念着丈夫的王晓云身体恢复后让孩子暂住娘家，独自返回鞍钢家中。她进家门，家中沉寂无人，同事们告诉她说邵象华与其他五位协理由解放军先后转移到丹东、鸡西、哈尔滨学习。1948年11月初，邵象华等协理随解放军进入刚解放的沈阳市，几天后回到鞍钢家中。他推门而进，王晓云迎了上来，两人相拥而泣，有说不尽的思念、道不完的担心，可谓“一日三秋等君回”。王晓云心里牵挂两头：一头是分离多日的丈夫；一头是宜兴的一双儿女。如今丈夫平安回来，她思念儿女的感情越来越强烈。

鞍山有一个由日本人修建的日式高级小区叫作台町区，从前是日本高官居住，鞍山解放后台町区分配给鞍山市人民政府高级干部及鞍钢公司高层管理人员居住。台町区环境优雅、安静，设施比较完备。住房按级别分为三等：鞍山市及鞍钢党政主要领导住独栋二层小楼；留用高级技术干部住双拼二层小楼；其他级别的党政干部及技术干部住在双拼单层平房。

所谓双拼二层小楼就是两户合住在一栋二层楼房，每家各住一半，70多平方米，每户单独大门，楼上楼下共四间，每间约10平方米，其余30平方米为客厅、厨房等。邵象华与杨振古两家合住在同一栋二层小楼里。

当时邵象华担任鞍钢总工程师兼炼钢厂生产技术副厂长，王晓云任鞍山市第一中学历史教员，生活和工作已安定。王晓云与邵象华商定入冬之前从宜兴接回一对儿女。

1948年初秋，王晓云亲自到宜兴接回贝羚和贝恩，分别安排在鞍钢保育院大班和小班，平日里住在保育院，周日和节假日由家长接回家中团聚，共度快乐假期。鞍山解放初期物资供应紧张，保育院也实行供给制，一切费用由政府承担。

1955年全家福

邵贝羚刚满5岁，已在宜兴读小学二年级，到鞍山后因年龄太小，被安排在一年级上课。对干部、学生、幼儿园等实行供给制是中华人民共和国成立初期政府采用的一种权宜之法，根据供给制规定，每个月按干部级别、学生年龄、男女性别、每户人口，由政府向他们免费供给基本的食物（包括粮食、油、盐等）和生活用品（包括毛巾、肥皂、卫生纸等）。尽管当年鞍山市场物资十分匮乏，但与社会上其他居民的生活状况相比较，享受供给制的人员衣食基本上无忧。尽管每个人身着款式和颜色相同的棉布衣裳，但心安快乐；虽然碗里鲜有鸡鸭鱼肉，但安居乐业。

1949年邵象华夫妇及女儿于鞍山

1951年的邵贝羚

1953年，鞍山局势已经稳定，物资供应渐见丰富，邵象华非常思念远在杭州孤独生活的父亲邵家驹。自从1944年母亲吴道芳去世（享年55岁）后，邵家驹由上海搬回杭州祖屋定居，孤单寂冷。邵象华担心父亲不习惯鞍山的气候和饮食，写信征求父亲的意见。邵家驹回信说全家团聚是他一直盼望的，生活习惯总是可以适应的。于是，64岁的邵家驹来到鞍山，从此老少三代共同享受天伦之乐。

1956年邵家驹于鞍山二一九公园

同样，王晓云十分思念大姐一家人，她与邵象华商量后请大姐王蕴仙带儿子傅志方和侄女王亮君来到鞍山。一时间，由邵、王、傅三姓及老少三代组成了一个特殊的家庭，这个家庭兴旺热闹，洋溢着琴声、歌声、笑声。邵象华与王晓云平日里和善谦逊，以礼待人，因此常有客人登门拜访。

大姐王蕴仙（左）与王晓云一家

## 三、练习骑车

鞍山台町区位于市区东郊，地势较高，年轻人大多骑自行车上班，骑自行车是当时人们中兴起的一种时尚。

邵象华住的双拼小楼前有一条由东向西下行的柏油马路，他买了一辆自行车，并当众宣布由他当教练，鼓励家中的年轻人借助门前这条得天独厚的柏油马路学会骑自行车。青年后生们纷纷报名，热烈响应，不多时日，他们都学会了。王晓云看到青年后生骑车飘逸的英姿，洒脱风流，心里痒痒的，她虽信心满满，但仍然踌躇不决。经邵象华三番两次的鼓励，王晓云终于宣布决定练习骑自行车，屋内立刻响起全家人热烈的掌声。此刻，邵象华再三叮嘱妻子，骑自行车在下坡路上时一定要记住稳和慢，千万不能骑快车。王晓云点点头，便跨上自行车开始练车。不久，她便忘掉了丈夫的叮咛，自以为下坡路上骑自行车既省力又痛快，信心满满地调转头来朝邵象华回眸调皮一笑，心想："瞧着，我会给你一个惊喜的！"说时迟那时快，当邵象华看到自行车沿下坡一路飞奔即将失控时，他一边高声喊着"别慌！别慌！"一边飞跑过去，正当他打算伸手救助时，只看见前边不远处王晓云已人倒车翻，重重地摔倒在地上，痛苦地斜躺着。邵象华等人急忙将她送到公司医院治疗，王晓云左腿骨折，他愧疚地守护在旁边。他了解王晓云从不会服输的性格，一旦骨折痊愈，她仍然会练习骑自行车的，而且一定会成功。

1952 年朋友前来探望王晓云

这次意外失手不仅没有挫伤王晓云的锐气，反而更加激发了她练习骑自行车的兴趣。她躺在病床上反思这次练车失败的原因是自己过于自信，没有听从丈夫提醒的“稳和慢”和“不可骑快车”的话。她相信出院后，不需要多久自己一定能学会骑自行车的。

出院时，王晓云左腿骨折处愈合，几乎没有留下伤痕，医生说这是奇迹。回家休养几日后，她心里开始盘算着什么时候当众再次宣布练车的决定。一个星期天，天空蔚蓝，和风吹拂，让人感到十分惬意舒畅。王晓云又当众宣布从今日开始恢复练习骑自行车，随即将自行车推到门前下坡的柏油路上，在热烈的掌声鼓励中，她自如地跨上自行车，向邵象华摆摆手，投去挑战性的一笑。邵象华用信任的目光和热烈的掌声给予妻子支持。王晓云从上车、骑车、控速到停车、下车，每个环节都很轻松，顺利地完成了练车的首秀。当她稳稳地下车时，观看她练车的儿女们在邵象华的带领下向她跑过去，一边鼓掌，一边叫好，仿佛她在公司的运动会上获得了冠军似的。

1958 年全家迁入北京后，邵象华经常在节假日率全家骑自行车出游，游遍香山、八大处、植物园等北京风景旖旎的景点及名胜古迹，骑车出游成为邵家的一项传统健身项目，他们坚持了数十年，出游的队伍也越来越壮观。

1960 年全家骑车游香山

1973年全家于颐和园中合影

## 四、摄影高手

摄影是指利用照相机拍摄实物影像，俗称照相。摄影与照相的区别在于，我们通常将摄影称为艺术，而照相是一种爱好。在杰出科学家的综合素养中，科学与艺术是相通的，科学为艺术家创造了一个个无限想象的现实空间，艺术给科学家插上奔向美妙多维理想空间的翅膀。在爱因斯坦等杰出科学家的思维里存在着两个世界：科学是自然世界；艺术是人造世界；科学与艺术之间的通道便是哲学，因此哲学被称为“科学和艺术之母”。邵象华作为卓越的科学家，有他的自然本色，那就是他热爱天然美。无论是綦江天造地设的高山激流，还是鞍山台町区双拼小楼前的小花园，在他眼中都有各自的天然美，同样使他陶醉。他将美景拍摄下来，留驻于相册。因此，在他的精神世界里摄影与幸福、快乐和享受自然美、亲情美是不可分开的。在这类创造艺术中，他最喜欢弹奏乐器和摄影，在这两者中他更加偏爱摄影。

在英国留学期间，他买了人生中的第一部照相机，用它记录了在海外读书、生活的足迹及见闻趣事。遗憾的是，那时候他不知道这些弥足珍贵照片的历史价值而珍惜保护，因而其中大多数照片在回国后的各地奔波中遗失了。幸运的是，他努力使留下不多的照片勾画出他在国外生活的人生轨迹。

1936 年的英国（邵象华摄）

1938 年秋，邵象华回国后因逃避战乱客居在上海的父母家。走进家门后，见到父母亲孱弱的身体，以及屋子里只有几件简陋陈旧的家具，他内疚自责，断然决定将随身携带的那部照相机变卖兑现以补贴家用。

抗战时期的上海管制十分严格，照相机一类贵重的舶来品若想在上海市场变卖，需要有旁人作证该物品确是个人的私物。邵象华想到一位曾在大学期间同窗多年的同学，请他当证人。当他来到这位同学家门前时，他再三犹豫才敲门求见。进屋寒暄几句后他便转入正题，说明了这次拜访的原因。这位同学豪爽地愿意为他作证。照相机变现没有遇到麻烦，他把全部钱（法币）交给母亲，再三叮嘱父母亲吃得好一些，注意营养，待他工作安定之后一定会每月寄钱回家。习惯于节俭生活的父母亲仍然舍不得用钱，留着万一急用。

抗战胜利后，国民政府国库空虚，货币大幅度贬值，而且不允许老百姓家里储有黄金白银这类硬通货，甚至首饰之类的饰品也要交给国家，借机疯狂掠夺百姓财富。工商业大量倒闭，市场萧条，百姓度日如年。邵家驹断然想不到当年卖掉一部进口照相机所得的法币，如今只能够买根油条充饥了。

1956年的父亲邵家驹（邵象华摄）

中华人民共和国成立初期，鞍钢复产热火朝天，邵象华忙于修复平炉，没有时间和精力顾及业余爱好。然而，拥有一部进口照相机的愿望，邵象华始终记挂在心中挥之不去。1956年下半年，邵象华随中国冶金工业考察团出访苏联、民主德国、捷克斯洛伐克三国，其间，他在民主德国购买了一部照相机及相关冲洗、放大的全套设备，实现了他长期以来的愿望。

回国后，邵象华不顾旅途劳顿，便急忙亲自动手将家中的卫生间改建为冲洗室。之后，他将后门外小花园中的树木、花丛、草地进行修剪或补栽。经他这么精巧的设计，小花园的风景果然如诗如画。他欣赏着

1957年邵象华在修剪花草，创建外景地

自己创造的外景地，当听到王晓云和孩子们称赞不停的时候，邵象华才得意地笑了起来。因为这番辛苦换回的是妻子和儿女们的赞美，他由衷地高兴。第一批照片冲洗出来时，他欣赏许久后评价说，这部照相机质量不错，只是黑白两色显得单调，缺乏大自然的灵性美。他开始学习给黑白照片着色，没有多久，一张色彩鲜艳的照片便放在桌子上。这张彩照果然草青、树绿、花红、云白、天蓝、发黑、唇红、齿白、眼亮，是一幅令人爱不释手、看不够的艺术品。邵象华照相的时候非常专注，不许旁人打扰，俨如一位资深的摄影家，从远景、调光到摄影对象的衣着、姿态、表情等，他严格要求这张照片在色调上和谐融合。

1959 年太湖边（邵象华摄）

1959 年马鞍山钢厂（邵象华摄）

1957 年手绘彩照（邵象华摄影并着色）

邵象华在创作他的摄影作品时家人常被他拉去充当模特，他拍摄一张照片要求精益求精，费时很长，搞的“模特”们不耐烦，吐怨言，甚至罢照。这时候，他的态度会变得和蔼，讲话语调温和，让“模特”们又重新听他“摆布”，直到他满意为止。夫人王晓云成了他的最佳摄影模特，她已磨炼出足够的耐心助他完成每一幅摄影作品。

1957 年夫人王晓云充当模特

改革开放后，邵象华多次更换照相机，他的照相机的功能也越来越多。这位有三四十年摄影经验的资深摄影爱好者，此时闲暇时间增多了，讲学、做报告、专家会商等机会增多了，出国讲学及参加学术会议的次数增多了，他离家前总要嘱咐同行的夫人王晓云一定带上照相机，拍张珍贵的照片留作纪念。

岁月流逝，儿女们相继成家立业，组建自己的小家庭并生儿育女，各自忙着经营自己的幸福。儿女们正当年富力强，盼望着自己事业有成，像父辈那样为国家做出贡献，因此，回家的次数少了。此时，王晓云心甘情愿充当他的“御用模特”，用一张张弥足珍贵的照片来记录这对恩爱夫妻相互扶持、相互欣赏、几十年如一日的画面。邵象华不时回忆起那些曾经让全家欢乐、灵动、陶醉的家庭聚会。他也明白雄鹰总是要翱翔在蓝天，孩子长大要做自己的事业，想到这里他也就释怀了。

邵象华晚年着迷于研究各种照相机的功能，颇有心得。然而，他的照片质量仍然难遂心愿。他迷惘不解，后来他明白了“无师自通可以成才，但极难做到杰出”。炼钢技术是这样，照相技术也不例外。数码相机问世后，邵象华将钻研照相技术的精力转移到学习计算机知识及其应用方面。他认为，只要掌握计算机图像处理技术，就不难得到一张满意的照片。他开始用数码相机拍摄景物，然后经计算机图像处理，清除瑕疵，终于实现了他对照片要求精致完美的目标。他说：一张完美的照片就是多姿多彩的人生的记录。

1998年身背相机于昆明湖上

1999年国庆观礼

老子曾说："慎终如始，则无败事。"邵象华做事热情始终如初，不动摇、不后退，更无放弃的念头，而且持之以恒，心专志坚。无论是炼钢和真空冶金技术还是照相技术，事无大小，他总是心无旁骛地直到取得成功为止。为了得到张完美的照片，他竟然用了近半个多世纪的时间，从风华青年直到耄耋老者，无怨无悔，乐在其中。

## 五、收藏唱片

科学与艺术是相通的，两者都是以丰富的想象力来认识自然、认识社会和认识人生。爱因斯坦曾说："想象力比知识更重要。"邵象华和王晓云都热爱摄影，因为每一张照片都为他们记录了一个故事、一段人生，无论这段人生是沉是浮、是乐是苦、是福是祸，都是他们生命中的财富。邵象华和王晓云都热爱音乐，因为每一首乐曲都能将他们带入由音符构成的天堂，令他们感动、陶醉和难忘。王晓云会弹钢琴，邵象华能拉小提琴，他们经常一起合奏，琴瑟和鸣，自得其乐。在鞍山，有段时间，每逢周末或节假日，邵象华和王晓云都忙着筹备家庭音乐会、选曲目、练配合、调音色，直到满意为止。家庭音乐会中琴声一起，晚辈们便翩翩起舞，飘逸沉醉，静静享受着美好的时光，忘记了一周中的烦恼。有时候王晓云一展歌喉，有时候大家合唱，自娱自乐，好不抒怀！

1956 年王晓云于家中弹琴

1958 年 8 月，邵象华举家由鞍山迁至北京西郊的冶金工业部钢铁研究院。北京这座文化古城，为他们提供了丰富多彩、风格迥异的剧场音乐会。他们开始热衷于在剧场现场欣赏各种大型音乐会或歌剧、舞剧。国外著名的交响乐团、芭蕾舞剧团、歌剧团来北京演出，邵象华和王晓云几乎场场必到。直到演员谢幕结束，他们仍然舍不得离开。

进入 20 世纪 80 年代后，年逾古稀的邵象华不便常去剧场观看演出，便将对古典音乐的痴心转移到收藏欧美音乐大国著名交响乐团演奏名曲灌录的唱片和录音带上，如贝多芬、莫扎特、巴赫、门德尔松、施特劳斯、柴可夫斯基等音乐大师的作品。凡是同一名曲但由不同风格的指挥大师指挥灌制的唱片、光盘、录音带，他都购买。周日若无重要的事要做，他一定会骑着那辆伴随他多年的自行车来到北京图书馆（旧址），借阅各种乐谱，认真抄录，沉醉于那些如蝌蚪般跳动着的迷人音符之中。回家后，他

邵象华收集的莫扎特曲谱

认真比较由不同乐团、不同指挥家演奏的同一曲目的乐谱，去理解不同指挥家们独特的风格。邵象华认为，倘若从不同风格去理解同一部音乐作品，而且得到同样美好的精神享受，才可以说自己进入了音乐家、乐团、指挥家共同创建的精神家园，倾听他们用音符而不是用文学语言或绘画表达的情感世界，徜徉在这浪漫、幸福、欢乐和爱的海洋里。

王晓云为他订了一份广播电视报，取报后把它放在邵象华的写字台上。他看到这份报纸后便坐下来查找这个星期中电视台或电台将要播放的音乐作品，并做上记号。每当电视台或电台播放他喜爱的乐曲时，他已早早守候在旁，有时边听边录，陶醉其中，乐此不疲。

20多年来，邵象华自录、购买收藏的古典交响乐名曲的乐谱和光盘、录音带、唱片等及其相关的文字资料装满了两个书柜，他又将这些资料分门别类地编目成册，以方便使用和欣赏。如今，这一本本目录随着岁月的流逝、作者的千古而成为珍贵的遗物；这些遗物留下了他流年的足迹，留下了他永恒的指印，留下了他与音乐如影相随的快乐生活的回忆。

邵象华编写的大师古典名曲目录

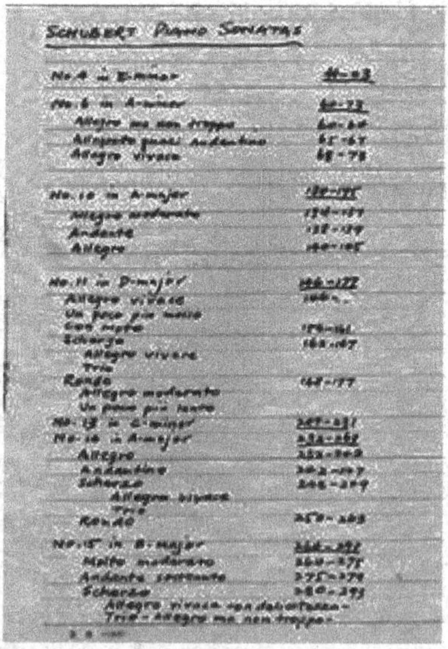


邵象华手写的舒伯特钢琴曲目录

虽然随着岁月的流逝，邵象华的听力减弱，然而，他对古典音乐的钟爱始终执着如一。他是一位有多种才能的智慧型科学家：既有严格的逻辑思维和严密的研究方法，又有浪漫的艺术情趣；既有包容顺境和逆境的胸怀，又有敢于担当大事和难事的气度；既有爱学生、恕同事、扶晚辈的普爱精神，又有不徇私情、守护规矩的高尚品德。

一位杰出的科学家一定同时具有科学和艺术两种修养，它们好像鸟的两个翅膀，缺少一个翅膀便不能飞翔，折断了一个翅膀便不能飞得很高。邵象华便是这样的人。

## 六、礼义善贤

何谓仁爱之心？《论语·颜渊》云：“樊迟问仁。子曰：爱人。”后来有“仁者爱人”一词。邵雍以“仁”一字衍生“礼”“义”“善”“贤”四字诀，将其写入《诫子孙》家规之中传承于后代，900余年邵家一直保持仁爱的高尚情操，同时用其约束行为。邵家将“礼”定为做人的根本，将“义”定为做事的标准，将“善”定为交友的态度，将“贤”定为人品的精髓。有仁爱心的人一定要有同情心、怜悯心、荣辱心，一定要有胸襟与气魄，否则仁爱之心极难坚守而不动摇。

邵象华、王晓云两家亲属颇多。在人事沉浮、世态炎凉、世事多变的年月，当年宜兴张渚镇富甲一方的王家在近十余年的战乱中衰败了。当王家的大梁王晓云的父亲病故后，有着几十口人的王家已被逼到山穷水尽、贫困潦倒的境地。王晓云的内侄女王亮君回忆说：13岁那年，从小失去双亲的我是在祖父的照顾下长大的。祖父去世后我感到无依无靠。家里每天等米下锅，孩子们失学在家，我已感到前途迷茫。王亮君在回忆文章中写道：“远在东北鞍山的小姑妈了解到家里窘境，和姑父商量后决定接大姑妈和我到鞍山和他们共同生活。孤苦无依的我从此在这个充满亲情温暖的家里生活和长大，从此改变了我的命运。我在小姑母家生活多年，姑父和姑母对我疼爱有加如同自己的孩子，我也认定这里就是我自己的家。曾记得高中有一门制图课，我总是画不好图，姑父买来绘图工具亲自为我示范。我也记得自己脚上穿的第一双皮鞋是姑父到北京出差时为我买的。后来姑父一家搬到北京，我在鞍山工作，姑父到鞍钢开会，为了看望我费了好多周折才找到我的家，离别前他嘱咐我一定要带孩子到北京去，他会到车站接我。后来我有机会来到北京，正赶上下大雨，出站后望见姑父打着雨伞在出站口等我，此时我很激动，禁不住流下眼泪。回到钢研院姑父家，有位邻居悄悄对我说，邵老从未亲自到车站接过谁，今天接的原来是内侄女！是啊，姑父一诺千金的高尚品德和平易近人的作风，令我们敬佩。身教胜于言教，我们受益匪浅，永记一生。”

1955 年（右起：邵贝羚、王亮君、王蕴仙）

邵秀民的父亲是邵象伊。邵象华的侄女邵秀民回忆道：自从四川北碚象华叔与我父亲分别后，20 多年中他俩都在忙着自己的工作，没有机会相逢叙旧。直到 20 世纪 50 年代，兄弟俩重逢在人民大会堂。那时候我父亲是江苏省的全国人民代表大会代表，叔叔是辽宁省的全国人民代表大会代表。兄弟俩谈到与我叔叔同住的爷爷邵家驹的近况，谈到各人的工作状况。父亲听得十分认真，但言谈不多；叔叔快言快语，豪放睿智，很珍惜这次兄弟难得的相聚。

1953 年，邵秀民考取北京大学数学力学系，她几乎把时间和精力全部用在学业上，只是每逢星期日或节假日，她就会感到孤独寂寞。1958 年大学毕业后，她被分配到中国科学院数学研究所工作，就在这一年的 8 月，邵象华调到冶金工业部钢铁研究院担任炼钢研究室主任，全家迁到北京钢铁研究院职工宿舍居住，从此邵秀民在北京有了家，节假日来叔叔家团聚，与堂妹贝羚相伴，从此不再孤单寂寞。

1961 年邵家合影（后排左起：邵象华、邵家驹、王晓云、邵象伊、邵秀民）

邵秀民说：我和叔叔、婶婶一起度过了 50 多年愉快难忘的岁月。叔叔、婶婶对我们这些后辈（包括王家后代），就像对他们的亲生子女一样，甚至给予我们更多的关怀。我和丈夫武际可从交朋友、谈恋爱到结婚，每个周末必回叔叔家。结婚后有了子女，我们就带上孩子一起回去，我早已把叔叔、婶婶的家视为自己的娘家了。

1972 年与邵秀民（左一）、邵卓民（左四）合影

邵秀民回忆说：经常回叔叔、婶婶家过节假日的，还有我哥哥邵卓民一家。他当时在北京建筑科学院读研究生，毕业后留在北京工作，不久我嫂嫂调到北京，因此到叔叔家的除了邵家子女外，还有婶婶王家在京津地区上学和工作的侄儿、侄女、侄孙、外甥及他们的爱人、男友（或女友）。

此外，我还遇到过堂妹或堂弟的同学和朋友，甚至叔叔在鞍山的同事好友的子女们。

2009年邵秀民夫妇为叔叔婶婶献词

在这个充满着温暖与快乐的和谐家庭里，王晓云是活动的策划者。下围棋、唱歌、说笑、跳舞等丰富多彩的文化活动让大家开心欢乐，然而大家更难以忘怀的是周末集体骑车郊游，一路上大队人马浩浩荡荡，中午在目的地席地野餐，每家带来各自备好的食品，相互品尝评论，交流厨艺。这支郊游人马的足迹遍及北京各景点，留下了许多珍贵的照片，记载着三代人的情谊。

1992年邵、王两家亲戚的队伍不断壮大

## 七、行事有规

古人云："君子立身行己，自有法度，此有道之言也。"法度就是原则，原则就是以道为法理制定的法律、规则、制度等约束人们行为的条例。每个人行善事须依公共法度而为。

在鞍钢工作期间，邵象华一家住的是位于台町区的一栋双拼日式二层小楼，邵家占一门，楼上楼下共有四间房，除了一间做客厅外还有三间。起初一家四口人时住房是宽裕的。王晓云的大姐及内侄女王亮君来到鞍山之后，邵象华又将独居在杭州的父亲接到鞍山安度晚年，这套一门二层的小楼已难以安排老少三代、三男四女住下。王晓云让亮君、贝羚和大姐住一间，房内只能并排放得下两张单人床，还有一个人只能睡在日式"拉格"里。每逢星期日，若有鞍山工作的亲戚登门探望，这一夜有人就只好睡地板了。

王晓云曾希望邵象华跟公司有关部门要求换一套面积大一点的房子，邵象华听后默然无言，仍然做着自己的事，仿佛不曾听到。王晓云此时不再多言，她习惯了邵象华常用沉默来表示拒绝。邵象华的博爱有他的原则：不谋私利。

20 世纪 50 年代初，王晓云娘家小嫂的弟弟失业在家，一时找不到合适的工作。他原以为邵象华身居鞍钢高位，权力很大，在鞍钢给他安排一份工作易如反掌。于是，他未经姑姑事先同意，就贸然来到鞍钢。这件事情让王晓云很为难，既不便断然拒绝，伤害娘家人的情谊，又不便告诉丈夫，因为知道他是个坚守原则的人，是不会答应的。王晓云对小嫂的弟弟热情款待，又坦诚讲了邵象华做事的原则，终于让这位远房亲戚心悦诚服地回老家去了。

20 世纪 80 年代初，王亮君的丈夫到美国的一所大学做访问学者，需要一位国内著名学者当担保人。王亮君夫妇商量这位担保人的最佳人选是小姑夫邵象华。王亮君便与小姑夫商量此事，起初邵象华同意了，她很快把这个好消息告诉自己的丈夫。数天后王亮君收到邵象华的来信，信中说，经他再三考虑认为自己当担保人是不合适的。理由有两条：一是有亲属关系；二是专业不对口；邵象华是冶金学者，王亮君的丈夫是从事自动化研究的。王亮君与丈夫商量后认为小姑夫说得在理，坚持实事求是的原则，他们心悦诚服地接受了邵象华的决定。

1956 年邵象华夫妇与儿女

王晓云的娘家大姐家是邵象华夫妇抗战和中华人民共和国成立初期可靠的避风港湾。每当邵象华家遇到困难时，他便把妻儿送到宜兴大姐家照管，或者把大姐接去鞍山或北京照料家庭琐事。邵象华与大姐傅家同胞之情血浓于水，难分难舍。大姐的儿子傅志方早年丧父，由母亲含辛茹苦地抚养长大。中华人民共和国成立后，由于傅志方聪慧好学，高中毕业便由当时的江苏新政协推荐到大连大学船舶制造专业学习。

1953 年邵、王、傅三家八口合影

傅志方由宜兴动身先到北京，再由北京来到鞍山，在小姨妈家住了一个多星期，有比较充裕的时间与他敬仰的小姨夫交谈，倾听教诲。邵象华热情地鼓励他努力学习，国家建设需要自己培养的知识分子。王晓云承诺由她负责提供傅志方大学期间的全部费用。热情的期望、真诚的承诺让傅志方感动不已。

那个年月，大连的生活条件十分艰苦。从小生活在太湖畔鱼米之乡宜兴的傅志方对大连的饮食、气候、语言都感到难以忍受，多次打算放弃学业，回上海另谋出路。他把想法告诉母亲，王家大姐心疼从小娇生惯养的儿子在大连吃苦，对不起英年早逝的丈夫。于是，她给傅志方发出一份加急电报，电文写道："你父亲病危，速回。"傅志方收到电报，打开阅读报文，心里泛起一阵痛楚。他心想，母亲一生诚实勤劳，善良和蔼，从来不讲假话，如今为了儿子的事情竟然找到这么一条荒唐的理由，因为父亲在他 8 岁那年早已去世了。傅志方感到歉疚和惭愧。他知道母亲的谎言并非本意，而是便于自己向学校请假有充分的理由，此后他有了一时难解的心结。

某个假日，傅志方来到鞍钢，把退学的事原原本本地告诉了姨夫和姨妈，并征求他们的意见，他们听后连说荒唐，坚决而严肃地反对傅志方退学，并认真地对这位外甥说克服气候、地域、饮食不习惯是人生的一次锻炼，克服各种困难、完成大学学业是一个有为青年的必经过程。

傅志方回忆说："经过多次思考，反复回味姨夫的忠言，忆起姨夫种种艰苦奋斗的经历，我终于做出了正确的决定，回校继续学习。"这年寒假，傅志方回到鞍山姨夫家度假，邵象华与他进行了一次促膝长谈。邵象华回顾自己为了学知识、拼事业从南到北、由西到东的艰苦创业经历。他说：现在中华人民共和国刚成立，国家正处在百废待兴的时候，生活困难是暂时的。国家工业恢复需要大批知识分子参加建设，我们这些知识分子一定会有前途的。你应该珍惜机会，好好学习，将来参加祖国建设。

傅志方全神贯注地听着，深受感动。他回忆说："我目睹了姨夫忘我工作的情形，鞍钢天翻地覆的变化是与姨夫这一代科学家的爱国热情分不开的。姨夫就是我的榜样。从此以后我完全变样了。毕业时，我以优异的成绩继续在原学校攻读硕士学位，在苏联专家的指导下开展课题研究。"

1952 年，教育部根据政务院教育改革的指示，决定进行全国高等学校院系调整。在这次全国院系调整中，大连大学造船系并入上海交通大学。于是，傅志方跟随造船系迁至上海交通大学，继续完成硕士学业。这是中华人民共和国培养的第一批硕士研究生，傅志方毕业后留校任教，直至退休。

自20世纪50年代至70年代，邵象华夫妇资助了王家10多名子侄和孙辈进入大学深造，不仅给予他们经济上的支持，还时刻关心着他们每一个人的成长。邵象华以他的言传身教为他们树立了榜样，让他们懂得做人的道理，他们都受益匪浅。

2004年邵象华夫妇与家人在顺鑫森林公园

## 八、善待宠物

当代人养宠物是一种时尚，也是获得精神慰藉的一种方式。然而，在20世纪二三十年代，大多数中国人都在为生活奔波忙碌着，哪有养宠物的闲工夫和闲钱？那时城里人养猫多为捉鼠，农村养大狗多为了看家护院。然而，喜爱小动物，善待小动物，却是人类的天性，怜悯之心同样需要给予小动物，它们的生命需要人类去尊重、体恤和关怀。

邵象华生活在鞍山台町时，家中养着一条狗和一只猫。俗话说“猫狗不相容”，聚到一起就会打架，至少会相互狂叫示强。他给小狗取名为“乌拉”，即俄语中的“欢呼”之意。令人惊讶的是，邵家的猫和狗却能友好相处，一个盆里吃饭、饮水，相互追逐玩耍逗趣，不是同类“亲兄弟”，却好似“一奶同胞”，它们形影不离，给邵家人带来很多乐趣。

台町区内有一个宾馆名为“东山宾馆”，住着苏联专家及其家属，宾馆门外的空地常常是中苏两国专家的小孩玩耍的地方。小狗“乌拉”与苏联专家的孩子一起玩得很开心。然而，天有不测风云，狗也有旦夕祸福。

有一天，小狗“乌拉”安静地趴在邵家门口休息，突然有人朝它扔了一块石头，小狗大叫，不料，小狗“乌拉”的吠声吓得苏联小孩大哭起来。那位苏联专家到派出所告状，警察把小狗“乌拉”强行拉走，尽管小狗不停地狂叫求救，但为保护苏联专家孩子的安全，“乌拉”必须被处死。王晓云闻讯后立刻告诉了邵象华。得知此消息的邵象华立即放下手头的事情，赶往派出所据理力争，并承诺将小狗“乌拉”关在家中不许其出门。最后，那条可爱的小狗“乌拉”还是被打死了，这件事在邵象华一家的心中留下了难以磨灭的阴影。

1958年，邵象华因工作调动要举家迁往北京，邵象华知道火车不允许携带小动物，便将小猫托付给邻居照管后一家人才安心赴京。在北京安顿好不久，他从来北京出差的鞍钢同事那里得知，自从他们搬走后，小猫一直在那栋空房子里孤独地等待主人回来，不吃不喝，不肯离去，而且对新主人不理不睬，最后饿死在那栋空房子里。邵象华一直对小狗“乌拉”和小猫的死亡深感愧疚。他认为爱护小动物应成为人类的共同责任。

1986年与外孙子女及猫咪合影

20世纪80年代，邵象华年已古稀，从领导岗位退了下来，有较多的闲暇时间做一些自己喜欢的事情。有一天，外孙抱回一只小猫，邵象华为它取名为“刘黑”（外孙姓刘，白色小猫长了一条黑亮的尾巴），从此他与“刘黑”形影不离。他每天给“刘黑”做饭、洗澡，“刘黑”见他回来便跑过去依偎在他的身旁。后来《中华英才》杂志刊登了一篇专栏文章《邵象华的一天》，配发的就是一张邵象华正在为小猫“刘黑”做饭的照片。

1992 年为小猫“刘黑”做饭

《中华英才》刊登的《邵象华的一天》

## 九、老而弥坚

晚年的邵象华已经卸去了社会任职的重担，开始过着逍遥自在的日子，他将自己退休后的生活安排得丰富、健康、快乐、多彩。常言道：“天有不测风云，人有旦夕祸福。”2002 年 1 月中旬，邵象华发现近来多日便血，邵贝羚与母亲商量后立刻陪父亲到北京大学第一医院就医并进行肠镜检查。医生告诉邵贝羚说邵象华患的是直肠癌，而且已是中期，必须立即住院切除治疗。

正当邵贝羚既紧张又不知所措时，年近 90 岁的邵象华从检查室走出来，邵贝羚赶紧迎上去，搀扶着父亲，并宽慰他说：“医生说您的直肠上长了一个小东西，尽早切掉就没事了。”父亲听后淡然地点点头。邵贝羚猜想父亲早已心中有数了，无须瞒着他了。

邵象华知道女儿的一番话是为了安抚自己，他并不介意，他告诉女儿说，医生做肠镜时，他看到显示屏上的图像，也听到了医生之间议论说病灶部位像烂菜花一样，可能是直肠癌。他随后对女儿说，没有关系的，快去联系住院做手术吧！邵贝羚回忆说，父亲心里什么事都明白，此后父亲的事都与他本人商量，不用担心他的情绪波动。

2002 年 1 月，邵象华在北京大学第一医院做了直肠癌切除手术，他由于年高体弱，术后恢复较慢。住院期间，他忍受着病痛的折磨，但从不叫苦；医生和护士来到身边，他总是以微笑相迎，真心感激，积极配合，良好积极的情绪使他康复得很顺利。

手术后一个月，即 2002 年 2 月 20 日，邵象华亲手起草了一封感谢信，并在邵贝羚打印的信上郑重地签上名字，寄给北京大学第一医院的院方。信上写道："正是他们（指医护人员）对我精心、细心、耐心的治疗和护理，使我顺利度过了高龄病人术后的各种险关，很快得到康复，使我今后的生活更加健康和有效。他们的高尚医德和精湛医术是医务工作者的榜样和典范。"这是一位科学家发自肺腑的感谢。

癌症手术后的患者通常需进行后续的化疗，按照医治的一般程序，主治医生前来征求家属意见，是否进行术后的化疗。为此，邵贝羚等广泛咨询各方专家的建议，而后一家人围坐在邵象华身边，把专家建议及其利弊分析统统告诉他，和他共同讨论化疗的利弊，权衡后果，最后一致同意放弃化疗。讨论中邵象华轻松坦然，甚至谈笑风生，似乎是在讨论别人的事而不是关乎自己生死的治疗方案。他的这种淡然而乐观的心态融化了亲属们内心的纠结和紧张，使他们的心情渐渐宽舒。

直肠癌手术后有些患者须留下一个"造口"，需要随时清理，一般是留在左下腹位置，但邵象华的"造口"留在了上腹中间的位置，每次清理起来都很困难。而且为了防止"造口"泄露，睡觉时他必须保持仰卧姿势而不能翻身，自 2002 年 1 月术后至 2012 年，十年间他睡觉坚持仰卧从不翻身。每次起床后邵象华都会腰酸背痛甚至抽筋，通常他会自己揉揉背、捏捏腿以缓解酸痛，倘若子女在家，他也会让子女帮忙揉揉捏捏，看到子女心酸的表情，他会乐呵呵地说："没关系的，活动活动就好了！"

直肠癌的术后"造口"，每天都需要清理，邵象华一直坚持自己清理。他说自己的事情，只要能够做都要自己做，他不愿意给别人添麻烦，即便是自己的子女或保姆。他是一个极爱干净的人，他清理的造瘘袋内外容不得残留污物。为了尽可能地多次重复使用造瘘袋，他每次都将造瘘袋冲洗得干干净净，完整如初。由于"造口"位置偏上，清理造瘘袋时需要弯腰低头操作，长年累月、日复一日的清理工作，对于一位90多岁的高龄老人来说谈何容易？然而他从无怨言，乐意去做，清理“造口”的事情到后来已成为他日常生活的一部分了。

邵贝羚回忆说：父亲数年内每天都坚持自己做清理“造口”的事情，而且一直保持着乐观的心态。有趣的是，他告诉我们，他把清理“造口”当作一个研究课题，而且他开始关心并收集国内外有关“造口”技术、设施方面的信息，他将通过订阅刊物、上网查询、与病友交谈等多种渠道获得的各种信息和技术方法，自己择优试行，分析总结，给予评价，乐此不疲。父亲以他坚强、乐观、自信、豁达的态度对待疾病，创造了晚年的生活乐趣。我们全家人都以父亲为榜样，永远地向父亲学习。

人活到老，奋斗一生，理想实现了，一生过得很有价值，那么疾病、死亡对他来说只能说是一种休息，而不是悲哀的事。诗云：树坚不怕风吹动，节操棱棱还自持。尽管重病在身，但邵象华仍然把自己的晚年生活过得五光十色、丰富多彩，并轻松愉快地过着每一天。

2002年11月初，受上海市市长徐匡迪的盛情邀请，邵象华与夫人王晓云出席了上海国际音乐节开幕式及晚宴。随后，邵象华夫妇两人同游古镇周庄，小桥流水人家的古朴风情让从小生活在江南水乡的邵象华夫妇感到格外亲切，流连忘返。

2002年同游古镇周庄

2002 年 5 月，邵象华在家中生平第一次拿起理发推子想试试身手。他环顾四周，一眼看见年届 60 岁的儿子邵贝恩的头发需要修剪，拉过来就要上手。儿子对老父亲的手艺报以极大的不信任，但看到父亲心情高兴，也就同意了。

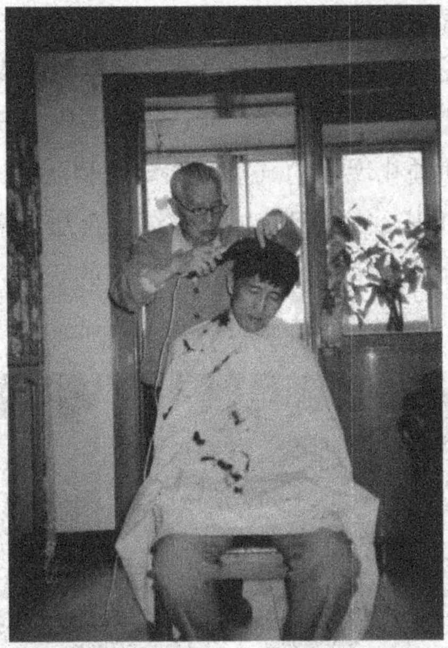

2002 年生平第一次给人理发

2004 年春节，尽管天寒地冻，但邵象华仍率领全家游颐和园，在寒冬中再过一个快乐幸福的节日。

2005 年 1 月 8 日，外孙女刘峻结婚，婚礼在中国大饭店举行。自出生起一直生活在外公身边的外孙女要出嫁了，邵象华高兴之余，又十分不舍。外孙女问外公能不能在婚礼上出任证婚人，邵象华立刻满口答应。女儿邵贝羚担心他年事已高、记忆力衰退，上台会忘词，便给他准备了一份讲稿，并用大号字打印在红纸上，提醒他上台后照着念就行了，他虽不以为然，但也答应了。在婚礼进行中，当婚庆主持人宣布请证婚人上台时，只见邵象华手里拿着那张红纸讲稿，自己健步走上了舞台，面向一对新人和台下的亲朋好友，他看了看手中的那张红纸不慌不忙地说：“我女儿让我照着这张纸念，太小看我了。”台下立刻响起一片笑声和掌声。接着，邵象华开始了他的证婚人即兴演讲，言语中表述了他对外孙女出嫁的兴奋、激动和不舍心情，以及对新人的祝福和希望，同时还穿插着和外孙女一起生活的各种趣事，他幽默风趣的话语不时引发台下阵阵笑声和掌声。很快半个小时过去了，站在旁边的主持人不断向他示意抓紧时间结束演讲，他看都不看主持人一眼。无奈之下，主持人趁他言语停歇时拿走他手中的麦克风，试图中断他的演讲，只见他立马从主持人手中夺回麦克风，反应之快、动作之灵敏让主持人大吃一惊，还没等回过神来，麦克风已回到邵象华手中。他说："我还没讲完你干吗拿走我的麦克风？"如此戏剧化的场景把婚礼推上了又一个高潮。就这样，邵象华既精彩又充满喜剧效果的证婚人演讲，使婚礼现场的气氛愈加欢快和活跃。最后，邵象华宣读了一对新人的结婚证书，宣布吕京、刘峻结为合法夫妻，在全场的欢笑声和掌声中走下舞台。邵象华是婚礼上年事最高的长者，他的才思敏捷、风趣幽默使在场的晚辈后生们大大折服。

2005 年 1 月出任外孙女婚礼的证婚人

2005 年与新娘外孙女合影

2005年5月，邵象华偕夫人王晓云参加资深院士在北京植物园的联谊活动，与多年一起奋斗、如今大都颐养天年的难得一见的老朋友们相聚，有数不清的问候、说不完的回忆，十分开心。2006年7月率全家同游顺义湿地公园，93岁的邵象华在游船上奋力划桨，老当益壮。2009年2月，全家亲朋好友40余人在北京竹园宾馆为邵象华庆祝96岁生日。北京竹园宾馆坐落于鼓楼西侧的一条幽静的小巷里，是一座中国古典庭院式建筑，原是清朝末年邮政大臣盛宣怀的私邸，又传说曾是大太监安德海的花园。自清末以来，王荫泰、马汉三、董必武、康生等诸多历史名人相继在此居住。园内楼阁相续、长廊曲折、竹林荫翳、假山喷泉；春季百花争艳、竞吐芳菲，夏秋彩灯垂檐、翠竹摇风，冬日苍松傲雪、独具英姿。园中多处悬有名家书画，有着浓郁的中国文化氛围，使人流连忘返。邵象华一家人在此度过了愉快的时光。

2006年在顺义湿地公园游船上

2009年2月众亲友共庆邵象华96岁生日

2007年10月26日，重孙女邵知秋出生。2010年7月12日，重外孙吕璟瑞出生，第四代队伍的壮大，使四世同堂的邵家愈加兴旺。

2010年8月重外孙满月

2011年1月中国科学院院士工作局发来2011年中国科学院院士新春团拜会的邀请函，那时邵象华因病住院刚刚出院，他不顾家人的劝阻，坚持去参加。他说："我还是要去会会老朋友，很多老朋友平时很难见到，这是个很好的机会，不能错过。"于是，在家人的陪同下，他前往人民大会堂参加了春节院士团拜会。见到师昌绪院士，两人兴奋地握手相拥。同时，对很多熟悉的老朋友的缺席唏嘘不已。

2011年在春节院士团拜会上与师昌绪交谈

邵象华热爱工作，又善于工作；热爱生活，又善于生活。他性格开朗，心胸宽广，机智风趣，平易近人，奉“宁可人负我，绝不我负人”为信条，不计个人恩怨。他酷爱音乐，数十年来一直喜爱欣赏音乐，年事渐高后更把它视为解除疲劳和保持健康的灵丹妙药。邵象华不仅以他卓越的学术成就和贡献在国内外冶金界享有很高的声誉，而且以他优秀的品格和作风赢得了赞扬与尊敬。

2012 年 3 月 21 日 18 时 30 分，邵象华在北京逝世，终年 99 岁。

# 参 考 文 献


冯友兰. 中国哲学简史. 北京：新世界出版社，2004：229-241.

何伟. 河南历史名人金言. 郑州：中州古籍出版社，2007：288-289.

齐邦媛. 巨流河. 北京：生活·读书·新知三联书店，2011：60-116.

钱穆. 朱子学提纲. 北京：生活·读书·新知三联书店，2002：22-24.

吴贻谷. 武汉大学校史（1893—1993）. 武汉：武汉大学出版社，1993：133-177.

许纪霖，陈达凯. 中国现代化史. 第一卷. 1800—1949. 上海：学林出版社，2006：379-383.

赵鑫珊. 科学·艺术·哲学断想. 北京：生活·读书·新知三联书店，1985：169，409.

中国科学技术协会. 中国科学技术专家传略·工程技术篇·冶金卷 1. 北京：中国科学技术出版社，1995.

朱偰. 漂泊西南天地间. 南京：凤凰出版社，2008：195-200.

# 附录一　邵象华自述

我出生于一个城市知识分子家庭。父亲是清朝末科秀才，进过民国初期的“高等学堂”，当了一辈子英文教员。他对我们兄弟两人管教很严；我跳过许多班，用九年完成了小学和中学的学历。

我上学的那段时期正值国家内乱外侮不断。记得在初小时，有一天我哥哥放学回家，在墙上用毛笔涂了几个大字：“不雪此耻，不是中国人！”推算那是第一次世界大战后我国五四运动爆发、拒签《巴黎和约》的日子。读初中时，一次暑假里军阀混战打到家乡，父亲带着全家在学校里躲藏了好多天。后来上浙江大学，又遇到“九一八事变”，我参加了学生军，还荷枪上街查烧日本货。

1932 年起我在上海交通大学当助教，又经常看到租界里中国人受歧视的情景。从幼年起的那些经历，在我头脑里激起不服气的情绪，要发愤图强，要工业救国。

当时“中英庚款董事会”开始每年招考留英公费生。1934 年我参加了第二届考试，报考冶金学科。和我同时考取的还有后来同事多年的丘玉池同志（已故）。我和丘进了伦敦大学帝国理工学院，两年后获一级荣誉冶金学士。我继续留校跟当时的知名冶金学家卡本特爵士工作，次年获冶金硕士学位和一些学衔、奖状。当时翁文灏先生趁作为特使到英参加英皇加冕礼之便，召见了我。他当时是资源委员会主任委员，动员我回国参加筹办中的中央钢铁厂。能为祖国钢铁出力正是我的夙愿，我非常兴奋地接受了，从此和祖国的钢铁事业结下了不解之缘。

不料，中央钢铁厂只在我国工业建设史上留下了一个空名。我在德国克虏伯钢铁公司（中央钢铁厂的承包者）实习尚未结束，中央钢铁厂就因抗日战争而宣告停办。回国后，我在迁往四川乐山的武汉大学当了第一任冶金教授。后来又被资源委员会调回，到叶渚沛先生担任总经理的电化冶炼厂工作，筹办炼钢厂。叶先生是一位非常勤奋的学者，在冶金和化工领域有卓越的造诣，后来也是中国科学院学部委员。

当时西南后方没有什么钢铁工业，但有不少土法铁厂沿用古老技艺生产白口生铁，铸造饭锅和农具。国民政府迁都重庆后，汉阳等厂的部分老设备正在内迁。还有2～3座10吨平炉，基本上是按20世纪初期的样子建起来的。我接受任务后抱着一股雄心，要用从国外学到的知识建造一座有科学依据的现代化平炉。那几年先后有一些饱经战时迁徙之苦而毕业了的大学生来参加工作，形成了一支朝气蓬勃的年轻技术队伍。我们设计制造了一座容量只有15吨，但结构新颖的平炉，从设计、施工到投产花了三年多时间，在日本投降前一年，用土法生铁做原料开始出钢，当时也算后方钢铁界的一件盛事。但回想起来，抗战一结束就停产，那个厂出的钢其实不多。但是包括我自己在内的那群年轻人，在战时的困难条件下，自力更生地完成任务，的确受到了十分扎实的锻炼，后来能在中华人民共和国钢铁工业的发展中起到一部分骨干作用，确是很有意义的。

日本投降后，我到旧鞍钢工作。以前我在德国克虏伯钢铁公司实习时就听说过他们为日本人在鞍山“昭和制钢所”建炼钢厂的装备。当时我就想，总有一天我也会在中国的这样一个大钢厂工作。真是历史的巧合，过了十年，我正好就到这个钢厂来工作了。不幸的是，钢厂已在战争中遭到破坏，在那段战火间隙中，勉强修复了一座平炉，出了9000吨钢就又宣告停产了。

中华人民共和国的成立开启了祖国钢铁史上激动人心的新篇章。我又被派到这个炼钢厂来负责生产技术工作，和当时经验不足而热情极高的干部、工人及技术人员一起工作。在一年多的时间里，钢产量就达到了日伪时期的最高产量。其后我被调到公司的技术部门，参加了建立企业的技术管理体制的工作，并开始开展科技开发工作，改进生产工艺，解决产品质量、品种等问题。

1958 年，冶金工业部调我到刚成立不久的钢铁研究院。30 多年来，我先后承担了不同性质的研究、开发任务，同时培养了相应的科技队伍。20 世纪 60 年代结合国防新材料的需要，比较系统地开展了真空熔炼的应用基础研究。还帮助几个特殊钢厂建立了几种新合金钢的熔炼工艺，开发了包钢资源中铌的回收利用工艺。“文化大革命”以后，曾从事铁合金新工艺的开发和氧气转炉底吹煤提高废钢比的研究开发工作。

20 世纪 80 年代退居二线，参与了熔融还原、薄板坯连铸等研究开发项目的立项和指导工作。我认为作为行业的一个研究开发中心，最重要的任务就应该是这类难度较大的、带方向性的中长期研究开发工作。在过去那些很不安定的年月里，这类项目根本不能正常进行，所以耽误了这么久才能够开始。我感到那个动乱时代至今还在科技界留下一个不良影响：人们对科学研究和技术开发之间的关系与区别仍不够重视，以致有些研究工作不追求新的发现，许多技术开发不问经济效果。实际上这些都是放松了对工作的要求。低水平的重复多，能转化为生产力的技术少，这些都极需要从科技工作管理、评审、鉴定、奖励等体制上加以克服，以求用有限的科技投入取得最大实效。

改革开放伊始，我作为中国金属学会代表团成员参加了在巴黎举行的第七届国际钢铁冶金物理化学学术会议。那是中断 30 年后中国钢铁学术界与国际同行首次恢复接触的场合。在会上我结合自己的工作讲了中华人民共和国成立后我国钢铁发展的技术特点和成就，引起了热烈的反响。其后十多年中，国际的交流合作不断加强，我国的钢铁总产量也赶到了世界前列。不过从广泛的时空范围着眼，我觉得我国钢铁发展还处于相当落后的状态：不但产品质量品种问题多，而且全行业或全国人均产量远远低于发达国家。持续、快速、健康发展的任务非常艰巨复杂。热烈期待今后的改革开放过程中能形成一种各类人员、各类机构之间分工更加明确、合作更加密切的体制，高效率地发挥集体潜力，把我国钢铁工业建设成为世界上以先进技术为基础的经济上最先进的工业体系之一。

# 附录二 邵象华重要文稿两篇

## 在1957年第一届全国人大第四次会议上的发言

他作为全国人大代表，在1957年第一届第四次会议上做了“钢铁工业应大型化”的发言。他说，对于生产大量需要普通钢材的钢铁企业来讲（这类产品当然占全部钢材生产的极大比重），应该根据条件（主要是资源大小）尽可能建立规模大些的企业。这是因为：（1）每吨生产能力的基建投资，大厂比小厂低。例如，苏联有人根据苏联现有各钢铁厂的资料得出如下关系：年产一百六十二万五千吨钢锭的工厂，每吨钢锭生产能力的基建投资为百分之百，那么，年产二百三十万吨的，投资只要百分之八十九点二，年产五百四十万吨的，投资只要百分之八十一点九。（2）大厂的产品成本低，劳动生产率高。以一九五六年的实际数字为例，石景山、马鞍山、重庆等厂生铁的成本为鞍钢的一点一四至一点八二倍；天津、唐山、上海、重庆的钢锭成本为鞍钢的一点九至二点五倍；天津、唐山、上海、重庆小型钢材成本则为鞍钢的一点九至二点八倍。在劳动生产率方面，鞍钢每个炼铁工人产铁量为上列各厂的五至二十三倍，每个炼钢工人产钢量为其四至六倍。（3）大钢铁厂的经济利益很大，因此尽可能扩大钢铁企业的规模，已经成为世界主要产钢国家的鲜明的共同趋势。例如，按一九五五年初的情况，美国生铁生产能力的百分之七十和钢生产能力的百分之七十八是属于一百万吨以上年产能力的大厂的；西欧各国也在大力向此方向发展。苏联就更不用说了。认为发展我国钢铁工业的主要途径应该和其他各国一样，就是按照具体条件，尽可能陆续建立大钢铁厂。放松建立大钢铁企业的工作会对以后的钢铁工业发展速度产生不利影响。虽然如此，我们不但有大的铁矿资源，也有不少小的资源，在它们那些地点建立中小厂，就近利用资源，满足地方需要，也是合理而且需要的。不但如此，钢铁工业中有些产品质量要求特殊而数量不大，本来就适宜于小规模生产，因此特别需要正确的配合。

（原载于《中华人民共和国第一届全国人民代表大会第四次会议汇刊》，1957年，第238～243页）

## 钢铁工业——“夕阳工业”还是“朝阳工业”？

20世纪70年代初期以后，世界主要产钢国的钢铁发展情况起了很大变化。美国和日本钢产量大幅度波动，总的趋势是急骤下降，其中美国降到了1973年产量的一半。西欧各国的情况也与此类似。苏联钢产量波动不大，但1978年以后也停止增长。与此同时，第三世界一些国家和地区的钢铁工业则有显著发展，特别是中国，1983年已产钢4002万吨，在世界各国中占第四位。

美国10多年来钢铁工业严重衰退，是和它的其他传统制造业如汽车、重型机械等工业的衰退同时发生的。但在此期间，由于以电子计算机为代表的“高技术”经济在全世界领先，迅速发展，以美国的经济并没有因基础制造业的萎缩而垮台，仍然保持着国民生产总值的第一位。

美国经济结构的这种剧烈变化当然会引起思想界的活跃反应。10年来，通过新闻媒介和一些“畅销书”，以拜尔、托夫勒、泰斯比特、包特金等为代表的一批思想家和未来学家相继提出了关于社会发展的新见解，受到许多人的注意，并传到国外。根据他们的观点，人类一万年前开始从原始社会走向农业社会，二三百年前开始走向工业社会，而现在已到了一个新的阶段，正在以日益加速的步伐向“工业后社会”“超工业社会”“高技术社会”“信息社会”“三次浪潮文明”（各家用的名称不同）跃进。从他们的著作中可以看到，他们所说的这个新社会大体上指的是以计算机、信息传递和处理、新能源、新材料、海洋开发、生物技术、机器人等为特征的社会。据说在这种社会里，多数人不再从事生产货物的活动，而是提供服务；而所谓服务，实际上主要是创造、处理和分配信息。他们中有些人把资本密集的传统制造业，包括所谓“烟囱工业”在内，称作“夕阳工业”，认为都在迅速淘汰之列，还责怪他们的政府所采取的以提高生产率为目标的一些政策是“目光短浅”的，“延长了垂死公司的寿命”，“阻碍了‘朝阳工业’的发展”，等等。

工业先进国家，尤其是美国的上述发展动向和舆论，与正在集中力量搞四个现代化的我国相比，有很大的分歧，因此值得我们注意。前不久我国也出版了他们的一些书籍，放映了一些录像，引起许多人的很大兴趣和许多议论。他们的观点在一部分人士中颇有影响。为了澄清这一问题，在最近那些未来学家的著作、美国的专门刊物，以及来访的科技界知名人士中做了一些调查研究。我觉得有以下几点值得注意。

一、那些未来学家描述的是美国社会的情况，虽然他们把美国的发展过程说成全世界的先驱，但至少没有明说工业发展较晚的国家也应该弃工（工业化）就信（信息化）。正相反，有些作者强调全球经济互相配合，世界应成为“各国互相依赖”的世界。他们的意思显然是，基础制造业让第三世界去搞，他们自己搞“高技术”经济。

二、那种把“高技术”同工业化或基础制造业对立起来的观点，在美国社会上并没有普遍的市场。我问过今年来访的几位美国知名教授，得到的回答是，他们在美国不知道“朝阳工业”“夕阳工业”，以及基础制造业即将被淘汰的说法。前不久刚访美回来的一位学部委员也说，他以同样关切的心情向许多美国科技界权威人士问到同一问题，大多数的回答也如上述。由此可见，关于工业化让位给信息化的说法，即使在美国，至少在科技界，并没有引起多少兴趣。

三、的确也有一些美国企业界和科技界人士对上述“弃工就信”的观点发表了意见，但不是赞同，而是驳斥。例如，美国最重要的冶金学术刊物之一《冶金学报》1983年度登载的《材料和社会杰出讲演》（作者斯密斯）用大量事实说明，美国矿冶业近年来遭遇到巨大困难的主要原因，并不在于资源枯竭、环境污染、国际竞争等常常听到的理由，而是由于社会原因。由于一些人利用“言论自由”的权利，忘了自己对社会的责任，把自己的一些推论引申到极端所引起的混乱。又如，去年 10 月蒂姆根公司董事长著文指出，如果美国人真的承认必须放弃制造业，而且采取行动使之实现，就会给美国经济造成灾难性的后果，因为削弱基础工业必然会削弱整个经济实力。美国金属学会现任会长在最近的一篇报告中指出，70 年代初基础工业产值占全部制造业产值的 48%，而 1981 年为 51%（同一年“高技术”工业的产值为 22%），可见基础工业仍是美国经济的柱石；并强调基础工业与高技术工业密切相连，必须共同发展，缺一不可。看来，美国科技界与实业界人士同上述未来学派之间就有很大分歧，他们强调的是要加强基础制造业，要在基础制造业中充分采用现代技术，要充分利用“高技术”来挽救重工业，等等。

四、从工业化社会转向“工业后”社会的结构改革，并不符合美国的国家政策。如，1970 年国会通过《国家材料政策法案》，强调保持强大的本国矿冶工业对国民经济和国家安全的必要性；1980 年再次通过一个内容与之相似的《国家材料与矿物政策法案》。美国国家科学委员会今年早些时候提出的今后 10 年工程技术上 15 个重要领域中，“钢铁基础研究”就占其一。但应该指出，社会舆论的压力的确也使美国政府执行了许多不利于传统工业发展的政策，如过严的环境保护规章、过高的工资水平、不利的税收制度等。

我想，以上一些背景情况可以说明，美国社会上十多年来不断出现的“工业化已经过时”的论调，只是长期工业萧条在一部分思想家头脑中产生的反应。它通过大规模的舆论媒介和通俗读物得到传播，与严肃的论著相比反而流传更广，因此在一般公众中产生了不小的影响，而且容易给局外人造成一种假象，以为他们那里的实况就是如此。我觉得如果这类片面的观点在我国产生广泛的影响，就会妨碍我们努力搞四个现代化建设的决心和信心。

现在我国的钢产量占世界第四位，但进口钢材也占突出地位。2000 年我国工农业总产值翻两番，势必有数量更大得多的钢材要靠进口。这是一个非常不正常的情况，必须尽可能缩小这个缺口。冶金工业部正在带领全国钢铁界为此而努力。如果钢铁发达国家真的按那些未来学家的主张放弃或削弱他们的钢铁生产，那么高速度发展我国的钢铁就更迫切了。在这个意义上，他们的“大趋势”对我们来说是一个挑战。

减少今后我国钢材的严重缺口，绝不能依靠像某些预言家所说的那样，用“更先进”的材料来代替。在某些用途上，用其他材料（如塑料、陶瓷材料、复合材料等）来代替钢现在就已实现，今后无疑还要扩大，但显而易见，在相当长时间内，由于技术和经济上的限制，可以替代的数量和品种无论如何只能占很小的一部分。因此唯一的出路是，通过科技和其他方面的艰苦努力，吸收、发展、创造更加先进的钢铁生产技术、工艺、设备和流程，并用以改造和扩建现有的钢铁基地，以至今后建立新的基地。因此，钢铁工业在美国不是“夕阳工业”，在我国更不是什么“夕阳工业”，而是今后还将大大发展的一种在四个现代化中大显身手的欣欣向荣的“朝阳工业”。

如果不把“高技术”看作是与传统工业势不两立的竞争者，而是作为互相促进的伙伴，那么传统工业的革新与发展可以从“高技术”得到巨大的帮助。在钢铁工业中，计算机辅助的管理、操作控制和设计已提供重要的经济效果，而且大有可能更充分地加以利用和开发。激光作为金属加工的手段或测试技术的基础，都已经实现，而且有广阔的前途。利用生物技术发展探矿、选矿、防止环境污染的新方法，已有成效。海洋开发会给冶金工业提供新的资源。新的廉价能源会给钢铁的发展解除一个严重的限制。仅从这些例子就可以看到，“高技术”的开发不论在短期还是长期的基础上，都会给钢铁工业的发展提供广阔的机会。冶金科技工作者不能放过这些机会，而要利用它们，发展它们。反过来，“高技术”的发展本身需要许多具有新功能的金属材料，其中有许多是必须由钢铁工业承担的。这是一种挑战，同时也是一个机会。

（原载于《冶金报》第四版，1984 年 11 月 27 日）

# 附录三　邵象华院士访谈录节选

受 访 人：邵象华、王晓云

采 访 人：姜曦

访谈地点：北京市钢铁研究总院邵象华院士家中

访谈时间：2007 年 1 月 19 日

邵象华（1913～2012），著名钢铁冶金学家、两院院士。1932 年毕业于浙江大学化学工程系，1934 年考取第二届中英庚子赔款公费留学，入英国伦敦大学帝国理工学院学习冶金，获一级荣誉冶金学士及冶金硕士学位。抗日战争全面爆发后，他应翁文灏之邀毅然放弃读博士学位返回祖国，筹建资源委员会所属的中央钢铁厂，在綦江首次主持冶炼了中国第一炉平炉钢。1945～1946 年受资源委员会派遣赴东北接收战后日本留下的鞍山钢铁公司。1948～1958 年在鞍钢参与恢复生产，建立了我国第一代大型钢厂的生产技术和研究开发体系，参与主持大型钢铁联合企业技术管理的奠基工作，曾任鞍山钢铁公司总工程师兼炼钢厂厂长等职。1955 年当选为中国科学院学部委员（院士）。

王晓云（1917～2015），邵象华院士夫人，1936 年由苏州中学考取武汉大学历史系，1937 年参加陶铸创办的应城汤池训练班。两年后随学校西迁至四川乐山武汉大学复课，1942 年毕业后赴重庆綦江与邵象华结婚，随邵象华来到鞍钢，中华人民共和国成立后一直从事教育工作。

姜曦（简称姜）：您作为国民政府接收大员，1946 年接收鞍钢并复产，当时的情况如何？

邵象华（简称邵）：第一次复产是 1946 年，我参加了接收东北的钢铁厂的工作，最主要的工作是鞍山的鞍钢，复工主要内容是炼钢。日本统治时期的第一炼钢厂是从德国克虏伯等厂引进设备和技术，已经生产好几年了，最高产量达到年产几十万吨。后来日本人仿照第一炼钢厂，建立了第二炼钢厂。日本投降后，苏军进驻鞍钢，把鞍钢比较好的和比较新的技术设备都拆走了，炼钢厂就剩下原来的第一炼钢厂，原来的第二炼钢厂只剩下空厂房，主要设备全部都被运到苏联去了。中华人民共和国成立后国家组织我们一批专家去苏联考察，虽然苏联厂方没有给我们看那些设备，但是苏联钢厂里的工人告诉过我们，那些设备就在他们那里。鞍钢的炼铁和轧钢设备也都同样面临被拆走的情况。新设备全部被苏军拆走，只将日本人的老设备留了下来。国民党进厂后，成立了钢铁公司，总经理是邵逸周。他原来是抗战时期武汉大学迁到四川乐山时的工学院院长，我在那里当过一年多的教授，那时就认识他。接收东北的时候，邵逸周是钢铁方面的领导。我是参加接收的，自然就留在了鞍钢，担任炼钢负责人。当时我的任务是让第一炼钢厂复工。第一炼钢厂在日本投降后，整个钢厂停工没人管，炼钢炉子里的钢水凝在炉中。凡是能开工的炉子，钢水全都凝在炉中。我们进驻以后发现，厂里较乱，不能开工。有的老工人为了保护设备，把一些能拆的零部件拿回家保存起来；外面的人也拿走一些能拆的如马达等设备。后来为了要复工，我们发动群众收回这些设备。

姜：当时鞍钢厂里的工人和复产情况如何？

邵：当时有一批老工人，但是没有炼钢工人，炼钢厂的情况很困难。一个日本工程师还在，但正准备回国。这个日本工程师看到厂里的情况，怀疑同时也瞧不起中国人的能力，他认为整个鞍钢没有设备再也不可能复工了。国民党政府希望留下一批日本技术人员帮助我们复工，但是这些日本人对此没有兴趣。他们公开说，“鞍钢今后只能种田了，只能种粮食，不会再炼钢”。没多久，这些日本人都被遣送回国。所以正式复工的时候，鞍钢已经没有日本工人和日本工程师了。我们自己想办法让全厂复工。第一炼钢厂原本有 6 座炼钢炉，根据当时情况只能对一座炉子进行复工处理，首先要把炉子里面凝住的钢块想办法弄出来。一炉钢有 100 多吨，没法整块熔化掉，平炉钢比较薄，用氧气切割钢块就可以拿出来，也可以采用爆炸方法把炉顶掀开，在边缘上先切一块，将钢弯成一个弧形，焊在凝住的钢块上就可以用上面的吊车吊起来。我们在想这些办法时耗费了很多时间，最后才把炉子修好。整套设备还包括煤气发生炉，用高炉煤气加上焦炉煤气。当时日本人所用的发生炉还在，但是炼钢、炼焦煤气系统都被破坏了，只能用煤气发生炉炼钢。我们依靠中国人自己的力量就把炉子修起来了。我们没有熟练的炼钢工人，因为炼钢厂原来只有 5 个中国工人，他们是在炉上浇注的浇注工，仅看过炼钢，但都没有实际操作过。我们就训练他们，当然出了很多事故，例如钢在炉中凝结或把炉子烧化，但最后这个平炉终于出了钢，总共出了几千吨。

姜：当时，除了总经理邵逸周，每个协理的职责怎么分工？

邵：协理都是资源委员会任命的。靳树梁是我们几个协理中资格最老的，虽然待的时间很短，但位置最高。他的工作是总体管理和常务性工作，同时也负责炼铁。我负责炼钢，李松堂负责轧钢，杨树棠负责铸造，王之玺负责计划，毛鹤年负责动力和能源。那时候协理的工作和现代钢铁企业的各个分厂厂长的业务关系是一样的。

姜：复产的经费当时是哪里拨付的？

邵：当时的国民政府资源委员会成立了鞍山钢铁公司，公司有独立的会计制度。它是有收入的，卖出钢就有收入。日本人留下的钢铁产品我们可以卖钱。

姜：当时鞍钢主要销售什么钢铁产品？销路怎么样？

邵：国民党接收的时候，厂里堆放着日本人留下的好多钢铁成品，比如钢板、钢条和很多建筑材料。所以，国民党部队的军官私拿和偷走的情况都有。资源委员会鞍山钢铁有限公司成立后，公司自己寻找出路，销售日本人统治时期存留下的成品和半成品。鞍钢作为当时最大的一家钢铁厂，有正式的产品。我和邵逸周还到北京开会，和其他国民党接收的工矿企业洽谈。已经开始营业的厂矿都需要钢材，我们出去洽谈卖钢材成品和半成品，公司还有管营业的专门部门也在推销。当时，如开滦煤矿需要大量鞍钢生产的钢，为此鞍钢还做了生产计划，制订了鞍钢发展计划报给资源委员会。关于炼钢的计划我是参与做的。当年要出多少钢和第二年以及五年的出钢计划。后来由于战争的原因没有实现。总的来说，我花最多的时间是在如何把钢炼出来，以及制订公司恢复生产计划。

姜：当时资源委员会等部门和人员是如何支持你们的？

邵：资源委员会隶属于经济部。经济部负责人是孙越崎，他也是负责东北工业接收的特派员。我们当时做的鞍钢计划，就是去向资源委员会汇报。钢铁厂这一部分都是由他主管和领导的。其实国民党那时候也没有想到会兵败如山倒，也没有想到只有一两年时间，所以规划得都很长。资源委员会从日本人手中接收鞍钢后，就想恢复生产，也想做比较长远的计划。

王晓云（简称王）：这些技术人员主要负责恢复生产，邵象华的主要工作是负责炼钢。怎样把鞍钢的生产恢复起来，有个炼钢炉能够生产，是这一阶段的最主要内容。其他的工矿区恢复生产需要钢材，那时候只有鞍钢有，别的地方都没有，因为旧中国没有像样的钢铁工业，因此鞍钢是有收益的。

邵：有一部分营销对象是复工的企业，但正常的营业时间很短。随着解放战争的发展，国民党越来越慌了，待不住了，鞍山的情况也越来越乱了。在混乱中，一切正常的生产、运输和营业也基本上被迫停止。那时候国民党的军队，一方面打仗需要用钢材，一方面为了逃跑，需要修建飞机场。在这种局势下，国民党军队不顾一切地把厂里能用的东西都抢光了。抢劫以后，生产也只能停止了。有些人就把厂里能够变卖的东西拿回家去，也有很多是为了保护设备而拿回家的，鞍山解放后搞献交器材活动他们就陆续交回来了。

王：总而言之，国民党时期恢复生产是恢复了一点，有一个炉子恢复了，也生产了产品，加上原来积累的产品和存货，所谓正常的营业运行也就是开头几个月比较正常，我估计还不到半年。

姜：当时生产受到的主要干扰是什么？

邵：我们这些技术人员在那里复工，但是国民党的军队也不是全力在打仗，他们也有偷东西、抢东西发财的，堆在那里的钢材成品不断地丢失。军队的设防和备战是需要钢材的，但经常是损失的钢材比生产的还要多。

国民党军队是来保护我们这一批技术人员的，所以厂外面人员来抢东西的场面，我们没有亲眼看见，只知道有这样的情况。

王：国民党逃跑前，是鞍山和鞍钢最乱的时候，军队也没有纪律了，抢的事情都发生在那个时候。不仅不能生产、不能营业，我们连家里都不敢住了，家属区也都有军队，说不定什么时候他们会到家里来的。他们把厂里的钢材都搬空了，说要建飞机场用，他们走的时候破坏了很多。

姜：有些老工人的回忆录称，鞍山解放前国民党接收和复产不成功的主要原因是邵逸周出卖产品挥霍造成的，有些协理和老专家的回忆却鲜见这样的内容，当时的实际情况是这样的吗？

王：这种挥霍现象，协理们是不清楚的。邵逸周是总经理，财权在他手里。普通工人一般的想法和感觉是可以理解的。有可能是因为邵逸周逃掉了，工厂停产了，工人工资发不出来，靠国民党投的钱也解决不了问题。中华人民共和国成立前夕邵逸周就逃到关内，后去了台湾。工人认为总经理都跑了，是不是他把钱卷走了。当时他把有些东西和钢材卖出去换回钱，维持工厂的生产，邵逸周怎么支付又怎么使用别人都不知道，到底这些钱是不是被邵逸周挥霍的，工人其实也是说不清楚的。工人的感受是可以理解的，鞍钢恢复生产，工人希望生活安定，也希望拿的工资多点，突然一下子停产了，他们生活陷于困境，容易与邵逸周卷款逃掉相联系。主要原因还是跟他是总经理并且跑掉有关。

邵：实际的市场买卖行为当然有，钢铁厂卖产品给矿山和用户，也是很正常的关系。邵逸周原来是武汉大学工学院院长，抗战时武汉大学迁到后方四川乐山去一路非常辛苦，他一路上都在找各种办法搞运输。他在西迁过程中立了很大的功劳，吃了很多的苦，做了很多工作，这一点是很有名的。

王：邵逸周以前在武汉大学的时候，我也在武汉大学上学，那时候邵逸周是个受人尊敬的学者。中华人民共和国成立前跟着国民党走了，大家自然就认为他也是个大官僚，不过他并不是那种政治色彩浓烈的国民党党棍，至少不能说邵逸周是贪官污吏。欺压百姓和贪污那样的人是大有人在的，但是到台湾去的人也不都是这样，走错了路的人、对政治看不清楚的人也大有人在。资源委员会的几个领导都没有走，翁文灏、钱昌照、孙越崎都没有走。尤其是孙越崎的功劳特别大，工矿企业能够完整无缺地被新中国接收和得到保护，是与他的功劳有关的。他在受到蒋介石威胁的情况下，敷衍蒋介石，后来逃到香港。他对共产党和新中国很有功劳，国民党的工矿企业都在资源委员会手里，最初，孙越崎担任日本战后接收工矿企业的负责人，中华人民共和国成立前这些工矿都在他手里掌管，孙越崎老早就动员技术人员留下，叫他们不要走，还把各个工厂都原封不动地保存完好。

姜：当时复产事故频发的主要原因是什么？

王：我们没有技术工人，也没有技术员，国民党只是在綦江的时候训练了一批，就那么几个人，专业人员是极度缺乏的。

邵：主要设备本身不整齐，许多设备被苏军拆走了。当时除了我们几个主要的技术人员，工人们几乎都不懂炼钢，技术人员队伍也没有建立起来。国民党这一段时间的复工就是这样子，总算把一个破烂的炉子修起来炼了一些钢。后来到 1949 年 2 月鞍山解放了，解放军一打进来国民党就败退了。

姜：第一次复产失败后，听说您在当时的大会上还流下了眼泪？

邵：炼钢炉花了好大气力修好复工了，可是很快钢厂干不下去了，总经理邵逸周召开大会宣布停工。我在那个会上哭了，好不容易才复工，我很难过，想着就哭了。

王：那时候他辛辛苦苦地工作就是为了把钢炼出来，好不容易炼出来了，又要停工。所谓复产也就是炼钢炉生产钢，中心就是炼钢，由这个中心带动其他工厂的生产，炼钢就是当时恢复工作的重点。第一步就是开炼钢炉，炉也只开了一个，所以他对炼钢有更深切的感情。他的贡献比较多的是在中华人民共和国成立后共产党建设鞍钢的时期，而中华人民共和国成立前这一段时间，他的贡献时间很短，主要有两个方面：一个是在綦江开了一个小厂，建了中国第一座真正以科学理论为基础的平炉炼钢炉，过去都是土法和简单化的，而这个钢厂是采用国际先进冶金理论的、现代化的，他独自设计，独自组织，算是一个开端；第二个开端就是培养了第一批的炼钢技术人员，是在生产过程中边学习、边培养的，像张春铭等后来都是钢铁企业的骨干。从中央钢厂没有办成，到綦江的电化冶炼厂总算搞得小有成功，终于等到鞍钢要恢复生产。好不容易一下子这么一个大的钢铁企业让他们接收恢复生产，以前培养的一批人积极性就很高了。鞍钢的设备和设计都来自德国克虏伯，他在克虏伯实习的就是为了这次实用，因此，他觉得鞍钢设备比较熟悉，自己有把握用自己的技术恢复生产，想大展宏图把鞍钢这个大钢铁厂恢复起来。为了搞钢铁工业就出国留学专门学习，学成回来以后又搞成了一点，觉得打点了基础。过去几次的“钢铁梦”都没有完成，他想在这里完成他的“钢铁梦”，所以拼了命地要把平炉恢复，而且居然在很短时间炼出了钢，当然是想继续发展下去。这个梦破灭了，他很容易在感情上有波动。停工大会就觉得特别伤心，觉得一切都完了。

姜：那时候你们为什么不提早离开鞍钢？

王：也不能说他和我就有多高的境界，那时候全国只有鞍钢能生产钢，想恢复钢铁工业就只有在鞍钢有工作，我们也只能在那里，在交通还没有中断之前，是可以逃到关内的，后来交通断了，逃也逃不出去了。能逃走的早就逃走或者入关了。另外，鞍山解放也没有给人害怕的感觉，再加上共产党对他们 6 个协理很优待，很重视他们。其实，逃走的人也基本都回来了。原来关内还有华中钢厂和上海钢厂，后来都垮掉了。那时候能把一个炉子恢复开工，太困难了，都是拼命干的，好不容易复产了，又要停产，有一种失落感。技术人员的脑子比较简单，就是想炼钢。出国学冶金为了什么？就是想把中国钢铁工业搞上去，老一代的知识分子受到洋人瞧不起的事情太多了，你再好洋人也瞧不起你。

姜：鞍山解放时的情况是怎样的？

邵：解放军进来的时候，我住在炼钢厂，王晓云也在。1949 年 2 月 19 日解放军把家眷都集中在鞍钢，把十几名技术人员转移离开鞍山，到附近农村镇里面住了几天。我们也弄不清楚究竟是怎么回事，要去哪里。解放军告诉我们要安心，鞍钢还要恢复，政府还要用我们。后来才明白因为当时时局很乱，很不稳定，叫我们暂时离开鞍钢到农村，是为了保护我们。因为还不知道国民党会不会打回来，等鞍钢平静一些就接我们回来。

王：解放军把我们都集中在轧钢厂，把所有男的技术人员都带走了，就留下了家属。因为我以前参加过抗日，周围进步同学和朋友大都是共产党员，我就不害怕，我自告奋勇去找军代表和他们讲，说我们这些人是盼望解放的。解放军对我们很友好，我们大家也不害怕，他们很客气地照顾我们的吃住。

邵：我们回来后先在剧场坐着等了一夜，第二天早上，解放军委派鞍山市市长对我们讲话，接待我们，让我们大家安心，对我们态度非常好。他说，共产党认为鞍钢很重要，毛主席有指示要保护鞍钢，工厂要保护，技术人员要好好对待和重用。而且有命令，要重视我们这些专家，让我们好好工作。后来，市长把我们几个负责的协理送到小旅馆住下，还请我们吃了饺子。几天后，把我们和技术人员用卡车送到了安东（现丹东）。安东是局势比较稳定的解放区，给我们找好地方住下，设立了一个学习班，宣传和学习共产党的政策。我们学习了很多材料和文件，家属也一起参加了学习。我们在安东住了几个月，完全是供给制，给我们发衣服、生活用品。组织我们开讨论会。安东那时候已经是稳定的解放区，有些人去当地学校做老师教技工技术，有些人陆续要求离开解放区，返回南方的家里，党组织也充分考虑了他们的实际困难，允许他们回去。留下的人有些就在当地工作了，暂时没有工作安排的就接着学习。

# 附录四　邵象华年谱

1～5 岁（1913～1918 年）

1913 年 2 月 22 日出生于浙江省杭州市。北宋理学家邵雍（字尧夫）的三十二代世孙。邵雍之子邵伯温（1057～1134）随宋高宗赵构南迁临安（现杭州）并建都，史称南宋。邵家后代子孙定居临安休养生息。

父亲邵家驹（1889～1971），字昂士，母亲吴道芳与邵家驹同龄，月份小些。生育二子，即邵象伊和邵象华。邵家以教书为业，承继先祖邵雍制定的家规和家风。

6～8 岁（1919～1921 年）

6 岁开始接受家庭启蒙教育，1920 年随父来到浙西重镇衢州。邵家驹任浙江省立第八中学校（现为浙江省衢州一中）教员，他入该校初小部上学，学制三年，只用两年时间完成规定的课程。

9～12 岁（1922～1925 年）

1922 年随父亲回杭州，进入杭州木业小学高小部读书，其间跳级一次，只用两年时间读完三年课程。

1924 年 11 岁时考入杭州宗文中学初中部读书，其间再一次跳级，用两年时间完成初中三年课程。原本从小学到初中毕业须学九年课程，他只用六年全部学完，并取得优异成绩。

13～15岁（1926～1928年）

1926年9月考入浙江省公立甲种工业学校预科（后改为浙江大学预科），学制两年（相当于高中三年）。参加抵制日货上街游行爱国活动，萌生工业救国思想。

1928年考入国立浙江大学工学院化学工程专业，学制四年。次年，兄长邵象伊从浙江省立医学专门学校毕业，赴日本东京帝国大学留学，主攻临床医学。

19岁（1932年）

国立浙江大学化学工程专业毕业，获化学工程学士学位。学校推荐在上海一家造纸厂工作。同年受上海交通大学聘任为该校化学系助教。

21岁（1934年）

报考第二届中英庚子赔款英国留学考试，共录取26人，邵象华、丘玉池、钱临照等有幸被录取。丘玉池、邵象华选择英国伦敦大学帝国理工学院冶金专业作为学士学位攻读专业，学制两年。

23～24岁（1936～1937年）

1936年8月，邵象华、丘玉池分别以第一名、第二名成绩毕业，获该校冶金工程一级荣誉学士学位。他继续在该校读研究生，导师为卡本特爵士。硕士论文课题是“钢表面渗氮硬化机理的研究”。

1937年7月获冶金工程硕士学位，同时获得马瑟科学奖金，被授予英国皇家矿学院会员学衔及帝国理工学院奖状。导师卡本特爵士去函中国有关机构请求邵象华继续留英完成博士学位，并获中英庚款董事会批准。8月，中国资源委员会委员长翁文灏先生因参加英国新国王乔治五世登基加冕典礼专程来到伦敦，另一个任务是动员邵象华回国参加中央钢铁厂的筹建工作。邵象华欣然同意回国效力。在翁文灏的安排下考察英国、法国、比利时、卢森堡等欧洲几个钢铁工业发达国家的钢铁厂。在《中国工程师学会会刊》上发表《十五年来德国钢铁工业技术之演进》。

25岁（1938年）

1月，与在德国商谈中央钢厂技术设计的王之玺、毛鹤年等人，以及从国内来德实习的靳树梁、杨树棠、李松堂、张匡夏、谭振雄、吴之凤、史通、王原泰、刘刚一行人会合，组成实习考察团到德国克虏伯钢铁公司实习。重点实习倾动式平炉、特殊钢厂平炉和电炉双联炼钢新技术。2 月后国内局势严重恶化，中央钢厂停建。王之玺、靳树梁等被急召回国，邵象华继续在欧洲考察瑞士的机械厂，11 月回国。被分配在昆明中央机器厂，负责建立该厂的理化实验室和耐火材料厂，只短暂工作 9 个月。1938 年，在《英国钢铁学会论文集》（英文）上发表《钢渗氮硬化机理研究》。

26～27 岁（1939～1940 年）

1939 年夏，应武汉大学校长王星拱先生的邀请赴武汉大学任冶金学教授并负责筹建矿冶系。同年结识武汉大学历史系学生王晓云，从此两人相知、相爱，定下姻缘。

1940 年，在《中英庚款董事会纪念论文》上发表论文《金属研究的物理方法》。

28～31 岁（1941～1944 年）

受资源委员会派遣到四川綦江电化冶炼厂筹建炼钢厂（第四分厂）并任厂长，亲自主持设计和建造一座新型的 15 吨平炉。这座平炉是我国首次按照流体力学原理和冶金炉热工原理科学设计的，于 1944 年年末投产。抗日战争胜利后，钢厂停产。

1942 年 9 月 2 日，与王晓云在重庆举办简朴隆重的婚礼，好友和同事刁伦然、周慕兰、靳树梁、毛鹤年、戴礼智、丘玉池等参加，并合影。

1943 年 5 月 10 日，女儿邵贝羚在綦江电化冶炼厂宿舍家中出生，请邻居德国专家夫人接生，她在德国是位护士。

1944 年 3 月 12 日，母亲吴道芳在上海去世，享年 55 岁。

1944 年，在《资源委员会季刊》上发表《炼钢平炉之设计》。

32～34 岁（1945～1947 年）

1945 年 8 月 15 日日本投降。以协理身份受资源委员会派遣赴辽宁鞍山接收原日伪鞍山钢厂，6 位协理为邵象华、靳树梁、李松堂、王之玺、毛鹤年、杨树棠。王晓云送邵贝羚去江苏宜兴大姐家暂住。

1946 年，任鞍山钢铁有限公司协理兼炼钢厂厂长，同时主持耐火材料厂的复工任务。9月4日，儿子邵贝恩在上海父亲家出生，后被送到宜兴大姐家暂住。1947年，在与钢厂工人的共同努力下，修复一座炼钢平炉，炼出接收后的第一炉钢。夫人王晓云独自返回鞍山，邵贝羚、邵贝恩仍留在宜兴。

35岁（1948年）

2月19日鞍山解放，6位协理与30多位技术和管理人员由解放军护送到解放区丹东学习共产党政策。10月到位于哈尔滨的重工业部报到，参加接收鞍钢的各项准备工作。11月2日沈阳解放，随军进驻沈阳。几天后受命参加接管鞍山钢铁有限公司的工作，被任命为公司总工程师兼任炼钢厂技术副厂长。夫人王晓云被安排在鞍山市一中任历史课教员。秋天，邵贝羚、邵贝恩从宜兴被接回鞍山，分别插班在保育院的大班和小班。

36岁（1949年）

春天，毛泽东同志发布“鞍山工人阶级要迅速在鞍钢恢复生产”的电令，鞍钢迅速掀起恢复生产的热潮。4月25日鞍钢第一炼钢厂2号平炉修复出钢，1号平炉早在4月2日即已出钢。5月1日国际劳动节第一炼钢厂正式宣布完成恢复后全面投产。党中央派贺龙同志专程来鞍钢参加复产典礼，他亲手剪彩并发表热情讲话。不久，陈云同志亲自带队来慰问和看望鞍钢职工。7月9日鞍钢隆重举行鞍钢开工典礼庆祝大会，李富春、林枫等领导同志到会祝贺，中共中央、中央军委赠送一面绣着“为工业中国而斗争”八个闪亮大字的锦旗，宣布中华人民共和国第一个大型钢铁联合企业正式投产。邵象华被鞍钢公司授予二等功臣称号。任《鞍钢》主编。

37～39岁（1950～1952年）

在1950年的一年时间里炼钢厂的1座混铁炉、6座大型平炉、3座预备精炼炉及其附属设备全部被修复和顺利投产，各项技术经济指标大多已达到日本侵占时期的水平，如硅砖炉寿命提高到90～100炉。在《鞍钢》上发表《鞍钢平炉烧炼炉年底总结》《炼钢厂一九五〇年上半年生产技术的研讨》《论平炉炉顶》《沸腾钢》等许多针对工作需要的技术文章。

公司技术处在苏联专家的协助下，制定了一套鞍钢技术操作规程和产品检验标准。鞍钢颁发的钢坯、型材、板材和钢绳等产品检验标准是我国钢铁工业自己制定的第一套产品质量控制的法规，为后来部颁标准和国家标准的制定打下基础。

1951 年 3 月编写的中华人民共和国第一部《钢铁冶金学》（又名《黑色金属冶金学》）由东北工业出版社出版，这是一部适于中级技术专家培训、自学的专著。相关人员在他的指导下集体翻译、由他任主编的译著《碱性平炉炼钢》由东北工业出版社出版，这是一部著名的英文版炼钢专著。

1952 年，供给制的保育院停办。将大姐王蕴仙从宜兴接来鞍山管理家务，同时接来的还有外甥傅志方、侄女王亮君，他们来鞍山上学。

### 40 岁（1953 年）

8 月 30 日，冶金工业出版社出版他的俄文译著《钢冶金学》。从杭州接来独居多年的父亲邵家驹。不久，王晓云的侄儿王秉韬来鞍山上学。10 月 1 日应邀到北京参观国庆典礼，从天安门城楼两边的观礼台上见到他爱戴的毛泽东主席和其他国家领导人。

### 41～42 岁（1954～1955 年）

1954 年 9 月，与孟泰、张明山、胡兆森、沈策一起当选为第一届全国人民代表大会代表。9 月 15 日召开第一届全国人民代表大会第一次会议。毛泽东主席致开幕词。其后他参加在中南海怀仁堂召开的主席团扩大会议。新华社以“邵象华代表的发言”为题发布新闻稿。11 月 1 日，中国金属学会筹备工作组在北京召开第一次座谈会，参加者有周培源、魏寿昆、邵象华、宣宁、李薰、黄培云、谢树英、吴学蔺、陈康白等著名学者、教授。11 月 16 日，在北京召开中国金属学会筹备委员会第一次会议，选举产生筹备会常务委员会 18 人，邵象华、魏寿昆、丘玉池、王之玺、靳树梁等名列其中。

1955 年，当选为中国科学院首批学部委员（后改称院士）。7 月 5～30 日，出席第一届全国人民代表大会第二次会议。

### 43 岁（1956 年）

6 月 15～30 日，出席第一届全国人民代表大会第三次会议。参加中国冶金工业考察团赴苏联、民主德国、捷克斯洛伐克考察访问。回国后在全国炼钢会议及有关场合介绍出访情况及三国钢铁工业状况和新工艺、新技术。11 月 26 日～12 月 1 日，在北京召开中国金属学会第一届全国代表大会，选举周仁为理事长，刘彬、张文奇、靳树梁为副理事长，王之玺为秘书长，丘玉池、颜鸣皋为副秘书长，魏寿昆、邵象华等25人为常务理事。

自1956年起，先后被任命为国家科学技术委员会钢铁组成员、冶金学科组副组长等重要职务。

在《钢铁》上发表《快速炼钢应该注意哪些问题——鞍钢技术处处长邵象华在鞍钢快速炼钢大会上的发言》。

1956年上半年，参加国务院科学规划委员会主持的《1956—1967年科学技术发展远景规划纲要》的制定工作，参加起草钢铁部分内容。

1956～1963年任《金属学报》编委。1963～1983年任编辑部副主任编委。

## 44岁（1957年）

4月，在上海郑葆成家中，1937～1938年同在德国进修实习的王之玺、丘玉池、邵象华等老朋友与郑葆成夫妇相聚并合影留念。6月26日～7月15日，出席第一届全国人民代表大会第四次会议，并在大会上做了题为“钢铁工业应大型化”的发言。这次发言内容与当时“大跃进”的政治形势，即“土法上马、全民炼钢”的精神不相符，由此受到政治上的冲击。他完成鞍钢与中国科学院金属研究所合作开展的平炉镁铝砖炉顶研究工作，并于当年在鞍钢180吨大平炉上首次试用成功，平均寿命达到520炉，超过了当时国际上铬镁砖炉顶的最高寿命。《平炉钢冶金学》俄文译著由重工业出版社出版。

1957年起担任《钢铁》编委、副主任编委。1999年后因年事已高不再任职。

## 45岁（1958年）

2月1～11日，出席第一届全国人民代表大会第五次会议。5月，参观考察位于安徽省的马鞍山钢铁公司。8月，受冶金工业部调令到冶金工业部钢铁研究院（1979年更名为钢铁研究总院）任炼钢研究室主任。全家迁居北京。11月，与王之玺等同赴西昌考察，指导黎溪“小土群”炼铜。在《金属学报》上先后发表《重轨钢缶内脱氧对钢质的影响》《减少沸腾钢偏析的研究——Ⅰ．在钢锭模内用氧气（空气）处理》《减少沸腾钢偏析的研究——Ⅱ．钢3巨型钢锭的吹氧、吹空气和加钢板冷却处理》《沸腾钢3中板坯的分层现象》。

46 岁（1959 年）

4 月，当选为第二届全国人民代表大会代表。4 月 18～28 日，出席在北京召开的第二届全国人民代表大会第一次会议。7 月，赴浙江省建德市考察富春江水库和新安江水电站，调查水堤及水电站使用建筑钢材的性能要求。在《钢铁》上发表《一定要使转炉炼钢厂的化铁炉过技术关》、《上钢六厂转炉炉龄领先》、《十年来我国的平炉炼钢》、《铁矿石的直接还原》（综合性评述）、《铁矿石的直接还原》（续）（综合性评述）。

47 岁（1960 年）

3 月 30 日～4 月 10 日，出席第二届全国人民代表大会第二次会议。20 世纪 60 年代初向钢铁研究院和冶金工业部领导的建议获得批准，建议将炼钢研究室充实扩大，同时更名为"冶金物理化学研究室"，研究方向为：一是结合军工新材料研发任务，开展真空冶金过程的物理化学研究；二是进行钢铁冶金及铁基高端材料的基础理论研究；三是重点研究真空熔炼炉内铁基、镍基熔池中的碳脱氧和氧脱碳反应，以及合金元素及微量杂质元素的挥发、坩埚用耐火材料对熔池的供氧作用等；四是对国内外有关真空熔炼的新成果进行综合评价。在《钢铁》上发表《发展热风转炉，为炼炉炼钢的全面更大跃进而奋斗》。7 月，暑假期间每逢周日全家骑自行车出游香山、八大处、植物园等风景旖旎的景点。周日游览北京名胜古迹成为邵家的一项传统健身项目，坚持很久。9 月，女儿邵贝羚考入北京钢铁学院（现为北京科技大学）应用数学专业。

48 岁（1961 年）

受冶金工业部委派，率领钢铁研究院专家工作组赴上海第一钢铁厂和上海第三钢铁厂，帮助两家工厂提高化铁炉操作指标及提高转炉炉龄。该工作组在 20 吨化铁炉上推广先进的操作技术，取得了既节约焦炭又提高熔化率，以及保持铁水温度等多项研究成果。此外，工作组与上海第一钢铁厂、上海第三钢铁厂共同努力将侧吹转炉炉龄提高到百炉以上。此项成果被冶金工业部推广。

49 岁（1962 年）

3 月 27 日～4 月 16 日，出席在北京召开的第二届全国人民代表大会第三次会议。带领钢铁研究院工作组与包头钢铁厂合作，首次成功研制出我国急需的锰铌低合金钢。根据时任钢铁研究院院长陆达的建议，在包钢开展从平炉钢渣中提取铌的试验并取得成功。为解决从大高炉铁水中回收铌和锰的问题，提出了包钢铁水雾化提铌和锰的实验方案，开始试验室的研究。8 月，偕夫人王晓云参加冶金工业部组织的到避暑胜地北戴河休假。9 月 2 日，邵象华与王晓云结婚 20 周年纪念日，在北京中国照相馆合影留念。高等院校全国范围内进行院系调整，北京钢铁学院应用数学专业停办，女儿邵贝羚转入金属物理专业就读。

### 50 岁（1963 年）

11 月 17 日～12 月 3 日，出席在北京召开的第二届全国人民代表大会第四次会议。

### 51～53 岁（1964～1966 年）

1964 年 12 月，当选为第三届全国人民代表大会代表。1964 年 12 月 21 日～1965 年 1 月 4 日，出席在北京召开的第三届全国人民代表大会第一次会议。1954～1964 年，连续三届当选为全国人民代表大会代表。

1964 年，开发核能急需的超低碳不锈钢，国内尚没有特殊设备来生产，提出在现有炼钢设备中采用强化熔池吹氧下高温脱碳、及时加铬冷却熔池等技术措施，用电弧炉炼出了超低碳不锈钢，并在抚顺钢厂和重庆特殊钢厂试验，取得成功，完成生产任务并受冶金工业部通报表扬。4 月，参加 701 钢第二阶段研制工作，1969 年 6 月该钢种通过军工部门验收。在《金属学报》上发表《真空熔炼的物理化学》《真空感应炉氧化镁坩埚熔铁炼铁的研究》。在《钢铁》上发表《真空感应炉熔炼纯镍时氧化镁坩埚供氧问题》。科学出版社出版专著《真空熔炼的物理化学》。9 月，儿子邵贝恩考入清华大学，就读于工程物理专业。

1966 年负责和主持包钢铁水雾化提铌和锰的小型试验进展顺利。11 月与 6 位同事赴包钢，进行该项目的工厂扩大试验。

### 54～55 岁（1967～1968 年）

1967 年 1 月 8 日，钢铁研究院各级党政大权被造反派篡夺，全院科学研究工作基本停顿，住进院内“牛棚”，停发工资，每月只发生活费

25 元，不许私自回家。住房只保留两间，家中藏书和资料被送到家属委员会暂放，由此丢失许多宝贵资料。

1968 年从“牛棚”出来回家居住。闲来无事可做，无书可读，无友可论，买来有关缝纫的书，开始学裁做衣服，自称“快乐的逍遥者”。

### 56～58 岁（1969～1971 年）

1969 年 1 月，女儿邵贝羚结婚，女婿刘镒，没有举办婚礼。年底，孤身被送往河南省淮阳钢铁研究院“五七干校”接受“再教育”。研究院内家属住房减为一间。

1970 年 7 月 11 日，女儿邵贝羚在北京喜得贵子，取名刘巍。8 月，夫人王晓云与邵贝羚母子惜别，来到淮阳“五七干校”。离京前上交唯一的住房。夫妻同在干校但在不同连队，难得见上一面，只留思念在心里。

1971 年 10 月，儿子邵贝恩从清华大学毕业后被分配到抚顺工作。邵贝恩前往淮阳干校探望父母亲，这次短暂的团聚十分难得，在周口镇照相馆合影留念。11 月 6 日，接到父亲邵家驹在长春侄儿邵卓民家中病逝的噩耗，急忙向干校领导请假，带儿子邵贝恩直奔长春料理后事。

### 59～60 岁（1972～1973 年）

1972 年 5 月，从河南淮阳钢铁研究院“五七干校”“毕业”，返回北京。月余后，王晓云也从干校回到北京。暂安排住在一间单身宿舍，组织暂未安排工作，赋闲在家，清闲自由。7 月，与武汉大学同事及汤池训练班学友潘琪（时任交通部副部长）、赵隆𬬻（北京大学教授）难得聚会，叙谈乐山时期武汉大学的旧事，情深意长。自学剪裁技术达到相当水平，在左邻右舍中小有名气，快乐逍遥。他提倡的平炉熔池顶吹氧气强化操作在国外迅速发展。受冶金工业部委托，自 1971 年开始，在鞍山钢铁公司第二炼钢厂大平炉协作开发应用该项新技术，试验取得成功。

1973 年钢铁研究院和上海第三钢铁厂合作，在该厂的 100 吨固定平炉上氧气顶吹炼钢试验获得成功，其后相继在国内各厂平炉上推广。1973 年一二月间，全家老少三代人乘火车南下杭州和宜兴，探望亲朋好友，畅叙情怀，感谢关怀和照应。畅游苏杭美景，遍尝家乡风味小吃，流连忘返，乐不思归。6 月一家老小并亲戚 16 人游览颐和园。9 月 24 日，外孙女刘峻在北京出生。

### 61～64岁（1974～1977年）

1974年8月，儿子邵贝恩结婚。

根据热力学选择氧化原理提出“碳素锰铁吹氧脱碳的工艺原理”，在上海和遵义两家铁合金厂进行工业性试验并取得成功。指导上海铁合金厂利用氧气转炉生产中、低碳铬铁，工业性试验取得预期效果。在《铁合金》上发表《铬铁吹氧脱碳的平衡关系》。

1975年10月，将父亲邵家驹骨灰由长春墓地取出，护送父亲骨灰迁回杭州，圆父亲叶落归根的遗愿。

1976年，以“笔名”的谐音“毕铭”为作者名在《钢铁》上发表《炼钢脱磷的理论和实践》。

1977年，恢复邵象华署名并且发表《锰铁吹氧脱碳的热力学探讨》（《金属学报》第13期）。

### 65岁（1978年）

6月，被冶金工业部任命为钢铁研究院副总工程师。1978～1995年受聘担任《钢铁》编委会副主任委员。11月，作为中国金属学会代表团成员参加在法国巴黎举行的第七届钢铁冶炼物理化学国际会议。这是“文化大革命”后，我国钢铁业界首次派专家代表团参加西方国家举办的大型国际学术会议。他的发言反响热烈。会议期间，受法国钢铁研究所K.S.Goto教授之邀，代表团成员参观了法国钢铁研究所研究室及其附属工厂，应邀与法国同行学术交流。此外，在K.S.Goto教授等的陪同下参观游览了巴黎埃菲尔铁塔、凯旋门、香榭丽舍大街、凡尔赛宫等世界著名的风景点。1978年12月28日～1979年1月7日，出席在北京召开的中国金属学会第三届会员代表大会暨1978年年会，被选为常务理事，做了“关于连续炼钢的理论和实验”的专题报告。参加《冶金科学技术发展规划纲要》的讨论。在《钢铁》上发表《美国和日本的炼钢技术动向》。

### 66岁（1979年）

5月，按照冶金工业部、中国金属学会联合发出《关于建立中国金属学会专业学术委员会的通知》，中国金属学会炼钢学术委员会在上海衡山饭店举行成立会议，推举邵象华、林宗彩、余景生、张春铭、靳汉为首届学术委员会主要负责人。中国金属学会炼钢学术委员会于1979～1984年共举办三届炼钢年会，为1985年成立第一届炼钢学会做了充分准备。

5月8日～6月11日，应美国矿冶工程师协会和美国金属学会的共同邀请，中国金属学会理事长叶志强率领中国金属学会代表团一行15人访问美国，重点考察美国的冶金科研和教育工作，成员有刘克钢、邵象华、师昌绪、肖纪美、傅君诏等。访美期间，参观考察了17所研发中心、9所大学、15家工厂，共41个单位，并与美国矿冶工程师协会冶金分会及美国金属学会签订科技交流和合作协议。在《钢铁》上发表《第七届钢铁冶炼物理化学国际会议》。在《河北冶金》上发表《炼钢工艺的发展动向》《关于连续炼钢的理论和实践》。

67岁（1980年）

当选为中国真空学会名誉理事。3月3～5日，参加在北京召开的中国金属学会第三届第二次常务理事会和各学术委员会主任委员会议。会议主要内容为增补副理事长，通过了《中国金属学会国内学术会议暂行办法草案》《中国金属学会参加国际学术会议暂行办法草案》等。4月，随中国金属学会代表团访问日本，参加日本铁钢协会春季学术大会。会后参观访问了有关日本钢铁方面的工厂、研究所和大学。6月12～17日，出席在武汉钢铁公司召开的中国金属学会连铸、铸锭专题学术会议，做大会发言。6月，出席唐山钢铁公司学术会议并做大会发言。11月出席《中国大百科全书·矿冶卷》冶金部分编审会。译著《氧气顶吹转炉炼钢（上册）》出版。在《中国金属学会炼钢论文集》上发表《用热丝显微镜测定熔点的方法及其改进》。

68～69岁（1981～1982年）

1981年，经钢铁研究院党委批准加入中国共产党。辞去领导职务，退居二线，任顾问。受邀参加由国务院17个部委联合召开的220多位专家出席的宝钢工程建设论证会，会议提出“延长工期，分期建设”的建议被国务院采纳。4月6～7日，出席在北京召开的中国金属学会第三届第三次常务理事会议。9月6～15日，出席中国金属学会与日本铁钢协会在中国联合召开的第一届中日双边炼钢学术会议，宣读论文《包钢铁水提铌工艺研究》，该文发表在《钢铁》上。11月25日，参加首届全国青年冶金学术交流会并与全体代表合影。在《第一次中美冶金学术会议特约报告论文集》（英文）上发表《中国钢铁冶炼工艺的发展》。

1982年译著《氧气顶吹转炉炼钢（下册）》由冶金工业出版社出版。同年，科学普及出版社出版“科学家谈科学丛书”，其中《谈谈炼钢技术》由他编写。4月27～28日，出席在北京召开的中国金属学会第三届第四次常务理事会。

70岁（1983年）

1983年，受聘为国家发明奖励委员会冶金组评审委员。4月，任钢铁研究总院顾问。11月14～21日，参加中国金属学会代表团（共19人）赴日本参加东京召开的中日钢铁学术会议，会上共宣读学术论文27篇（中方12篇，日方15篇）。

12月20日，出席《中国大百科全书·矿冶卷》冶金编辑委员会承德会议，担任矿冶卷“钢铁冶炼分支”主编。在《全国氧气转炉炼钢会议文集》上发表《氧气转炉炼钢的计算机控制》。

71～75岁（1984～1988年）

1984年11月27日，《冶金报》发表著名政论文章《钢铁工业——“夕阳工业”还是“朝阳工业”？》。与魏寿昆合作出版“冶金新技术简介”丛书，并撰写《冶金学和冶金过程物理化学的新发展》。12月，《人民日报》转登《钢铁工业——“夕阳工业”还是“朝阳工业”？》一文。

1985年4月15～16日，出席在成都召开的中国金属学会第三届第二次理事会议。4月26～29日，出席在河南洛阳召开的第三届中日钢铁学术会议。出任“七五”薄板坯连铸公关组顾问。继续氧气转炉底吹煤和氧的试验。在《东北工学院学报》上发表《钢铁工业在技术进步中高速发展》，该文被《工程师论坛》采用并在创刊号上发表。作为国务院学位委员会第一届学科评议组成员，获国务院学位委员会颁发的第一届学科评议组工作纪念章。

1986年7月，翻译德国柏林工业大学欧特斯教授撰写并发表的《用煤还原铁矿石中的物料转化和热量转化》科研报告，译文刊登在钢铁研究总院的《科技情报资料》1986年第8期。10月7～8日，中韩两国尚未建交，应联合国某亚洲有关组织的邀请，与傅君诏、周荣章一行三人参加在韩国浦项召开的第二届钢铁技术与新材料国际会议，并在大会上做特邀报告。会议由韩国铁钢协会、韩国金属学会主办。9～12日，参观访问了21世纪钢铁厂、浦项制铁公司及浦项制铁国民学校。这是一次破冰之旅，从此开启了中韩两国钢铁业界的友好交往。10月22～25日，参加在北京召开的中国金属学会30周年庆暨第四次会员代表大会。连任第四届理事会常务理事。12月25～30日，出席在北京召开的第四届常务理事会。在《钢铁技术与新材料第二届国际会议特约报告集》（英文）上发表《钢铁工艺的发展》。

1987年，受聘任国家自然科学奖励委员会委员，6月出席该委员会首次会议。7月，与陆达、魏寿昆、刘嘉禾、张春铭等专家同行考察鞍钢，参观鞍钢钢铁研究所及其附属车间并与技术人员等座谈。奥地利林茨出版社出版的《国际氧气转炉炼钢会议论文集》（英文）中收录了他撰写的《中国氧气炼钢的发展》一文。冶金专利事务所代理的两项专利：转炉用煤氧喷枪及其保护工艺（刘浏、郭征、李正、邵象华），氧气转炉煤氧复合吹炼工艺（邵象华、刘浏、邓开文、郭征、杜挺、李正、朴成哲等14人），获批准。在《钢铁》上发表《我国钢铁工业发展概况和前景》。

1988年5月7日，接待来钢铁研究总院访问的日本著名冶金学家不破祐教授，两位古稀学者交谈甚欢，话题广泛。在《钢铁研究》上发表《论钢铁研究与技术开发》。

### 76～79岁（1989～1992年）

1989年10月，参加中国科学院技术科学部委员扩大会议。在《化工冶金》上发表《从钢铁发展论科学研究与技术开发》。11月，接受中国科学院授予的荣誉章。12月，出席中国金属学会常务理事会，出席宝钢主办的第五届中日钢铁学术会议。

1990年1月，中国金属学会学术交流工作委员会工作会议在北京召开，出席的委员有王润、邵象华、魏寿昆、童光煦、陶少杰、康文德等。5月15日，接待来钢铁研究总院访问参观的日本神户制钢研究所稻叶晋一教授和大谷正康教授。翁宇庆副院长代表钢铁研究总院与对方签订双边科技合作协议。8 月 30 日～9 月 1 日，参加在吉林召开的中国金属学会第四届第六次常务理事会，会后参观吉林炭素厂，会上邵象华、魏寿昆、陆达、陈新民、师昌绪等 11 人被授予“荣誉会员”。与陆达等人在《光明日报》上共同发表《加速新工艺开发促进钢铁业崛起》。与冶金部副部长陆达、中国科学院化学冶金研究所许志宏所长，以及钢铁研究总院杜挺教授联名向国家科学技术委员会提出报告《采用九十年代新技术加速发展我国钢铁工业——建议国家在“八五”期间立项进行“以煤代焦熔融还原炼铁新工艺开发”》，该报告在《冶金管理》上发表。

自 1985 年起，连续三届担任炼钢分会理事长，即第一届（1985～1990 年）、第二届（1990～1995 年）、第三届（1995～2000 年），长达 15 年。

1991 年 6 月 14 日，受聘参加全国自然科学名词审定委员会下属的冶金名词审定委员会筹备组成员。

1992 年 4 月，被日本铁钢协会授予“名誉会员”，偕夫人王晓云赴日本接受名誉会员章和证书。9 月 2 日，在家中举办与夫人王晓云女士结婚五十周年金婚庆典，亲朋好友前来庆贺。中秋节受中国科学院邀请偕夫人王晓云同登天安门城楼与众多学部委员夫妇同赏中秋明月。联合魏寿昆、李文采两位院士，以及杜挺、杨天钧、肖泽强、王大光教授联名向国家科学技术委员会提出将“熔融还原技术基础研究”作为国家科学技术委员会工程与技术科学研究攀登计划的建议书。邵象华、魏寿昆、李文采三位 80 多岁高龄的院士自告奋勇出任顾问，之后获批立项。

### 80 岁（1993 年）

2 月 22 日，钢铁研究总院举办庆寿座谈会，恭贺邵老八十大寿，祝其健康长寿。

中国科学院应国家计划委员会的委托，发布通知，由邵象华任组长，由三位学部委员及其他专家组成评估组，对“八五”期间国家重点项目“薄板坯及带坯连铸连轧技术”进行中期评估，并提出具体意见和后两年的详细建议。9 月 15～18 日，参加在北京召开的第一届发展中国家连铸会议。这次会议是将国际会议、专题研讨和展览会合为一体的大型学术活动。会议期间，冶金工业部多位新老部长莅临指导。11 月，被中国金属学会聘请担任《钢铁》编辑委员会副主任。

### 81～84 岁（1994～1997 年）

1994 年，受聘担任东北大学“211 工程建设项目可行性评估组”成员。

1995 年，被中国工程院评为中国工程院院士。2 月，应中国铁路物资总公司聘请担任加拿大、西班牙钢轨索赔案中方专家，处理从两国进口的钢轨断裂索赔问题。经过多次有据、有理的控辩，1997 年 1 月，国际仲裁组织下发判决书，判定中方胜诉，获得索赔金额达 500 万美元。7 月 18 日，参加中国工程院化工、冶金与材料工程学部院士会议并合影留念。

### 85～88 岁（1998～2001 年）

1998 年 6 月 3 日，参加中国工程院第四次院士大会，合影留念。6 日，被授予“中国工程科学技术奖”，该奖是该院的最高荣誉，授奖仪式邀请夫人王晓云参加。8 月 7 日，受国家人事部门专家休假团邀请，由王晓云陪同赴牡丹江镜泊湖度假。

1999 年 10 月 1 日，应邀参加国庆 50 周年观礼。10 月 18～24 日，接待日本不破祐教授来钢铁研究总院访问。

2000 年 1 月，受浙江大学校友会聘请担任首届校友总会理事。5 月，由夫人王晓云陪同，畅游昆明滇池、丽江和玉龙雪山。

2001 年 9 月，赴西安参加中国工程院化工、冶金与材料工程学部第三届学术年会暨新材料发展现状及 21 世纪发展趋势研讨会，会后组织参观延安，与夫人王晓云在杨家岭毛主席旧居及宝塔山留影。

### 89～91 岁（2002～2004 年）

2002 年 1 月，在北京大学第一医院成功施行直肠癌切除术，预后良好，夫人和女儿精心照料。8 月 1 日，长孙邵宁结婚。9 月 2 日，全家团聚庆贺伉俪结婚六十周年钻石婚大喜。10 月，参加钢铁研究总院建院五十周年庆典。10 月 30 日～11 月 1 日，出席在上海大学召开的中国冶金基础研究战略研讨会。11 月初，受上海市市长徐匡迪盛情邀请，偕夫人王晓云出席上海国际音乐节开幕及晚宴，之后，两人同游周庄，故土重游分外动情。

2003 年 2 月 22 日，钢铁研究总院隆重举行邵象华九十寿辰庆典，贵宾有柯俊、肖纪美、王崇愚、李正邦、殷瑞钰、王淀佐、干勇、葛昌纯、朱静等院士及领导、同事和学生，气氛喜庆温馨。

2004年5月，91岁时全家18人同游顺义区顺鑫森林公园，心旷神怡。11月，获中国真空学会颁发的中国真空学会荣誉会员证书。

## 92～98岁（2005～2011年）

2005年1月8日，外孙女刘峻结婚。5月，由王晓云陪同参加资深院士北京植物园联谊活动。

2006年10月，荣获中国金属学会颁发的冶金科技终身成就奖。

2007年1月，由夫人王晓云陪同参加在人民大会堂举行的由中国科学院、中国工程院联办的院士春节团拜会。4月21日，参加在同一地点由浙江大学举办的浙江大学110周年校庆。9月6日，又在同一地点参加由中国科学院、北京科技大学等单位联合举办的“庆祝魏寿昆院士百年华诞暨从教77周年座谈会”。10月26日，重孙女邵知秋在北京出生，喜庆“四世同堂”。

2008年2月23日，邀请亲朋好友20余人相聚北京海淀白家大院饭店，共贺95岁寿辰。5月，与夫人王晓云带着子女赴河北保定参观直隶总督部院并畅游白洋淀。

2009年2月，《邵象华院士文集——庆祝邵象华院士九十六华诞》出版。

2009年8月，秋高气爽，在夫人及子女的陪同下参观国家体育场，体验2008年北京奥林匹克运动会的盛况。11月16日外孙刘巍结婚。

2010年7月12日，重外孙吕璟瑞在北京出生。

2011年1月，在家人的陪同下，参加在人民大会堂举行的春节院士团拜会。

## 99岁（2012年）

2月21日，中国钢研科技集团有限公司举办“邵象华院士百岁庆典”，出席者有师昌绪、徐匡迪、李静海、干勇、翁宇庆、王崇愚、朱静、王海舟等院士，以及同事和学生刘浏等，颂扬他的高贵品格，赞扬其卓越成就。

3月21日18时30分在北京逝世，终年99岁。

3月31日9时30分在八宝山革命公墓举行遗体告别仪式，刘淇、徐匡迪等领导及生前友好、同事等300余人参加。

# 附录五　邵象华主要著述目录

## 一、学术著作

《邵象华院士文集——庆祝邵象华院士九十六华诞》编委会. 邵象华院士文集——庆祝邵象华院士九十六华诞. 北京：冶金工业出版社，2009.

邵象华. 钢铁冶金学. 沈阳：东北工业出版社，1950.

邵象华. 真空熔炼的物理化学. 北京：科学出版社，1964.

Physical Chemistry of Steelmaking Committee，AIME. 碱性平炉炼钢. 邵象华，朱澄祖，等，译. 沈阳：东北工业出版社，1951.

R. D. 佩尔克，等. 氧气顶吹转炉炼钢（上册）. 邵象华，楼盛赫，等，译. 北京：冶金工业出版社，1980.

R. D. 佩尔克，等. 氧气顶吹转炉炼钢（下册）. 邵象华，楼盛赫，等，译. 北京：冶金工业出版社，1982.

К. Г. ТрубиН. Г. Н. ОЙКС. 钢冶金学. 邵象华，译. 北京：重工业出版社，1953.

## 二、学术论文

毕铭（邵象华笔名）. 铬铁吹氧脱碳的平衡关系. 铁合金，1975（2）:

86-88.

毕铭（邵象华笔名）. 炼钢脱磷的理论和实践. 钢铁，1976（2）：34-41.

陈亮，张春铭，邵象华. 重轨钢缶内脱氧对钢质的影响. 金属学报，1958，3（1）：13-16.

抚顺钢厂，钢铁研究院. 超低碳不锈钢的冶炼工艺. 钢铁，1965（12）：9-14.

刘浏，邵象华，郭征，等. 煤粉保护底吹氧机理的实验研究. 钢铁，1993，28（12）：17-23.

刘浏，邵象华，李正，等. 煤粉对底吹氧枪的保护作用. 钢铁研究学报，1989，（4）：1-7.

刘浏，邵象华，朴明哲，等. 煤气复合吹炼工艺的实验开发. 钢铁，1989，24（3）：14-20.

陆达，邵象华，许志宏，等. 采用九十年代新技术加速发展我国钢铁工业——建议国家在“八五”期间立项进行“以煤代焦熔融还原炼铁新工艺开发”. 冶金管理，1990，（6）：12-14.

邵象华. 十五年来德国钢铁工业技术之演进. 中国工程师学会会刊·工程，1937，6：317-321.

邵象华. 十五年来德国钢铁工业技术之演进（续）. 中国工程师学会会刊·工程，1937，8：444-449.

邵象华. 钢渗氮硬化机理研究. 英国钢铁学会论文集（英文），1938.

邵象华. 炼钢平炉之设计. 资源委员会季刊，1944，4（4）：31-51.

邵象华. 论平炉炉顶. 鞍钢，1950（1）：4-12；（2）：6-10.

邵象华，胡光沛. 鞍钢平炉烧炼炉底总结. 鞍钢，1950：18-24.

邵象华. 炼钢厂一九五〇年上半年生产技术的研讨. 鞍钢，1950（3）：17-24.

邵象华. 沸腾钢. 鞍钢，1952.

邵象华. 鞍钢生产中的新技术. 重工业通讯，1954（13）：33-35.

邵象华. 快速炼钢应该注意哪些问题——鞍钢技术处处长邵象华在鞍钢快速炼钢大会上的发言. 钢铁，1956（4）48-50.

邵象华，潘月珠. 减少沸腾钢有害偏析的研究——Ⅰ. 在钢锭模内用氧气（空气）处理. 金属学报，1958，3（2）：85-93.

邵象华. 沸腾钢3中板坯的分层现象. 金属学报，1958，4（1）：16-21.

邵象华. 一定要使转炉炼钢厂的化铁炉过技术关. 钢铁，1959，（7）：235-241.

邵象华. 上钢六厂转炉炉龄领先. 钢铁，1959（11）：441.

邵象华. 十年来我国的平炉炼钢. 钢铁，1959（18）：805-812.

邵象华. 铁矿石的直接还原（综合性评述）. 钢铁，1959，（22）：1076-1083.

邵象华. 铁矿石的直接还原（续）（综合性评述）. 钢铁，1959，（23）：1130-1138.

邵象华. 发展热风转炉，为转炉炼钢的全面更大跃进而奋斗. 钢铁，1960，（9）：508-513.

邵象华. 真空熔炼的物理化学. 金属学报，1964，7（1）：85-102.

邵象华. 关于钢铁产品革命的几点意见——在钢铁产品革命科学技术讨论会上的发言. 钢铁，1966，9（1）：12-14.

邵象华. 关于锰铁吹氧脱碳的热力学基础. 铁合金，1975（3）：19-26.

邵象华. 锰铁吹氧脱碳的热力学探讨. 金属学报，1977，13（3）：183-186.

邵象华. 美国和日本的炼钢技术动向. 钢铁，1978（2）：66-78.

邵象华. 关于连续炼钢的理论和实践. 河北冶金，1979（1）：9-21.

邵象华，冀春霖. 第七届钢铁冶炼物理化学国际会议. 钢铁，1979，（3）：78-87.

邵象华，姚锡仁. 用热丝显微镜测定熔点. 中国金属学会编. 炼钢论文集，1980.

邵象华. 中国钢铁冶炼工艺的发展. 第一次中美冶金学术讨论文集（英文），1981：11-15.

邵象华. 包钢铁水提铌的工艺研究. 钢铁研究总院学报，1981（1）：1-10.

邵象华. 包钢铁水提铌工艺研究. 钢铁，1982，17（2）：23-30.

邵象华. 氧气转炉炼钢的计算机控制. 全国氧气转炉炼钢会议文集，1983.

邵象华，魏寿昆. 冶金学和冶金过程物理化学的新发展. 冶金新技术简介，1984.

邵象华. 钢铁工业——“夕阳工业”还是“朝阳工业”. 冶金报，1984-11-27.

邵象华. 钢铁工业在技术进步中高速发展. 东北工学院学报，1985，(4)：107-114.

邵象华. 钢铁工艺发展的一些概况和前景. 钢铁技术及新材料第二届国际会议特约报告文集，1986.

邵象华，等. 中国氧气炼钢的发展. 国际氧气转炉炼钢会议论文集（英文），1987，5：94-114.

邵象华. 我国钢铁工业发展概况和前景. 钢铁，1987，22（4）：1-10.

邵象华. 论钢铁科研和技术开发. 钢铁研究，1988（1）：3-6.

邵象华. 从钢铁发展论科学研究与技术开发. 化工冶金，1989，10（1）：61-65.

邵象华. Strving for more and better steel：behind closed door and in the open. ISIJ International，1992.

唐仲和，燕德顺，钟挹秀，等. 邵象华指导. 真空感应炉内液态镍和镍铬合金中的碳氧反应. 金属学报，1966，9（2）：117-125.

汪大洲，邵象华. 锰铁脱磷的实验研究. 钢铁，1983，18（4）：14-21.

汪大洲，邵象华. 锰铁脱磷的研究及其同生铁脱磷的比较. 钢铁研究总院学报，1982，114.

吴超万，李伟立，邵象华. 真空感应炉氧化镁坩埚熔炼纯铁的研究. 金属学报，1964，7（2）：145-155.

M. C. KaMeНИЧНЫЙ. 平炉铬镁砖炉顶. 邵象华，译. 鞍钢，1952，(21)：20-22.

ЯНЗaИЧeВ. 平炉砌砖. 邵象华，译. 鞍钢，1951（18）：46-52；(19)：74-82.

# 写在后面的话

2010 年 3 月，中国科学院学部科普和出版工作委员会决定组织出版“科学与人生：中国科学院院士传记”丛书，邵象华先生有幸入选，成为首批入传的 22 位院士之一。得知消息后，作为邵象华先生家属的我们十分兴奋，但是如何操作一时有些迷茫。正在此时，姜曦博士主动请缨，自告奋勇承担起《邵象华传》的立项申请、组织写作等各项工作，并邀请了撰写出版过多部传记及其他图书的吴石忠先生、钢铁研究总院原副院长江君照和张柏汀教授加入《邵象华传》的编著团队，并请吴石忠担任主笔，《邵象华传》项目得以正式启动。又有幸邀请到徐匡迪院士、殷瑞钰院士为本书作序，徐匡迪院士和殷瑞钰院士长期以来的支持和鼓励，成为本书得以出版的最大动力。

姜曦博士在读期间，先后赴重庆市档案馆、武汉大学档案馆、南京市档案馆查找邵象华先生及其夫人王晓云在抗战期间的档案材料，获得了一些珍贵的档案史料；赴鞍钢查找接收鞍钢档案和中华人民共和国成立初期鞍钢复产的相关资料；其后在中国科学技术协会老科学家学术成长资料采集工程项目的支持下，整理了邵象华院士的手稿、笔记、书信、证书数百件，并组织了多次对院士、著名专家，以及邵先生的学生的口述访谈，所有这些精心采集到的资料和素材成为本书写作的基础。

江君照、张柏汀两位先生曾与邵象华先生共事多年，自从邵象华先生 1958 年到钢铁研究院后他们先后一直在一起工作，50 多年间，他们一起开展了多项研究工作，共同面对困难和失败，共享成功的喜悦。两位先生对邵象华先生这 50 多年来的经历进行了认真的梳理，汇集了邵象华先生从事科研工作过程中的点点滴滴，为本书提供了大量生动的素材，保证了本书内容的详尽和厚实。

吴石忠先生在受邀参与此工作时，不顾年事已高，负责全书的编辑撰写。他说，能为邵先生立传是他个人的荣幸，这一经历也将成为其生命中的一大亮点。但是当一本本书、一篇篇资料厚厚地摆在书桌上时，他还是有些不知该从哪里入手。这时，阅读资料过程中的两件事让他感到自己与邵象华先生之间的感情拉近了：一是，邵象华先生的父亲邵家驹当年就职的位于衢州的浙江省立第八中学堂就是吴石忠先生的母校衢州一中的前身，他立刻从校史纪念册中找到了“邵家驹”三个字；二是，邵象华六岁曾在父亲任教下属的府山小学上学，而吴石忠先生的家就在府山旁边。这两个“巧合”让他感到邵象华的形象不再模糊，在他看来，邵先生不再是一位陌生的长者，而是一位能让他触摸到的慈祥长者。八十多岁高龄的吴石忠先生全部靠手写，多次调整稿件，几易纲要重新编撰，查找阅读了大量增补文献，最后只用了七八个月时间就完成了《邵象华传》的初稿，写作速度之快甚至是他自己都始料不及的。

正是由于三位八十多岁高龄的长者吴石忠、江君照、张柏汀和活力四射、年轻有为的姜曦博士的各司其职，互相配合，通力合作，共同努力，才使得《邵象华传》得以将一位勤奋博学、豁达乐观又不失幽默风趣的老科学家的一生呈现在读者面前。在此，对所有作者的辛勤付出致以最崇高的谢意。

在本书的撰写过程中，得到了来自各个方面的大力支持和帮助，在此一并表示感谢。感谢张寿荣院士、殷瑞钰院士、周国治院士、王维兴、朱元凯、陶少杰、姚锡仁、刘天良、张德铭、朱果灵、袁宗阳、汪大洲、高峰、宋慎泰、唐仲和、赵传学、张孟亭在多次访谈中的积极参与和配合；感谢上海大学的魏季和教授的指导，魏季和教授撰写的邵先生生平和大事年表，是邵先生传略和历史研究的重要基础素材；感谢武汉大学档案馆的涂上飙馆长、刘骁馆员，武汉大学的刘文祥，冶金档案馆的隋晓云、李丽老师在资料采集中给予的支持和帮助；感谢北京科技大学的曲英先生、朱元凯先生、张建良教授、王广伟副教授所做的前期相关工作；感谢北京科技大学的王海洋博士、首钢技术研究院的董舒宇、中国科学院自然科学史研究所的吴世磊老师，是他们夯实了书稿的前期图片加工基础；感谢钢研集团的田志凌院长、杜挽生副院长、刘浏专家、张旭孝主任、上官方钦的指导帮助；感谢钢研总工办的王莹、张倩、杨艳丽三位老师的大力协助；感谢中国宝武集团的李铁林、张文皓，首钢研究院副院长张卫东、戴立杰，北京科技大学李晶教授、史成斌副教授、姜敏副教授、寇明银老师、包燕平教授；感谢参与校对审稿的研究生李首慧、张梦德、杨恩蛟、张涵、梁伟、卢嘉枫、徐昊驰、兰二明、赵志坚、王瑞刚、李凯轮、侯泽旺。

邵象华之女　邵贝羚

2019年8月